Kohlhammer

Einführung in die Wirtschaftsgeschichte

Herausgegeben von Sebastian Steinbach

Bd. 1: Prähistorie. ISBN 978-3-17-036941-2.
Bd. 2: Antike. ISBN 978-3-17-036712-8.
Bd. 3: Mittelalter. ISBN 978-3-17-036716-6.
Bd. 4: Frühe Neuzeit. ISBN 978-3-17-036720-3.
Bd. 5: Moderne. ISBN 978-3-17-036937-5.

Philipp R. Rössner

Einführung in die Wirtschaftsgeschichte

Band 4: Frühe Neuzeit

Verlag W. Kohlhammer

Dieses Werk einschließlich aller seiner Teile ist urheberrechtlich geschützt. Jede Verwendung außerhalb der engen Grenzen des Urheberrechts ist ohne Zustimmung des Verlags unzulässig und strafbar. Das gilt insbesondere für Vervielfältigungen, Übersetzungen, Mikroverfilmungen und für die Einspeicherung und Verarbeitung in elektronischen Systemen.

Es konnten nicht alle Rechtsinhaber von Abbildungen ermittelt werden. Sollte dem Verlag gegenüber der Nachweis der Rechtsinhaberschaft geführt werden, wird das branchenübliche Honorar nachträglich gezahlt.

Dieses Werk enthält Hinweise/Links zu externen Websites Dritter, auf deren Inhalt der Verlag keinen Einfluss hat und die der Haftung der jeweiligen Seitenanbieter oder -betreiber unterliegen. Zum Zeitpunkt der Verlinkung wurden die externen Websites auf mögliche Rechtsverstöße überprüft und dabei keine Rechtsverletzung festgestellt. Ohne konkrete Hinweise auf eine solche Rechtsverletzung ist eine permanente inhaltliche Kontrolle der verlinkten Seiten nicht zumutbar.

Sollten jedoch Rechtsverletzungen bekannt werden, werden die betroffenen externen Links soweit möglich unverzüglich entfernt.

Umschlagabbildung: Claude Gellée, Hafen bei Sonnenuntergang, 1639 (File:F0087 Louvre Gellee port au soleil couchant- INV4715 rwk.jpg - Wikimedia Commons, CC BY-SA 4.0 DEED-Lizenz).

1. Auflage 2024

Alle Rechte vorbehalten
© W. Kohlhammer GmbH, Stuttgart
Gesamtherstellung: W. Kohlhammer GmbH, Stuttgart

Print:
ISBN 978-3-17-036720-3

E-Book-Formate:
pdf: ISBN 978-3-17-036721-0

Inhaltsverzeichnis

Vorwort 9

1 Die wirtschaftsgeschichtlichen Besonderheiten der Epoche 11

1.1 Leben und Sterben in Schweden und Norwegen um 1900   11
1.2 Gender, Macht und Wirtschaftsgeschichte 15
1.3 Wirtschaftsgeschichtlicher Grundriss der Epoche 21
1.4 Wachstum und Entwicklung in Raum und Zeit 26
1.5 Konjunkturen 28
1.6 Ökonomische Entwicklung 32

2 Klima und Umwelt 41

2.1 Einfluss auf die ökonomische Entwicklung 41
2.2 Umwelten: Wald, Wasser, Weide, Feld und Tier 49
2.3 Klima und Wetter 55
2.4 Umwelt- und Klimageschichte als Wirtschaftsgeschichte   60

3 Bevölkerungsentwicklung und Bevölkerungsstruktur 67

3.1 Bevölkerung und ökonomische Entwicklung 67
3.2 Grundlagen der historischen Demographie 74
3.3 Mortalität 75
3.4 Fertilität 77
3.5 Heirat und Geburtenkontrolle 79

3.6 Kulturelle und mentalitätsgeschichtliche Dimensionen historischer Demographie 83

4 Landwirtschaft und Agrarverfassung 85

4.1 Vormoderne Agrargesellschaften 85
4.2 Grundbedingungen vormoderner agrarischer Ökonomien 87
4.3 Fruchtfolgen, Umfang und Struktur der Produktion 90
4.4 Agrarverfassung, Eigentumsrechte und das landwirtschaftliche Produktionsergebnis 92
4.5 Technologien und Produktivität 96
4.6 Ländlicher Arbeitsrhythmus zwischen Gewinn, Überleben und Selbstverwaltung 99
4.7 Kommerzialisierte Landwirtschaft und gesamtwirtschaftliche Verflechtung 102

5 Handwerk und Gewerbe 105

5.1 Kain und Abel und die Wurzel allen Übels: Handwerk, Gewerbe, Industrie 105
5.2 Bergbau und wirtschaftlicher Strukturwandel 107
5.3 Handwerk, Gewerbe, Industrie – Gewerbetypen 109
5.4 Stadtgewerbe, Zünfte 110
5.5 Unzünftig? Heimgewerbe und europäisches Erbe 113
5.6 Manufakturen, Marx und moderner Kapitalismus 114
5.7 Fabriken und Industrie 118

6 Handel und Verkehr 123

6.1 Handel und ökonomische Entwicklung 123

Inhaltsverzeichnis

6.2 Handelsräume, Handelswege und Spezialisierungen	127
6.3 Handelskonjunkturen	136
6.4 Handelsgüter	137
6.5 Handelszentren	143
6.6 Handelsinstitutionen, Akteure und Netzwerke	145

7 Geldwirtschaft und Kreditwesen ... 155

7.1 Münzen, Markt und Kapital – Abriss der Geldgeschichte	155
7.2 Geldformen	159
7.3 Monetisierung, Münzpolitik und Kapitalismus	160
7.4 Geldverschlechterung und soziale Konflikte	166
7.5 Bargeldloser Zahlungsverkehr und Kreditwesen	170

8 Technik und Infrastruktur ... 175

8.1 Innovationen, alte und neue Paradigmen: Von Kopernikus bis Newton	175
8.2 Fortschrittsglaube und Projektemacherei	180
8.3 Aufklärung, Wissenschaftliche Revolution(en) und die Genese der modernen Ökonomie	182

9 Wirtschaftspolitik, Wirtschaftstheorie und Wirtschaftsethik ... 187

9.1 Staat und ökonomische Entwicklung	187
9.2 Wirtschaftstheorie im Wandel der Zeiten	194
9.3 Von Hausvätern, Kameralisten und Merkantilisten. Ökonomie an der Schwelle zum modernen Wirtschaftsdenken	200

10 Perspektiven und Tendenzen der Forschung 211

Anhang 225
Anmerkungen 225
Literatur 233
Abbildungsverzeichnis 249
Register 251

Vorwort

Die Idee zur Buchreihe *Einführung in die Wirtschaftsgeschichte* entstand beim 52. Deutschen Historikertag 2018 in Münster, im Gespräch mit Peter Kritzinger vom Kohlhammer Verlag. Dabei stellten wir eine auffällige Entwicklung fest: Wirtschaftshistorische Fragestellungen spielen gegenwärtig – jedenfalls abseits des 18.–20. Jahrhunderts – in der universitären Lehre keine prominente Rolle mehr. So gehört auch die Wirtschafts- und Sozialgeschichte aktuell nur noch zu den sogenannten „Kleinen Fächern" innerhalb der akademischen Disziplinen oder wird punktuell im Rahmen von anderen Teildisziplinen wie der Technik- und Umweltgeschichte *en passant* vermittelt.

Dieses akademische Desinteresse steht in einem eklatanten Kontrast zur Aufmerksamkeit, welche die Wirtschaftsgeschichte von der breiten Öffentlichkeit erfährt. Solche Themen und Fragen haben oftmals einen weitaus unmittelbareren Bezug zum Alltagsleben der Menschen als beispielsweise verfassungs- oder kirchenhistorische Aspekte. Zudem sind rudimentäre Kenntnisse wirtschaftlicher Entwicklungen hilfreich und oft sogar nötig, um die Zusammenhänge der eigenen Lebenswelt zu durchdringen. Wer die moderne Wirtschaftswelt verstehen will, muss deren historische Ursprünge kennen. Dies alles gilt umso mehr für Studierende der Geschichtswissenschaft, für die eine solide Kenntnis der Wirtschaftsgeschichte grundlegende Voraussetzung für eine weitergehende Beschäftigung mit historischen Entwicklungen und Zusammenhängen ist.

Vor dem Hintergrund dieser Beobachtungen stellten wir überrascht fest, dass kein aktuelles, deutschsprachiges und epochenübergreifendes Handbuch existiert, das in systematischer Weise in die europäische Wirtschaftsgeschichte von ihren Ursprüngen bis in die Moderne einführt. Diese Publikationslücke zu schließen, ist unser erklärtes Ziel.

Jede der klassischen Epochen wird von einer Expertin oder einem Experten in einem eigenen Band in chronologischer Reihenfolge dargestellt. Es war uns besonders wichtig, auch die prähistorische Zeit in die Reihe aufzunehmen, da diese bislang nur in der archäologischen Disziplin der Ur- und Frühgeschichte ihre Aufmerksamkeit findet, aber gleichzeitig die Anfänge menschlich-ökonomischen Handelns darstellt. So funktioniert die fünfbändige Reihe wie ein Wegweiser durch die wichtigsten ökonomischen Entwicklungen der Menschheit von der Urgeschichte bis in die Gegenwart.

Dabei werden nicht nur klassische Themen wie Landwirtschaft, Handel und Handwerk, sondern auch Bevölkerungsentwicklung, Technik und Infrastruktur oder Wirtschaftstheorien behandelt. Auf diese Weise erhält man ein Gesamtbild aller ökonomisch relevanten Einflussfaktoren. Neben der Vermittlung von Faktenwissen ist es ein weiteres Ziel der Reihe, darzulegen, wie die historischen Erkenntnisse vor allem in den sogenannten Grundlagenwissenschaften gewonnen werden. Hierzu werden exemplarisch Quellen vorgestellt und kritisch interpretiert (graue Kästen).

Sollte es der Reihe gelingen, die Bedeutung und das Potenzial der Wirtschaftsgeschichte gerade der akademischen Welt (wieder) in Erinnerung zu rufen und das Interesse an wirtschaftshistorischen Fragestellungen bei den nächsten Historikergenerationen zu wecken, so hätten sich die Mühen für uns mehr als gelohnt.

Liesborn, im Mai 2024   Sebastian Steinbach

1 Die wirtschaftsgeschichtlichen Besonderheiten der Epoche

1.1 Leben und Sterben in Schweden und Norwegen um 1900

Als Frühe Neuzeit wird im Allgemeinen die Zeit zwischen 1500 und 1800 bezeichnet, drei Jahrhunderte, in denen zwar wichtige Grundlagen für Industrialisierung und die Genese der modernen Welt gelegt wurden, die uns Menschen des 21. Jh.s aber schon allein aufgrund der schieren zeitlichen Distanz nur schwer begreifbar scheinen.

Und doch ist diese Zeit nicht ganz so weit weg. Im Erstlingswerk des norwegischen Literaturnobelpreisträgers Knut Hamsun (*Hunger*, 1890) oder den Erinnerungen der schwedischen Kinderbuchautorin Astrid Lindgren (*Das entschwundene Land*, 1975) wird eindrücklich vermittelt, wie noch um die Wende zum 20. Jh. in den meisten Ländern Europas der Tod durch Verhungern zur Normalität des Lebens gehört hat, und zwar nicht beschränkt auf die ärmeren Schichten der Gesellschaft, sondern bis weit hinein in die Mitte der Gesellschaft. Zwar verfügten unsere Groß- und Urgroßeltern bereits über Dinge, die man allgemein mit der industriellen Zeit verbindet: Kühlschrank, Radioempfänger, Fernseher, Wasch- und Spülmaschinen, eigene Pkw. Doch tauchten diese typischerweise erst in späteren Lebensphasen dieser Generation(en) auf. Zur Zeit ihrer Kindheit (um 1900) gab der Anblick des ersten Automobils auf einer Landstraße oder Chaussee noch Anlass zum Erstaunen, waren fließend Wasser oder Spültoiletten noch keine Selbstverständlichkeit, sondern die Ausnahme (es sei denn, man gehörte zur städtischen Großbourgeoisie, die in 11-Zimmer-Wohnungen mit allen damit verbundenen Annehmlichkeiten lebte, einschließlich Dienstboten und -mädchen). Vor allem war der Tod noch alltäglicher als heute. Die vorindustrielle Zeit war gekennzeichnet durch eine noch viel (etwa 50 %) niedrigere Lebenserwartung sowie eine um vieles deutlicher erscheinende Armut und Ungleichverteilung von so lebensnotwendigen Dingen wie Nahrungsmitteln, dem ‚täglichen Brot', aber auch Landbesitz, Wohnungseigentum und Produktionskapital. Nur zur Veranschaulichung: Noch um 1800 gehörten in Preußen etwa 90 % des Bodens – Produktionsfaktor Nummer eins in allen agrarisch geprägten Gesellschaften der Zeit – dem Adel. Dieser indes stellte nur 1–2 % der Bevölkerung.[1] Insgesamt scheint uns, auch in vielerlei anderer Hinsicht, die Frühe Neuzeit als eine im Wortsinne fremde Epoche und „ferner Spiegel".[2] Und doch; bezogen auf die ökonomisch-materielle Lebenserfahrung unserer Groß- und Urgroßeltern war ihnen die Frühe Neuzeit viel näher als uns heute.

Was die materielle Basis betrifft – Produktion, Verteilung und Konsum: Wirtschaft(en) –, so wollen wir uns diese Wirtschaftsgeschichte einmal näher ansehen. Bereits im Neuen Testament wird Gott als „Ökonom" bezeichnet, zu Deutsch ‚Schaffner' – im traditionellen Sprachgebrauch ein Verwalter oder (im Neudeutschen) Manager, so die wortwörtliche Übersetzung des griechisch-lateinischen terminus technicus oeconomus (οἰκονόμος).[3] Bis noch weit in das 18. bzw. 19. Jh. hinein meinte „Wirthschaft" das ‚Haushalten' (von altgr. oikos = „Haus"; nomos = „Sinn, Logik, Gesetzmäßigkeit, Wissenschaft"), also das planmäßige Führen eines Haushalts oder (Agrar-)Betriebs. Hierzu gehörten neben der Einnahme und Ausgabe von Geld, Lohn oder anderweitig erzieltem Einkommen auch das rationell-planmäßige Führen des Hauses im Allgemeinen, also die ‚ökonomische' Herrschaft des (zwangsläufig) männlichen Hausvorstands (Hausvater) über Subalterne: Ehefrau, Kinder, Anverwandte, Bedienstete, Arbeiter und Haussklaven. Seit dem 18. Jh. taucht das Lemma ‚Wirt(h)schaft' in mehreren ökonomischen Enzyklopädien der Zeit auf. Es kommt allmählich eine modernere Bedeutung von Ökonomie bzw. Wirtschaft zum Zuge, also der Gedanke eines zweckrationalen Einsatzes produktiver Mittel mit dem Ziel eines Überschusses – so definieren die Wirtschaftswissenschaften bis heute den Grundrahmen ihrer Disziplin.[4]

Nach traditioneller Definition und seit mehr als 2.000 Jahren meint ‚Wirtschaft' und ‚wirtschaften' also zunächst einmal nichts anderes als die Sorge um das tägliche Brot; später dann auch den rational abwägenden Umgang mit Ressourcen, die Erzielung eines Einkommens, seiner Verwendung beim Konsum. Weiter gefasst schließt heutzutage ‚Wirtschaft' auch die Verteilung von Einkommen, Besitz und Kapital (bzw. Produktionsmitteln wie Land, Maschinen, Häuser, Wohnungen) auf verschiedene

1.1 Leben und Sterben in Schweden und Norwegen um 1900

Bevölkerungsgruppen ein, ferner die Frage nach *wirtschaftlicher Entwicklung*, Fortschritt und Wachstum oder die Rolle der Politik in der Steuerung des Wirtschaftsprozesses (*New Institutional Economics; political economy* usw.). Formen, Definitionen, Praktiken und Theorien über *Wirtschaft* und *Wirtschaften* waren dabei im Zeitverlauf immer wieder Änderungen unterworfen, genauso wie die Größe und Struktur der wirtschaftlich aktiven Bevölkerung. Vor allem änderten sich die Art und Weise, wie sich Menschen als Teil ihrer jeweiligen Gruppen oder unmittelbaren sozialen Kontexte als wirtschaftliche Akteure verhielten oder – im Sinne von *political economy* – definierten. Im Mittelalter und der Frühen Neuzeit blieb der unmittelbare Kontext zunächst in aller Regel die Dorfgemeinschaft oder die Idee des sich selbst versorgenden und genügenden Haushalts. Noch war die Idee von Wirtschaftswachstum fremd, noch galt (zu hoher) unternehmerischer Profit oft als verpönt; noch kannte man nicht das Denken im gesamtwirtschaflichen (nationalökonomischen) Rahmen.

Doch gab es durchaus Anfänge gesellschaftlicher und ökonomischer Modernität, weswegen eine fundierte Kenntnis der Wirtschaftsgeschichte der Frühen Neuzeit unabdingbar auch für das Verständnis der industriellen Zeit und ökonomischen Moderne ist. Während der Frühen Neuzeit entwickelten sich die europäischen Gesellschaften in vielerlei Hinsicht zu städtischen bzw. *verstädterten* Gesellschaften (allerdings nicht überall, bzw. nicht überall im gleichen Maße). Hier drang dann auch mehr und mehr der Gedanke des Wachstums bzw. der ökonomischen Entwicklung vor, eingebettet in die politisch-ökonomischen Theoriegebäude der Zeit wie Merkantilismus und Kameralismus. Vertreter solcher ‚Schulen' ökonomischen Denkens nahmen dann auch eine immer wohlwollendere Position gegenüber Privateigentum und profitgetriebenem Unternehmertum ein. Erst am Ende der Frühen Neuzeit finden wir schließlich die Ausbildung von in Grundzügen *industrialisierten* Volkswirtschaften. Diese entstanden innerhalb des politisch-geographischen Rahmens der sich ebenfalls während der Frühen Neuzeit herauskristallisierenden Territorial- und später (nach 1800) Nationalstaaten.

Hier gilt es jedoch zu differenzieren. Europa bestand aus vielen unterschiedlichen mikroklimatischen Kultur- und Wirtschaftsregionen. Und selbst *innerhalb* der sich langsam, aber sicher aus dem europäischen Staatengefüge herausschälenden ‚modernen' Staatsgebilde wie Frankreich, England oder dem Heiligen Römischen Reich Deutscher Nation[5] gab es verschiedene regional sehr unterschiedlich funktionierende und oft kaum miteinander integrierte Wirtschaftsregionen. Riesige Länder wie Schweden waren um 1800 noch kaum verstädtert. Landwirtschaftliche Hochleistungsgebiete wie die Holsteinischen Marschen oder die fortgeschrittenen Agrarregionen Hollands erzielten um 1700 Getreideerträge von 15 oder mehr geernteten Körnern je ausgesätem Korn – eine in der Wirtschaftsgeschichte übliche Produktivitätskennziffer –, während weiter östlich gelegene Landstriche in Preußen oder im Russischen Reich nur das Zwei- oder Dreifache des ausgesäten Korns einbrachten.

Bei diesen Produktivitätsunterschieden spielten nicht nur demographische, geographische oder klimatische Faktoren eine Rolle, etwa die Bodenqualität, welche von Region zu Region höchst unterschiedlich war. Auch die Eigentumsverfassung – was Ökonomen als *property rights* und *Institutionen* kennen – spielte eine wichtige Rolle. Wie viel von dem, was der Bauer, Landwirt oder Leibeigene jedes Jahr erzielte, durfte er behalten? Wieviel nahm ihm der Grundherr (an Grundabgaben) weg, der Gerichtsherr (an Verfahrens- und Gerichtsgebühren), wieviel der Landesfürst (in der Form von Steuern), wieviel die Kirche (als Zehnt)? Diese Fragestellungen werden uns im Laufe der weiteren Darstellung wiederholt begegnen.

Wirtschaftsgeschichte ist also vor allem Geschichte ökonomisch tätiger *Menschen* in ihrem jeweiligen sozialen, rechtlichen, kulturellen und religiösen Handlungskontext, eine Geschichte der Politik, der gesellschaftlichen Zusammenhänge, der Eigentumsordnung (Feudalherrschaft? Marktwirtschaft? Rentengrundherrschaft?), der Marktanbindung oder der Verflechtung mit anderen Märkten. Daneben ist wirtschaftliches Handeln stets auch in die jeweiligen geographischen, naturräumlichen, klimatischen Bedingungen eingebettet. Auch dies wird in den Folgekapiteln Beachtung finden – wobei es aus historischer Perspektive oft schwierig bis unmöglich ist, Kausalzusammenhänge letztgültig zu rekonstruieren bzw. einzelne Faktoren als ausschlaggebend für (fehlendes) Wachstum und ökonomische Entwicklung zu isolieren.[6]

1.2 Gender, Macht und Wirtschaftsgeschichte

Zunächst zu den wichtigsten Modifikationen bzw. Einschränkungen einer ökonomischen Perspektive auf die Frühe Neuzeit. Nahezu alle global- und wirtschaftshistorischen Großerzählungen und Metanarrative der letzten Zeit haben die Rolle und den Beitrag der Frau entweder vernachlässigt, marginalisiert oder stillschweigend ignoriert.[7] Nicht einmal moderne Messgrößen von Wohlstand und Entwicklung wie das Bruttoinlandsprodukt pro Kopf, die bis zum heutigen Tag bei der Quantifizierung wirtschaftlicher Aktivität und der volkswirtschaftlichen Gesamtrechnung standardmäßig herangezogen werden, geben den Beitrag, den Frauen zu Wirtschaft, Wachstum und Entwicklung leisten oder geleistet haben, auch nur annähernd akkurat wieder.[8] In der Wirtschafts- und Einkommensstatistik taucht nur solche Produktionsleistung auf, die monetär abgegolten oder erfasst wird. Fast die gesamte gesellschaftliche Reproduktion jedoch (etwa Hausarbeit, Kindererziehung) wurde historisch von Frauen im Rahmen einer Ehe unentgeltlich erbracht – und wird es oft noch heute. Diese Leistungen gehen schlechterdings *nicht* in die volkswirtschaftliche Gesamtrechnung ein, derer sich auch Wirtschaftshistoriker bei der Analyse der Leistungskraft vormoderner Gesellschaften bedienen. Ein beliebter misogyner Scherz unter Ökonomen ist, dass das Bruttoinlandsprodukt in dem Moment sinkt, wenn ein Mann seine Haushälterin heiratet. *Grosso modo* gilt dieser traurige Treppenwitz der Weltgeschichte auch und besonders für historische Zeiträume. In Gregory King's *Social Tables* (1688) – einem der ersten Versuche, das englische Nationaleinkommen nach dem Beitrag einzelner Einkommensklassen herunterzubrechen bzw. zu schätzen – kommen nur Hochadelige, geistliche und weltliche Lords, Baronets, Ritter, Esquires, Gentlemen, Seeleute, Bettler und Vaganten zum Zuge, ohne genaue Aufschlüsslung ihrer weiblichen Anteile. Auch in der Geschichte des ökonomischen Denkens und der Wirtschaftstheorie in der vorindustriellen Zeit (▶ Kap. 9) kommen Frauen vor 1800 kaum vor.[9] Der große englische Ökonom und Philosoph John Stuart Mill (1806–1873) war einer der ersten seiner Zeit, die sich im 19. Jh. dezidiert für eine gleichberechtigte Rolle der Frauen aussprachen.

Jedoch haben Frauen für die Ausgestaltung von Kapitalismus, wirtschaftlicher Entwicklung und der Genese der ökonomischen Moderne eine ausschlaggebende Rolle gespielt.

Die Forschung hat im Anschluss an Karl Marx (*Das Kapital*, Bd. 1, 1867) und seine Gesellschafts- und Wirtschaftstheorie das für industrielle Gesellschaften charakteristische *male breadwinner model* aus der Entwicklung des Kapitalismus abgeleitet.[10] Dieses Modell postuliert einen Haushaltsvorstand, der als Alleinverdiener das Haushaltseinkommen für die gesamte Kernfamilie generiert, während der Ehefrau die Rolle als Managerin des Haushalts und der Nachwuchserziehung zukommt. Auf der anderen Seite hat das Patriarchat, d. h. die Idee, dass dem Manne als Stammhalter, Haushaltsvorstand und Entscheidungsträger die allgemeine gesellschaftliche Macht gleichsam von Natur aus zustehe, eine lange Geschichte, die bis weit vor den Industriekapitalismus zurückreicht und vielleicht auf Staatsbildungsprozesse in Eurasien seit dem Neolithikum zurückgeht.[11]

Ein Blick in das Wirtschaftsleben in der Frühen Neuzeit (*economic lives*[12]) indes lässt Raum für nuanciertere Befunde. Man hat u. a. darüber spekuliert, dass es spezifisch die Verbesserung der Stellung der Frau gewesen sei, also eine erhöhte *female agency*, die während der Frühen Neuzeit das Wirtschafts- und Wachstumspotenzial (Nordwest-)Europas im internationalen Vergleich so weit gesteigert habe, dass sich auch in dieser Hinsicht langfristig ein entscheidender Wachstumsvorteil des sogenannten ‚Westens' ergab. Je mehr man Frauen und Mädchen die selbstbestimmte Teilhabe auf Märkten erlaubt und ihnen auch anderweitig vergleichbare Freiheiten einräumt wie Männern, desto höher fallen Wirtschaftswachstum und ökonomische Entwicklung für das betreffende Land aus. Eine Lektion aus der vormodernen Wirtschaftsgeschichte![13] Ausschlaggebend für die wirtschaftliche Entwicklung waren u. a. das Bildungsniveau der Kinder, die Qualität von Regierung und Staatsadministration, reduzierte Korruption, verminderte Kindersterblichkeit und erhöhte Haushaltseffizienz – alles Faktoren, die historisch gesehen mit einer im Globalvergleich niedrigeren Geschlechterungleichheit in Europa korrelierten. Das bedeutet allerdings nicht, dass während der Frühen Neuzeit auch nur annähernd Geschlechtergleichheit gehandelt hat; das Gegenteil war der Fall!

Im Hinblick auf den Alltag in der Frühen Neuzeit verliefen die Fluchtlinien zwischen den Geschlechtern allerdings vielleicht etwas weniger

1.2 Gender, Macht und Wirtschaftsgeschichte

klar als man heute vermuten würde. So waren Spinnen, Nähen, Kochen, Flicken während der Frühen Neuzeit *nicht zwangsläufig typisch weiblich* konnotierte Aktivitäten, da sie (außerhalb der städtischen Oberschicht bzw. des Adels) auch von fast jedem Mann ausgeführt werden konnten – und auch wurden, vor allem im Herbst nach eingebrachter Ernte, wenn sich das Jahr dem Ende zu neigte und die ökonomischen Aktivitäten sich langsam ins Haus verlagerten. Auf der anderen Seite übernahmen Frauen (und Kinder) im landwirtschaftlichen Alltag selbstverständlich auch ‚männliche' Arbeiten, welche körperliche Kraft erforderten. Erst mit der industriellen Revolution konturierten sich dann genderspezifisch bestimmte Bereiche der Produktion heraus, für die bevorzugt Männer eingesetzt wurden. Später wurden im Zuge der Mechanisierung weiterer Produktionsbereiche dann vermehrt Frauen und Kinder in den Fabriken und an industriellen Maschinen eingesetzt, wobei in der Forschung nicht immer Einigkeit darüber herrscht, inwieweit es strukturelle Genderungleichheiten in der Entlohnung gab bzw. wie groß diese waren (*gender pay gap*).[14]

Misogyne Rollenbilder hingegen waren in der Frühen Neuzeit klar ausgeprägt und sind in den Schriften, Praktiken und im Denken der Zeit entsprechend dokumentiert. Ein Blick in die Wirtschafts-*Ideengeschichte* bzw. Wirtschaftssemantik der Frühen Neuzeit unterstreicht dies ganz besonders. Während der Frühen Neuzeit dominierte im ökonomischen Schriftgut der Zeit (▶ Kap. 9) – v. a. in der „Hausväterliteratur", aber auch im Kameralismus (*der* Mainstream-Ökonomik ihrer Zeit) – die Konzeption des „Ganzen Hauses",[15] nicht nur als Lebensmittelpunkt einer *extended family*. Dieses umfasste neben dem Hausvater und der Hausmutter und ihren Kindern auch entfernte Verwandte, Bedienstete, Knechte, Mägde und Lohnarbeiter. Das „Ganze Haus" war ein prinzipiell autarker, jedoch auf vermarktbare Überschüsse abzielender adeliger landwirtschaftlicher Großbetrieb, den wir im heutigen Sprachgebrauch als Gutswirtschaft oder Domäne kennen.[16] Der Management-Gedanke steht hier im Vordergrund. In Bestsellern ihrer Zeit wie Johannes Colers *Oeconomia oder Haussbuch* (1632) oder Wolf Helmhard von Hohbergs *Georgica Curiosa* (1682) geht es bei „Ökonomie" v. a. um rationale – sparsame, *ökonomische* – Ressourcenverwaltung. Am Beginn steht die soziale, ökonomische und gewohnheitsrechtliche Scheidung von Hausvater und Hausmutter, Mann und Frau und die unbeschränkte Gewalt des Hausvaters über Hausmutter,

Kinder und die erweiterte Kernfamilie, welche das Gesinde und weitere Bedienstete einschließt. Die Frau ist bei Autoren um 1700 wie von Hohberg wortwörtlich „Nebenwerkzeug" in der Führung des Hauses und des Agrarbetriebs. Ihre biologischen Vorzüge gegenüber dem Manne seien ihr „mildes Temperament" und ihre sanfte Grundnatur. Sie halte den überschüssigen Hormonhaushalt des Mannes im Zaum und mäßige seine häuslichen Gewaltausbrüche gegenüber allen innerhäuslichen Subalternen (Frau, Kinder, Bedienstete). Ansonsten schalte sie eigenmächtig innerhalb des Hauses, halte dort die „gute Ordnung". Sie solle in Abwesenheit des Mannes als Verwalterin agieren, die Gottesfurcht hochhalten und den Aberglauben klein. Als „Schaarwach der Engel" helfe sie das Haus vor den bösen Heerschaaren Satans zu beschützen. Durch ihr „tugendsames Hertz" und ihre „sanftmuetige Geduld" solle sie sich dem Manne und seinen Launen bedingungslos unterwerfen, ohne ihrerseits Launen und schlechte Stimmung an den Tag zu legen. Die Kinder erziehe sie zu Scham, Ordnung, Sauberkeit und Fleiß. Der Eigenwille der Töchter müsse dabei gebrochen werden, damit sich bei ihnen bloß kein „Muthwille" entwickele, der ihnen im Ehestand nicht nur bei hartherzigen Ehemännern Leid und Unehre bringen würde. Kurzum: „Haushaltung ohne Weib sey wie ein Tag ohne Sonnenschein."[17]

In dieser Ökonomik, wie sie ideengeschichtlich-semantisch auch im Schriftgut der Zeit seit dem ausgehenden 17. Jh. mehr und mehr zu Tage tritt, ist die Unterwerfung der Frau *total*, vor allem hinsichtlich ihrer reproduktiven, biologischen wie psychologischen Ressourcen. Dieses Ressourcenmanagement gliedert sich nahtlos in weitere Fauna und Flora ein; viele Traktate dieser „Hausväterliteratur" um 1700 beginnen bei den Bienen und enden bei den Fischen und Enten. Frau und Kinder nehmen in dem Modell eine untergeordnete Rolle innerhalb eines größer materiell gedachten und auf den männlichen Haushaltsvorstand zentrierten Bezugsrahmens ein. Die alles umgreifende Frage ist: Wie versehe ich als Mensch (also der damaligen Lesart gemäß: als Mann) die physischen, geographischen, geologischen, materiellen und biologischen Ressourcen der Natur mit ökonomischem Wert, mache sie also zu *Kapital*, aus dem am Ende des Wirtschaftszyklus ein Mehrwert entsteht? Ganz ähnlich dann beim Kameralisten Johann Heinrich Gottlob von Justi (1717–1771), dem bedeutendsten deutschsprachigen Ökonomen der Aufklärung. In seiner

1.2 Gender, Macht und Wirtschaftsgeschichte

Grundfeste zur Macht und Glückseeligkeit der Staaten (1760) schreibt Justi, die Natur habe dem Menschen den Fortpflanzungstrieb in die Wiege gelegt. Die meisten seien ganz natürlich dem Ehestande zugeneigt. Den Männern falle als Hausvorstand die Pflicht zu, durch „Geschicklichkeit" und „Arbeitsamkeit das Hauswesen zu erhalten und die Familie zu ernähren". Neige das weibliche Geschlecht zu Verschwendung, zu Ausschweifungen, zu „Unordnung", so werde dem Manne der Ehestand verlitten. Es sei das Gebot der Zeit, den Ausschweifungen der Frauen Einhalt zu gebieten und den Mann wieder als uneingeschränkten Hausvorstand in alle seine angestammten Rechte einzusetzen.[18] Interessant ist hier die Verwendung der Formulierung „wieder"; diese suggeriert, dass zu Justis Zeiten – um die Mitte des 18. Jh.s – gegenläufige Tendenzen am Werk gewesen sein könnten.

Man muss politische Ökonomik und frühneuzeitliche Wirtschaftstheorie als Kinder ihrer Zeit betrachten. Colers *Haussbuch* und Hohbergs *Georgica Curiosa* fielen in eine Zeit der Kriege, Krisen und der Klimaveränderung (▶ Kap. 2). Die Kameralwissenschaften befassten sich mit einer systematischen Erschließung der dem Territorialstaat zur Verfügung stehenden materiellen, physischen und mentalen Ressourcen. Schlüsselschriften wie etwa Veit Ludwig von Seckendorffs *Teutscher Fürsten Stat* (1656) fallen in die Wiederaufbauphase nach dem Dreißigjährigen Krieg (1618–1648). In dieser Zeit war das Klima schlecht, der Krieg hatte die Bevölkerung und wirtschaftliche Aktivität erheblich gedrosselt, das Handelsvolumen war eingebrochen. Getreidepreise und somit Erlöse für marktorientierte Agrarbetriebe waren rückläufig, Märkte zunehmend desintegriert. Für die 2. Hälfte des 17. Jh.s haben Ökonomen wie Victoria N. Bateman oder Karl Gunnar Persson eine Abnahme der Marktintegration, also eine *sinkende* Verflechtung von Menschen und Märkten über Verkehr, Austausch und Produktion bzw. Konsum konstatiert.[19]

In solchen Zeiten werden sich Schriften einer besonderen Beliebtheit erfreut haben, die sich systematisch mit Management und Ressourcenoptimierung befassten sowie mit der Frage, wie sich unter begrenzten Marktchancen doch noch Gewinne einfahren ließen. Wichtiger erscheint hier indes der Gedanke der unumschränkten Unterwerfung der Natur unter den Menschen, konkreter: den Mann. Diese Unterwerfung schließt Subalterne mit ein und ist prinzipiell Ausdruck eines neuen Natur- und Weltverständnisses, welches im Verlauf der nächsten Jahrhunderte die

Industrialisierung, Unterwerfung ganzer Kontinente und den menschengemachten Klimawandel erst ermöglichte. Verbunden damit ist die Zementierung der Geschlechterungleichheit als eine über den Markt und die Ökonomie konstruierte Machtasymmetrie.

Und doch gibt es auch für die Frühe Neuzeit unzählige Belege erfolgreich und unabhängig wirtschaftender Frauen. In England traten Frauen seit dem Mittelalter als Unternehmerinnen und Kreditnehmerinnen (und -geberinnen) auf, und zwar recht regelmäßig. Ebenso waren Frauen auf dem Landmarkt aktiv oder im Brauereiwesen.[20] Frauen agierten als selbstständige Akteurinnen auf den Finanzmärkten während der sogenannten *Financial Revolution* bis hin zum Platzen der Südseeblase 1720 (einem der ersten großen Aktienskandale der Geschichte). Ob im Kaffeehaus, im Londoner *South Sea House* beim Transfer von Inhaberschuld- und Anleihescheinen, beim Zeichnen von Lotterietickets – stets waren Frauen als Investorinnen mit im Spiel oder gar im Zentrum der Aktivitäten und dies genauso erfolgreich bzw. erfolgreicher als ihre männlichen Gegenparts. Die *Financial Revolution* des späten 17. Jh.s war zwar männerdominiert, aber keinesfalls ein ausschließlich männliches Phänomen. Frauen kamen hier v. a. zwei Rechtstatbestände zugute, erstens: weitgehend dem männlichen Geschlecht gleichgestellte *property rights* und Verfügungsberechtigungen über Bar- und Finanzvermögen (wenn es sich um Unverheiratete oder Witwen handelte); zweitens bei verheirateten Frauen das grundsätzliche Recht auf *Sondereigentum* auch nach Schließung der Ehe (nicht alles Vermögen der Frau ging automatisch in das Eigentum des Mannes über).

Keinesfalls war weibliche *agency* auf den Finanzmärkten grundsätzlich durch eherechtliche oder gar geschlechterspezifisch unterschiedlich definierte Rechtssphären behindert. Ganz im Gegenteil entwickelten viele v. a. der Oberschicht angehörige Frauen trick- und kenntnisreiches Investitionsgebaren, agierten sogar als Vermögensverwalterinnen für ihre fernen oder der Finanzmärkte und deren Dynamiken weniger kundigen Brüder, Männer und andere Familienangehörige. Marktkenntnis wurde sich v. a. durch Erfahrung, Praxis sowie das Erlernen von Algebra und einfacher Finanzmathematik erworben, etwa der Diskontierung.

Frauen traten selbstverständlich als Teilnehmerinnen an Lotterien auf; eine beliebte Technik der Kapitalaufnahme in England um 1690. Hierbei handelte es sich meist um vom Staat aufgelegte Programme, um Einkünfte zu generieren. Interessant ist der kulturgeschichtliche Kontrast zur satirisch-diskursiven Literatur – meistens aus männlicher Feder –, welche unter Bemühung eines dezidiert sexualisierten Untertons häufig insinuierte, dass ein Investment und Gewinn in der Lotterie einen sicheren Weg ‚unter die Haube' darstellte, auch für ansonsten mit Reizen weniger üppig ausgestattete Frauen (Gedanke von der Heirat als *Ware* bzw. grundsätzlich den Gesetzen des Marktes unterworfenes Gut bzw. umgekehrt: Märkte als potenziell erotisches Phänomen). Auch Männer wurden als Lotteriegewinne eingesetzt, wobei – so zumindest die Interpretation der satirischen Literatur – fehlendes ästhetisches Kapital (*sex appeal*) oft durch finanzielles Vermögen kompensiert wurde.

Soviel zum *gender bias*, der den meisten Studien zur vorindustriellen Wirtschaftsgeschichte direkt oder indirekt innewohnt. Nun wenden wir uns den zeitlichen Einschränkungen zu, hinsichtlich dessen, was in der Frühen Neuzeit möglich war und was nicht.

1.3 Wirtschaftsgeschichtlicher Grundriss der Epoche

Üblicherweise bezeichnet man als ‚Frühe Neuzeit' den Zeitraum zwischen dem Spätmittelalter (Mitte des 15. Jh.s) und der Französischen Revolution (Ende des 18. Jh.s.). Dies heißt indes nicht, dass (Wirtschafts-)Geschichte überall, in allen Räumen und Ländern dem gleichen Rhythmus und der gleichen Chronologie gefolgt ist. Die Wirtschaftsgeschichte Europas ist ebenso wie die allgemeine Geschichte vielfältig. Je nach Region und Raum (Nordwesteuropa/Atlantischer Raum, Mittelmeer, Südosteuropa, Südeuropa usw.) ergeben sich unterschiedliche Rhythmen und Konjunkturen. Ein Land kann wirtschaftliche Blüte und Aufschwung verzeichnen (etwa die Niederlande im sogenannten „Goldenen Zeitalter" ca. 1500–1650), während der Rest des Kontinents in wirtschaftlicher Stagnation verharrte oder gar dem Niedergang anheimfiel, wie in der Zeit des krisenhaften und von Kriegen und Krankheiten gezeichneten ‚dunklen' 17. Jhs. Ganz zu schweigen von der außereuropäischen und der Globalgeschichte (welche hier schwerpunktmäßig außen vor bleibt und nur thematisch gestreift wird, wo sie von Relevanz ist).

Ähnliches gilt für andere ‚Epochen' oder Perioden – Zeiteinteilungen, die in der Regel vollkommen willkürlich sind und nicht für alle europäischen und Weltregionen Sinn ergeben oder kongruent sind.[21] Für Europa geprägte bzw. vorrangig die Erfahrungen von Europäern reflektierende Begriffe wie ‚Antike', ‚Mittelalter' oder ‚Neuzeit' sind für die afrikanische, pazifische, indische oder chinesische Geschichte oft wenig treffend. Dennoch stehen sie nun einmal im Raum, hat doch die moderne Geschichtswissenschaft seit ihrer Entstehung bis heute oft implizit (und manchmal explizit) einen eurozentrischen Standpunkt eingenommen.[22]

Darüber hinaus birgt allein schon die Zuordnung bzw. Klassifikation ‚Frühe Neuzeit' Fallstricke, nicht nur für Wirtschaftshistoriker. Zum einen impliziert die Verwendung des Begriffs ‚Neuzeit' in Verbindung mit der adjektivischen Qualifikation ‚früh', dass bestimmte Charakteristiken von ‚Neuzeit' – wie Freiheit, liberalisierter Handelsaustausch, Demokratie, Globalisierung, modernes Wirtschaftswachstum – bereits während der Frühen Neuzeit in Grundzügen aufschienen, irgendwie im Entstehen begriffen waren oder sich die Geschichte langfristig in Richtung dieser als ‚modern' bewerteten Merkmale bewegt habe. Diese (oder vergleichbare) Annahmen wären indes ein Trugschluss und kämen einer teleologischen Interpretation bzw. mechanistischen Sichtweise auf die Geschichte nahe, welche die jeweiligen zeittypischen und epochenspezifischen Systematiken und Dynamiken vernachlässigt.

Zum anderen lassen sich viele – insbesondere quantitative – wirtschaftshistorische Einflussgrößen schlechterdings nicht gut in die von den klassischen Geschichtswissenschaften verwendeten Periodisierungsschemata einordnen. Je nachdem auf welchen Typus ökonomischer Daten man blickt, ergeben sich unterschiedliche Konjunkturzyklen, Wendepunkte und Fluktuationen. Der Beginn der frühneuzeitlichen Preisrevolution (säkulare Inflation des 16. Jh.s) etwa lässt sich in den entsprechenden (für viele europäische Städte aus den Quellen erhobenen) Zeitreihen je nach Definition entweder um 1470 oder 1530–1540 herum verorten (und ihr Ende um 1618/1620 herum); fällt also keineswegs passgenau mit dem Epochen- bzw. Zeitschnitt 1500 zusammen, der oft als ‚Beginn' der Frühen Neuzeit genannt worden ist. Selbst mit der beginnenden Industrialisierung um 1770 wirkten alte Kräfte fort, und auch der Gedanke einer ‚industriellen ‚Revolution' ist von der Forschung mittlerweile ad acta gelegt worden, da die Industrialisierung eine Jahrzehnte wenn nicht gar

1.3 Wirtschaftsgeschichtlicher Grundriss der Epoche

Jahrhunderte umfassende Vorgeschichte gehabt hat. Ebenso künstlich-artifiziell wie das Jahr 1500 scheint mithin die Epochengrenze 1800 als ‚Ende' der Frühen Neuzeit.

Was indes auffällt, ist, wie bereits Zeitgenossen während der Frühen Neuzeit das Phänomen von Wandel und Fortschritt begrifflich-semantisch zu fassen suchten, insbesondere den empirischen Befund, dass Gesellschaften sich im Zeitverlauf verändern, wohlhabender oder ärmer werden – dass es also grundsätzlich so etwas wie Rhythmen, Zyklen, Epochen und Perioden im wirtschaftlichen Geschehen gibt. Fortuna (die Göttin des Schicksals) mischt die Karten für jede Nation von Zeit(alter) zu Zeit(alter) durchaus auch einmal neu. Spätestens während der Hochaufklärung im 18. Jh. verbreiteten sich, ausgehend von Schottland, bald auch im deutschsprachigen Raum interessante Diskurse über ‚arme' und ‚reiche' Nationen. Es entwickelte sich die Metapher eines ‚Wettlaufs' oder Wettkampfs der Staaten, später Nationen und Zivilisationen.[23] Oft bezog man sich dabei auf antike Vorbilder, vor allem das Römische Weltreich, mit dessen Aufschwung, Blüte und Niedergang man sich intensiv auseinandersetzte, um daraus Schlüsse für das Hier und Jetzt zu ziehen. Man entdeckte die Zukunft als aktiv gestaltbare Zeit; auch die wissenschaftliche Beschäftigung mit der *Geschichte* etablierte sich.[24] Ökonomischer Fortschritt bzw. das Ausbleiben eines solchen waren zentrale Bestandteile dieser ‚modernen' Diskurse – eine Grundbedingung jeder Theorie der Wirtschaftsentwicklung.

Gut fassen lässt sich dies etwa in Philipp Wilhelm von Hörnigks *Oesterreich über alles wann es nur will* (1684), einem ‚Wirtschaftsbestseller' seiner Zeit. Das Buch stellt eine der ersten wissenschaftlichen Erklärungen für den wirtschaftlichen Aufschwung und darauf folgenden Niedergang der deutschsprachigen Länder im internationalen Vergleich mit Frankreich, England und den Niederlanden zwischen 1500 und 1680 dar und ist damit auch eines der ersten theoretischen Werke über wirtschaftliches Wachstum und Entwicklung.[25] Heute sind diese Themen Teil unserer ökonomischen Alltagssemantik (Handelsbilanz, Überschüsse, Defizite, ökonomischer Aufstieg Chinas? Niedergang Europas? „Make America Great Again" usw.). So ganz wird man also den Charakter der Frühen Neuzeit als eigenständiges Zeitalter nicht von der Hand weisen können, ebenso wie sie uns viele Grundlagen moderner Diskurse, Semantiken und Analysen über wirtschaftliches Wachstum und Entwicklung gegeben hat.

1 Die wirtschaftsgeschichtlichen Besonderheiten der Epoche

Ein weiteres heuristisches bzw. methodisches Problem in der Wirtschaftsgeschichte – neben dem eben diskutierten Faktor *Zeit* – ist der *Raum*, bezogen entweder auf den nur als kulturelles Konstrukt bestehenden Großraum Europa oder konkrete, durch politische Grenzen definierte Staaten, Wirtschafts- und Währungsräume, (Mikro-)Regionen und andere Territorien. Die meisten Staaten waren Monarchien oder Fürstentümer, aber es gab auch vereinzelt Stadtstaaten und Republiken, etwa die Republik der Niederlande,[26] die Schweiz oder die kurz nach dem Mittelalter von der Landkarte verschwundene Bauernrepublik Dithmarschen. Innerhalb des Staatenverbunds des Heiligen Römischen Reichs Deutscher Nation gab es mehr als 300 kleinere und größere, weltliche und geistliche Flächenstaaten, Königtümer wie Böhmen, Kurfürstentümer, Herzogtümer, andere Fürstentümer, Grafschaften, freie Reichsstädte, Reichsabteien (deren Vorsteher als Reichsäbte den Fürstbischöfen ebenbürtig, da ebenfalls reichsunmittelbar und nur dem Kaiser unterstellt waren) und Republiken. Daneben gab es mehr als tausend kleinere unabhängige Entitäten mit Staatsfunktionen, denen man aus heutiger Perspektive ,Staatlichkeit' nur im Sinne ihrer Reichsunmittelbarkeit zumessen wird: etwa die Reichsritter und Reichsdörfer, deren Oberhaupt der Kaiser war, staatsrechtliche Relikte aus dem Mittelalter. Diese bildeten *per definitionem* zwar eigene (*reichsunmittelbare*) Stände, waren aber nicht wirklich ,Länder' oder ,Staaten' im heutigen Sinne, also von konkreten Grenzen umrahmte geographisch definierte Hoheitsgebiete.[27] Ulrich von Hutten (1488–1523), Reichsritter und Renaissanceintellektueller, zählt zu dieser Gruppe oder Goethes theatralische Figur des Götz von Berlichingen (1480–1562). Überhaupt waren Enklaven und Exklaven in der politischen Morphologie des Reiches während der Frühen Neuzeit die Norm. Andere Staaten sahen zwar aus der Vogelschau nicht ganz so schlimm aus wie der Flickenteppich Deutschland; aber regionale Unterschiede bestanden dort ebenso, basierend auf sprachlichen, kulturellen, politischen, institutionellen und ökonomischen Gegebenheiten (Pro-Kopf-Einkommen, Produktivität).

Aus diesen Gründen führen viele moderne bzw. aus der modernen Wirtschafts- und Sozialstatistik bekannte Messkonzepte oft nicht weiter, da sie moderne ,nationale' Erhebungsmaßstäbe und Kriterien anwenden, wo Nationalstaaten oder auch nur irgendwie territorial genau fixierte Staatskörper entweder nicht existierten oder von der Theorie her noch

1.3 Wirtschaftsgeschichtlicher Grundriss der Epoche

nicht als Bezugsrahmen der ökonomischen Betrachtung fungierten. Allerdings finden wir erste Grundzüge ‚nationalökonomischer' Analyse im Kameralismus, der nach 1600 im Heiligen Römischen Reich florierte, oder im Merkantilismus angelsächsischer Prägung sowie in Debatten, in denen der *wealth of nations* erstmals national- bzw. territorialstaatlich konzipiert wurde, wenngleich er nicht immer im Zentrum der wissenschaftlichen Analyse stand.[28]

Auch anderswo ergaben sich ähnliche Nuancen und Unschärfen. In Frankreich gab es nicht nur hinsichtlich der Zollverwaltung und Handelspolitik deutliche Unterschiede zwischen den agrarischen atlantischen Provinzen und den eher gewerblich-manufaktoriell geprägten inländischen Landesteilen um die Hauptstadt Paris. In Preußen dominierte Gewerbe und Manufakturproduktion um die Hauptstadt Berlin, ferner das Heimgewerbe in den westlichen Provinzen (Kleve) sowie die Tuchproduktion und Hochofenindustrie in Schlesien. Der Rest Preußens blieb aber durch und durch agrarisch geprägt, mit deutlich niedrigerem regionalen Pro-Kopf-Einkommen. Selbst innerhalb Englands gab es bereits vor der Industrialisierung deutliche regionale Gefälle in Gewerbeproduktion, Marktverflechtung und Wirtschaftsleistung. Regionen wie Northumberland oder Cornwall blieben bis in das Industriezeitalter Agrarlandschaften. Im frühneuzeitlichen Schottland konzentrierte sich das produzierende Gewerbe in den Lowlands bzw. genauer: hauptsächlich in dem östlichen Teil der Lowlands um die Hauptstadt Edinburgh (mit ihrem wichtigen Überseehafen Port of Leith) und weiteren wichtigen Ostküstenstädte wie Aberdeen oder Kirkcaldy sowie im Südwesten (Paisley, Lanarkshire). Im Kolonial- und Überseehandel avancierte dann nach 1700 Glasgow zum wichtigsten Handelszentrum seiner Zeit.

Grenzen waren prinzipiell durchlässig, grenzüberschreitender Waren-, Personen- und Zahlungsverkehr nur schwer zu überwachen, kaum zu steuern. Handelsströme wurden meistens innerhalb der als Marktstädte oder Zollstellen definierten Ortschaften steuerlich erfasst, weniger aber – wie heute üblich – beim Grenzübertritt.[29] Staaten waren zudem oft gar nicht oder nur rudimentär konsolidiert. Territorien verflossen, umrundeten, umringten einander; zudem wechselten sie in den zahlreichen Kriegen ihrer Zeit häufig den Besitzer bzw. Territorialherrn. Sodann: Selbst innerhalb von Frankreich oder den deutschsprachigen Teilen des

Heiligen Römischen Reichs Deutscher Nation wurde eine Vielzahl von Idiomen und Dialekten gesprochen, welche allenfalls entfernte Ähnlichkeit mit dem besaßen, was wir heute als ‚Hochdeutsch' bezeichnen würden. Große Teile Pommerns im Norden waren in der Frühen Neuzeit schwedisch, Holstein und anliegende Gebiete gehörten zu Dänemark (der schwedische und der dänische König waren auf den Reichstagen wie andere Grafen, Herzöge usw. als Reichsfürsten mit vertreten). Grenzregionen zwischen zwei oder mehreren Sprachgebieten, etwa die Lausitz, waren mehrsprachig; man sprach Deutsch, Sorbisch oder Tschechisch, erstellte Urkunden aber auf Latein.

Hinzu kamen dezidierte Unterschiede in der regionalen Wirtschaftsentwicklung. Einige Regionen waren bereits in der Frühen Neuzeit durch und durch vergewerblicht (z. B. das Erzgebirge), d. h. eine Mehrzahl der Bevölkerung ging nicht hauptsächlich einer agrarischen Tätigkeit nach, sondern einem Gewerbe, meist der Tuchproduktion. Montanregionen wie im sächsisch-böhmischen Erzgebirge wiesen ebenfalls eine ganz anders geartete Beschäftigungs- und Wirtschaftsstruktur auf und waren stärker arbeitsteilig-verkehrswirtschaftlich geprägt. Hier waren der Grad der Marktverflechtung und der Arbeitsteilung oft höher als in anliegenden Gebieten; v. a. weil die Bergregionen von außerhalb mit Getreide und anderen Nahrungsmitteln versorgt werden mussten.[30]

1.4 Wachstum und Entwicklung in Raum und Zeit

Misst man wirtschaftliche Entwicklung im historischen Zeitvergleich anhand des Pro-Kopf-Einkommens, so ergeben sich für die Frühe Neuzeit charakteristische Trends, Tendenzen, Wirtschaftsrhythmen (▶ Abb. 1.1).

1.4 Wachstum und Entwicklung in Raum und Zeit

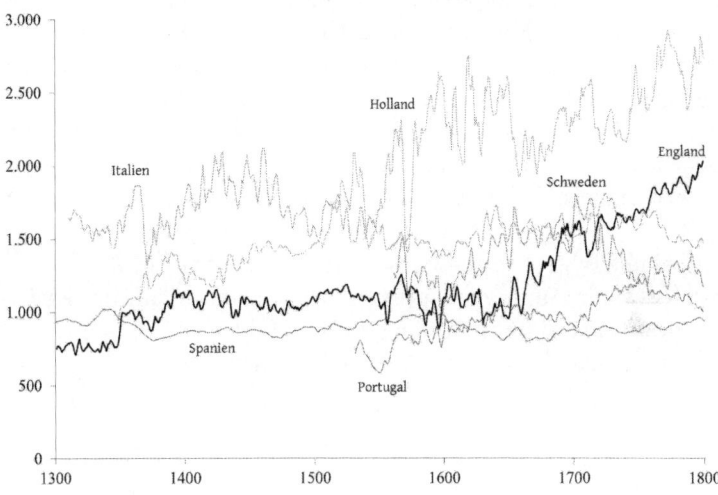

Abb. 1.1: BIP in Dollar pro Kopf in ausgewählten europäischen Staaten, 1300–1800.

England (nach 1707 mit Schottland als Vereinigtes Königreich) begann sich schon während des 17. Jh.s neben den Niederlanden – der damals reichsten und am weitesten entwickelten Volkswirtschaft – einkommenstechnisch an die *pole position* zu schmuggeln. Besonders schnell erfolgte hier Städtewachstum durch Zuzug vom Land in die Städte, was als Indiz für Wirtschaftswachstum bzw. wichtige Änderungen im Produktionsgefüge gewertet werden kann, etwa der Herausbildung oder Zunahme kapitalistischer Eigentumsstrukturen und Produktionsprozesse. Historiker haben hier von einer *small divergence* gesprochen, also einem Abweichen im Wachstumsmuster einiger europäischer Länder von der Norm.[31] Dies geschah innerhalb einer sogenannten *great divergence*, welche das deutlich schnellere Wachstum Europas im Vergleich v. a. zu Indien und China während der Industrialisierung bezeichnet (1750–1980). Die Diskussion um die *great divergence* ist eine der größten Debatten unter Wirtschaftshistorikern (▶ Kap. 10) und hat viel Dissens hinsichtlich des Timings und des Ausmaßes wirtschaftlicher Unterentwicklung in globaler Perspektive gezeitigt.[32] Aber weder Europa noch Asien waren ökonomisch (oder auch politisch, sozial, kulturell usw.) ausdefiniert, geschweige denn homogene Kontinente und sind daher prinzipiell schlecht vergleichbar.

1 Die wirtschaftsgeschichtlichen Besonderheiten der Epoche

Doch zeigte sich hier China als Imperium und größter Flächenstaat seiner Zeit (neben Russland); dort das politisch sehr stark fragmentierte und zersplitterte Westeuropa – ein Kontinent der Flickenteppiche, aber mit einigen größeren Territorialstaaten wie England und Frankreich. Diese institutionelle und politische Fragmentierung hat den politischen und wirtschaftlichen Wettbewerb und damit ökonomischen Vorsprung Europas in der langfristigen wirtschaftlichen Entwicklung zumindest befördert.[33]

Insgesamt ist es also schwierig, von *der* Wirtschaftsgeschichte der Frühen Neuzeit im Singular zu sprechen: Wirtschaftsverläufe und Performanz waren von Region zu Region sehr unterschiedlich ausgeprägt, mit sehr unterschiedlichen Chronologien und Konjunkturen.

1.5 Konjunkturen

Konjunktur bezeichnet landläufig das Auf und Ab in einem Geschäfts- und Wirtschaftszyklus; hierbei kann es sich um Produktionsmengen, Investitionen, Unternehmergewinne, Gesamteinkommen (Bruttoinlandsprodukt oder Bruttonationaleinkommen) handeln oder was auch immer das historische Archiv sonst noch so an Zahlenmaterial zur Verfügung stellt. Wirtschaftshistoriker haben in der Vergangenheit, v. a. zur Beschreibung des Wirtschaftsgeschehens vom Mittelalter bis zur Industrialisierung, häufig ein sogenanntes (neo-)malthusianisches Modell angewendet (nach dem englischen Bevölkerungswissenschaftler und Landpfarrer Thomas Robert Malthus, 1766–1834).

Grundlagen sind Agrarpreise, vor allem für Getreide (und einzelne andere Lebensmittel wie Fleisch), denn diese lassen sich seit dem Mittelalter für viele Städte Europas einigermaßen zuverlässig quellenmäßig erfassen. Ausgehend von theoretischen Überlegungen hinsichtlich des Zusammenspiels zwischen Bevölkerung und verfügbaren Nahrungsmittelressourcen (Getreide) und den technologischen Parametern der Landwirtschaft kann man anhand überlieferter Getreidepreisreihen und Lohnserien für bestimmte Berufssegmente (z. B. Steinmetze, Tagelöhner) die grobe Entwicklung im Realeinkommen (Lohnsatz dividiert durch das Preis-

1.5 Konjunkturen

niveau) in langer Serie abbilden und auch indirekte Schlüsse auf Produktionsniveaus und Leistungskraft der Landwirtschaft ziehen. Hier ergibt sich für die meisten Gebiete Europas eine ähnliche Entwicklung, allerdings mit deutlichen regionalspezifischen Unterschieden.

Das 16. Jh. wird gemeinhin als ein Zeitalter des Bevölkerungswachstums mit erheblichen Reallohnverlusten angesehen; es erfolgte zwischen 1470/1530 und 1620 ein säkulares Wachstum der Preise, welches in die historische Literatur auch als Preisrevolution eingegangen ist.[1] Grund war ein seit den 1470er Jahren wiedereinsetzendes Bevölkerungswachstum, was sich besonders in einem Anwachsen der bäuerlichen Schichten auf dem Dorf, also der Landarmen und Landlosen bemerkbar machte. Der Kampf um die verfügbaren Ressourcen verschärfte sich; viele Erben erhielten keine Hofstelle mehr, mussten ihr Auskommen außerhalb der Landwirtschaft suchen und teilweise enorme Einbußen in Einkommen und Lebensstandard hinnehmen. Zwar nahm sich diese Inflation zwischen 1470/1530 und 1620 von – im Jahresmittel 1–2 % – im Vergleich zu heute eher bescheiden aus. Doch die vorherrschende Erfahrung und die Wirtschaftstheorie kannten bislang nur starre Preise. Zeitgenossen kamen nur schwer mit der Tatsache klar, dass diese Inflation über zwei bis drei menschliche Generationen (60–90 Jahre) andauerte und das Einkommen vieler normaler Menschen und Handwerker fast vollkommen aufzehrte, ja im Wortsinne ‚entwertete'. In Zeiten steigender Getreidepreise mussten die Menschen auf höherwertige Nahrungsmittel verzichten (etwa Fleisch); es setzte ein in der Ökonomik auch als „Giffen-Effekt" bekanntes Paradoxon ein: trotz steigender Preise wurde mehr Getreide nachgefragt (und getreidebasierte Speisen wie Brot und Brei); tierische Fette und Eiweiße (Fleisch) wurden nun durch Kohlenhydrate substituiert. Diese schrumpfende Spanne im Nahrungsspielraum, begrenzt durch das Zusammenspiel von Bevölkerung und Nahrungsmittelproduktion (sogenanntes *malthusianisches Gesetz*), spiegelte sich in den Preissteigerungen der Zeit wider. Inflationsraten waren für Getreide viel höher als für Nichtnahrungsmittel wie Baustoffe, Rohmaterialien usw., was die zentrale Rolle dieses Brotgetreides im Warenkorb der Menschen unterstreicht (und auf einen malthusianischen Zusammenhang hindeutet).

Über Jahrzehnte hinweg hatten sich die Menschen im Mittelalter an starre oder vergleichsweise niedrige Preise für Lebensmittel und die meisten anderen Güter gewöhnt; nun aber stiegen die Preise. Ein Augsburger

Maurermeister, welcher zu der eher wohlhabenderen ‚ehrbaren' Klasse gehörte (heute würden wir sagen: ‚gehobener Mittelstand') und der zum Anfang des Jahrhunderts mit seinem Jahreslohn noch eine vier- bis fünfköpfige Familie (die Ehepartner und zwei bis drei Kinder) gut hatte unterhalten können, sank mit dem Familieneinkommen ab den 1550er Jahren nach den Berechnungen des Volkswirts und Wirtschaftshistorikers Wilhelm Abel in die ‚Hungerzone' ab, d. h. er konnte seine Familie mithilfe seines aufs Jahr gerechneten Geldlohnes (gezahlt wurden in der Regel Wochen- oder Tagelöhne) nicht mehr jeden Tag komplett satt machen.

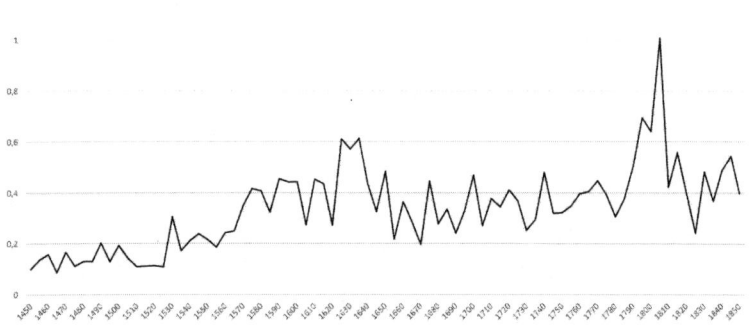

Abb. 1.2: Roggenpreise in Gramm Silber pro Liter, 1450–1850.

Während des 17. und in das beginnende 18. Jh. hinein entspannte sich das Preisniveau wieder etwas. Auch das Bevölkerungswachstum verlangsamte sich oder kam vielerorts ganz zum Stillstand. Das 17. Jh. gilt als das ‚dunkle Jahrhundert' der Krisen, Kriege und der Klimaveränderung (sogenannte „Kleine Eiszeit").[2]

Während des 18. Jh.s – ab etwa den 1720er und 1730er Jahren – zogen in den meisten Ländern Europas die Getreidepreise wieder an, wie auch das Bevölkerungswachstum. Auch die Armut verschwand nicht: Noch 1771–1773 gab es europaweit Hungersnöte und Erntekrisen, die selbst noch im 19. Jh., um 1840 wiederkehrten, in einer Zeit, als die Industrialisierung bereits eingesetzt hatte. Hunger blieb also noch lange ein alltägliches Erscheinungsbild.[3]

1.5 Konjunkturen

Ähnlich wie bereits oben hinsichtlich der Wachstumsraten des Bruttoinlandsprodukts wirkten sich diese konjunkturellen Zyklen und wirtschaftlichen Erfahrungen in unterschiedlichen Orten unterschiedlich aus. In den Niederlanden schrumpfte die Kaufkraft und fielen Reallöhne im Baugewerbe während des 16. Jh.s ‚nur' um ca. 6 %, in England (London) immerhin um 15 %, in Süddeutschland und den Österreichischen Erblanden (München, Augsburg, Wien) aber um ganze 34 %. Weiter östlich – Budapest, Ungarn, Ostmitteleuropa – waren die Kaufkraftverluste und der wirtschaftliche Rückgang sogar noch drastischer. Im 17. Jh. stagnierten die Bevölkerungszahlen in den meisten Teilen Europas, mit Ausnahme der Niederlande und der südöstlichen Gebiete Englands, vor allem Londons. In den Niederlanden stiegen die Reallöhne zwischen 1600 und 1700 wieder auf ihr Ausgangsniveau von vor 1500. Die führende und reichste Nation ihrer Zeit befand sich in ihrem „Goldenen Zeitalter", einem für die Zeit beispiellosen ökonomischen und gesellschaftlichen Strukturwandlungsprozess, welcher das niederländische Pro-Kopf-Einkommen zwischen ca. 1500 und 1750 auf nahezu das Zweifache des gesamten nordwesteuropäischen Durchschnitts steigen ließ. Die übrigen Teile Kontinentaleuropas machten nur einen Teil ihrer Wohlstandsverluste des 16. Jh.s wett. Es kam zu keinem Anstieg des ökonomischen Potenzials („Krise des 17. Jh.s").[4]

Tab. 1.1: Reallohnentwicklung in Europa, 1500–1800.

	1500–1549	1650–1699	1700–1749	1750–1799	1800–1849
London	100	96	110	99	98
Amsterdam	97	98	107	98	79
Antwerpen	98	88	92	88	82
Paris	62	60	56	51	65
Südeuropa	71	52	61	42	30
Ostmitteleuropa	74	66	58	55	48

Werte: London (1500) = 100. Quelle: nach Broadberry & Gupta 2006.

Während des 18. Jh.s gab es für viele Gebiete Europas wieder herbe Verluste, während die atlantischen Ökonomien (England, Niederlande) ihr Wohlstandsniveau in etwa halten konnten (▶ Tab. 1.1). Dieser Befund deckt sich in der Tendenz mit den Wachstumszahlen, die Stephen Broadberry, Nuno Palma, Angus Maddison und viele andere Forscher bezüglich des historischen Bruttoinlandsprodukts erhoben haben.

Im 19. Jh. erst setzte dann eine große Transformation ein (Industrialisierung), welche erstmals in der Menschheitsgeschichte die malthusianische Falle und den Zusammenhang zwischen Bevölkerung, Nahrungsspielraum und Einkommen aufbrechen ließ.[5]

1.6 Ökonomische Entwicklung

Die in den vorangegangenen Abschnitten diskutierten ökonomischen Rahmenbedingungen spiegeln sich auch in anderen Aspekten wider, etwa dem Urbanisierungsgrad, der ein recht guter Indikator dafür ist, wie ‚reich' bzw. ‚weit entwickelt' ein Land im Vergleich zu anderen Nationen zu einem bestimmten Zeitpunkt gewesen ist. Die Grundannahme ist einfach: Stadtbewohner sind vornehmlich Konsumenten von Nahrungsmitteln; die Erzeuger dagegen (Bauern, Landwirte, unter-bäuerliche Schichten) wohnen vorzugsweise auf dem Land. Freilich gab es Überschneidungen, etwa im Falle der Ackerbürgerstädte in Deutschland während der Frühen Neuzeit: Städte die eher großen Dörfern glichen und wo ein Gutteil der Einwohner Landwirtschaft betrieb. Doch die Grundüberlegung des historischen Modells bleibt gültig: Damit eine Stadt mit ausreichend Nahrungsmitteln versorgt werden kann, bedarf es einer Gruppe landwirtschaftlicher Produzenten, die groß genug ist und genügend Überschüsse erwirtschaftet, um über den eigenen Bedarf hinaus auch noch den Bedarf anderer zu decken (also der Städte). Dabei ist es für das Modell[6] relativ unerheblich, ob sich diese Produzenten im unmittelbaren Einzugsbereich der Stadt befinden oder weiter weg, d. h. auch der Handel mit Nahrungsmitteln über weitere Distanzen war üblich. In der Frühen Neuzeit bezogen etwa die Niederlande regelmäßig größere Mengen Getreide aus dem Ostseeraum, womit etwa 10–20 % der niederländischen Bevölkerung versorgt werden konnten.

1.6 Ökonomische Entwicklung

Wächst nun der Anteil der Menschen innerhalb einer Gesellschaft oder eines Landes, die in Städten wohnen, kann dies (1.) auf bestimmte Veränderungen im Wirtschaftsgefüge hindeuten, in Richtung Produktivitätswachstum und Effizienzsteigerung, etwa bezüglich der Organisation der wirtschaftlichen Arbeitsabläufe usw. (2.) müssen diese Stadtmenschen ernährt werden, d. h. es muss irgendwo landwirtschaftliche Überschussregionen geben, die es sich leisten können, ihre Überschüsse über weite Distanzen zu vermarkten. Dies wiederum deutet auf erhöhte Marktintegration, Arbeitsteilung und verkehrswirtschaftliche Verflechtung hin.

Tab. 1.2: Anteil der Erwerbsbevölkerung in Europa um 1500 in Prozent.

	Stadt	Land	
		nicht-landwirtschaftlich	landwirtschaftlich
England	7	18	74
Niederlande	30	14	56
Belgien	28	14	58
Deutschland	8	18	73
Frankreich	9	18	73
Österreich/Ungarn	5	19	76
Polen	6	19	75
Italien	22	16	62
Spanien	19	16	65

Quelle: nach Allen 2001, S. 11.

Tab. 1.3: Anteil der Erwerbsbevölkerung in Europa um 1700 in Prozent.

	Stadt	Land	
		nicht-landwirtschaftlich	*landwirtschaftlich*
England	23	32	45
Niederlande	36	22	42
Belgien	22	26	51
Deutschland	9	27	64
Frankreich	13	26	61
Österreich/Ungarn	7	32	61
Polen	4	36	59
Italien	23	19	59
Spanien	21	16	63

Quelle: nach Allen 2001, S. 11.

Somit spiegeln die hier wiedergegebenen Zahlen auch (aber nicht ausschließlich) den unterschiedlichen Stand der wirtschaftlichen Entwicklung wider und ergänzen den Befund in den vorangegangenen Abschnitten.

Was heute bzw. noch bis vor kurzem als charakteristische Eigenschaften von ‚Unterentwicklung' definiert worden ist, galt in der Frühen Neuzeit vielerorts praktisch als Normalzustand, v. a. die folgenden Charakteristika:

1. ein hoher Anteil des Agrarsektors an Gesamtbeschäftigung und Sozialprodukt,
2. eine niedrige Produktivität in allen Sektoren der Wirtschaft, besonders aber in der Landwirtschaft,
3. ein verhältnismäßig niedriger Urbanisierungsgrad,
4. niedrige Exportquoten, entweder für einzelne Schlüsselsektoren der Wirtschaft oder – gemessen am Sozialprodukt – insgesamt,

1.6 Ökonomische Entwicklung

5. ein niedriger Anteil von Fertigwaren an der Ausfuhr und dadurch schlechtere Handelsbedingungen (engl. *terms of trade*) auf den Weltmärkten,
6. ein niedriger Lebensstandard – nahe der Subsistenz –, messbar etwa in Form der Reallöhne,
7. dadurch geringe Nachfrage nach nicht-landwirtschaftlichen Gütern,
8. ein niedriges gesamtwirtschaftliches Investitionsniveau,
9. eine vergleichsweise extreme Ungleichverteilung von Vermögen und gesellschaftlichen Partizipationsmöglichkeiten (Ständegesellschaft, feudale Abschöpfungen),
10. dadurch bedingte Fehlallokationen von potenziellem Investitionskapital etwa durch Repräsentationsdruck der Aristokratie, mangelnde Preisanreize durch Preistaxen (Preisobergrenzen) und zu niedrig fixierte Abnahmepreise für begünstigte Kreise, die sich in Zeiten von Missernten schnell in pathologische sozioökonomische Anpassungsmechanismen verwandeln können, letztlich
11. eine vergleichsweise geringe Stufe wirtschaftlicher Integration (Faktormärkte: Arbeit, Boden, Kapital).

Geburten- und Sterberaten waren meist beide hoch (▶ Kap. 3) Mit einer Geburtenrate von 40,6 bis 46,9 ‰ und einer Sterbeziffer von 31,6 bis 37,5 ‰ (1748–1779) lag Preußen etwa knapp über Schweden und Finnland (wo sie im Durchschnitt bei etwa 30 ‰ lag) und dem aus heutiger Sicht beängstigend hohen kontinentaleuropäischen Durchschnitt. Drei Viertel der Menschen lebten auf dem Land, die meisten von ihnen landlose oder landarme Arbeiter. War man ein kaum besser situierter Gutsbauer, so war man schollenpflichtig und bewohnte dürftig zusammengezimmerte Hütten mit zusammengefallenen Kaminen. Es blieb in Normaljahren nach Abzug aller Kosten im Jahr über das bloße Überleben hinweg kaum Ausgabenspielraum. Der Gutsherr war berechtigt, die Peitsche zu gebrauchen, wenn der Arbeitseinsatz auf den Fronen nicht zur Zufriedenheit gereichte. Kinderarbeit war die Norm. In weiten Teilen Europas waren ähnliche Verhältnisse zu verzeichnen, nur in den fortgeschritteneren Agrar- und Städtelandschaften v. a. Englands und der Niederlande waren die Lebensverhältnisse dezidiert besser.

> **Q 1.1: Elend in Schlesien um 1780**
> „Di wonungen des volks sind nidrige hütten von aufeinander gelegten Baumstämmen, di im winter mit mist und laub bekleidet werden. Schornsteine sind nur seit einigen jaren, durch befel und zwangsmittel, eingeführt worden. Di unreinigkeit der einwohner und irer hütten übersteigt di Westfälische. In den meisten dörfern ist ein jude, welcher den gastwirt vorstellt und ein abscheuliches getränk verkauft, der reinlichste und gesittetste einwoner. Für die pferde und kühe sind ställe; kälber, ferkel, hühner und gänse aber wonen mit dem wirt und seinen nackenden kindern in einem gemach zusammen. Dennoch regirt di pest hir selten unter den menschen, aber fast beständig unter dem hornvihe, welches di unreinigkeit und üble wartung weniger vertragen kann, als die einwoner. [...] Es ist demütigend zu bemerken, wi vil di tire in der wildnis in ansehung der reinlichkeit vor den halbgesitteten menschen voraus habe."
> **Kommentar:** Für einen Engländer, der Ende des 18. Jh. bereits ein dichtes Netz von Straßen, Kanälen und ersten Anhäufungen von Dampfwebstühlen und Spinnmaschinen (*spinning jennies*) gewöhnt war, erschien die Armut und Unterentwicklung im spätfriderizianischen Schlesien besonders erwähnenswert. Die *Briefe eines reisenden Engländers* geben beredt Aufschluss über die wirtschaftliche Entwicklung und die Lebensumstände in der Gegend um Oppeln (Schlesien) um 1780. Schlesien lag mit knapp 64 % der Einwohner, die landwirtschaftlich tätig waren, eher unter dem Durchschnitt für Gesamtpreußen. In vielen anderen Regionen Europas lag dieser Wert am Vorabend der Industrialisierung noch viel höher, war der Agrarsektor noch mit Abstand der dominierende Wertschöpfungsbereich. Allerdings sind solche zeitgenössischen Berichte, an der Schnittstelle zwischen Kuriositätenhunger und Industriespionage entstanden, häufig verzerrt, toposhaft und ironisch gefärbt.
> **Zitiert nach:** Dobbelmann et al. 1993, S. 7–8.

Entwicklung ist also eine relative Größe. Sie ergibt sich stets im Vergleich – zeitlich (intertemporal) wie regional oder international. Dies lässt sich anhand des Beispiels von Philip Wilhelm von Hörnigks *Oesterreich über alles wann es nur will* (1684), nachvollziehen. In diesem vielzitierten Werk, welches an deutschen und österreichischen Universitäten noch hundert Jahre später, bis in die 1780er Jahre hinein als Lehrbuch verwendet wurde, analysiert Hörnigk die Quelle des Reichtums der Nationen durch eine wohl austarierte Wirtschafts-, Handels- und Industriepolitik.

1.6 Ökonomische Entwicklung

> **Q 1.2: Philip Wilhelm von Hörnigk, Oesterreich über alles wann es nur will (1684)**
>
> „Dann wo heutigen Tags eine Nation mächtig und reich sey oder nicht / hangt nicht ab der Menge oder Wenigkeit ihrer Kräffte oder Reichthum / sondern fürnehmlich ab deme / ob ihre Nachbarn deren mehr oder weniger / als sie / besitzen. Dann mächtig und reich zu seyn / ist zu einem Relativo worden / gegen diejenige / so schwächer und ärmer seynd. Waren nun vor anderthalb hundert oder mer Jahren / Franckreich / Engelland / Holland und andere / weit nicht so reich und mächtig / als jetzo: da konte sich Teutschland gegen sie starck und wohlhäbig preisen / und unsere Voreltern mit ihrem Zustand billig zufrieden seyn. Indeme nun aber unsere Nachbarn uns / und gleichsam sich selbst / so unvergleich überstiegen und angewachsen; so will uns wenigst / wann wir rechtschaffene Leute seynd / und unser Verfahren künfftig zu verantworten gedencken / gebühren / es auch nicht bey dem Alten bleiben zu lassen / sondern darob zu seyn / daß wir in Gegenhaltung unserer Nachbahrn wieder auf den alten Fuß / das ist / wenigst auf einen mit der Wohlfahrt unserer Nachbahrn gleichen / wo nicht höheren Grad kommen."
>
> **Kommentar:** Philip Wilhelm von Hörnigk bemerkt, dass sich der Wohlstand der Nationen unterscheidet; nicht nur im Vergleich untereinander zu einer bestimmten Zeit, sondern auch, dass es auch zeitliche Fluktuationen, also ein Auf und Ab im wirtschaftlichen Geschehen gibt. Er erkennt somit klar das Auf und Ab der Nationen (Entwicklung vs. Unterentwicklung) und führt den Faktor Zeit in die Betrachtung von Wirtschaftswachstum und Entwicklungspolitik ein. Veränderung braucht Zeit; Stillstand ist Rückschritt. Durch Wahl der richtigen Methoden lässt sich der Status quo zum Besseren verändern, Wachstum und wirtschaftliche Entwicklung generieren.
> **Zitiert nach:** Rössner 2018, S. 77.

Wirtschaftliches Wachstum und industrielle Leistungskraft bemaßen sich nicht bloß im Ländervergleich unterschiedlich. Wirtschaftliches Potenzial (Spezialisierung, Produktivität, engl. *output*) bündelte sich regional unterschiedlich (engl. *cluster*). ‚Preußen' etwa war nicht mehr als eine geographische Bezeichnung, die von den Zeitgenossen vorzugsweise auf dem Feld der Diplomatie verwendet wurde; zuhause sprach man lieber von „Seiner Königlichen Majestät Staaten und Provinzien."[7] Selbst auf regionaler Basis lagen archaische Produktions- und ‚moderne' Wirtschaftsformen oft nebeneinander. Es gab in Preußen etwa die Kurmark, eine vergleichsweise rückständige und kaum urbanisierte Agrarlandschaft oder das 1744 ohne Krieg hinzugewonnene Agrarland Ostfriesland mit seiner rudimentären Anbindung an die *Atlantic economy* (über den Hafen von Emden). Daneben finden wir bereits vor 1800 florierende Hochöfen und Steinkohleminen in Schlesien oder die Gewerberegionen der Westprovinzen Kleve und Westfalen. Zudem war der Wirtschaftsraum Preußen auch im Innern fragmentiert, etwa durch Verbote des Leinwandhandels (Bauern) oder zahlreiche Handels- und Ansiedelungsbeschränkungen für bestimmte Produkte und Produktionsbranchen auf dem Land und in der Stadt.

Hinzu kommt: Vormoderne Ökonomien waren „Mischökonomien."[8] Bäuerliche oder gewerbliche Wirtschaftsbetriebe, die sich auf ein oder wenige spezifische Produkte mit standardisierter Qualität spezialisierten, waren in der Minderheit. Der typische Land- (und auch Stadt-)bewohner übte im Laufe des Wirtschaftsjahres mehrere Tätigkeiten nach- und nebeneinander aus. So hielten sich viele Klein- und Nebenerwerbslandwirte neben der Arbeit als Textilweber für einen Kaufmann (▶ Kap. 4) eine Kuh oder ein paar Ziegen oder betrieben etwas Getreideanbau auf einer schmalen Parzelle. Selbst Groß- und Vollbauern, deren Wirtschaft sich auf Getreidebau und Viehzucht beschränkte und die vielfach gewinnorientiert und auf den Markt bezogen wirtschafteten, hatten etwa nach der Stoßzeit zur Ernte im September und Oktober während der Wintermonate ‚Leerlauf', den man typischerweise mit der Ausbesserung von Werkzeugen, Ställen, Scheunen und Wohngebäuden verbrachte – oder eben einer anderen, nicht-landwirtschaftlichen Nebentätigkeit. Jahres- und Monatslöhne gab es nicht; Arbeiter wurden typischerweise pro Tag, Woche oder Stückwerk bezahlt. Deshalb zerbrechen sich bis heute Wirtschaftshistoriker mit der Konstruktion monetär begründeter Jahreseinkommen die Köpfe. Berechnungen bleiben hypothetisch, da über die tatsächlich geleistete jährliche Arbeitszeit oft praktisch nichts bekannt ist und man sich heute allenfalls auf individuelle Zeitzeugenberichte, oft sehr fragmentiert in den Quellen und Archiven überliefert, berufen muss. Auch im Gewerbe gab es noch kein ‚Regelarbeitsverhältnis'.

Gab es in der Frühen Neuzeit moderne(s) Wirtschaften? – Die Frage ist mehr als eine semantische Spitzfindigkeit. Etymologisch besehen meint

1.6 Ökonomische Entwicklung

‚modern' zunächst nicht mehr und nicht weniger als ‚der Zeit entsprechend', ‚neuzeitlich', ‚in Mode', ‚aktuell'. In der ökonomischen Literatur werden mit der Begrifflichkeit gewöhnlich Phänomene wie Industrialisierung, Urbanisierung und das Vordringen von (Hoch-)Technologie in alle Sektoren der volkswirtschaftlichen Aktivität bezeichnet – alles Dinge, die es in der Frühen Neuzeit entweder nicht oder nur zum Ende hin gegeben hat. ‚Modernes' Wirtschaftswachstum meint in aller Regel das industrielle Wachstumsmuster nach 1800.[9] Wirtschaftliche Modernisierung umfasste die gezielte Abkehr von den in der Frühen Neuzeit allgemein gültigen Wirtschaftsparametern und Wirtschaftszwängen, welche Wachstum und Entwicklung eher behinderten. Dazu gehörten:

1. die Auflösung der wirtschaftlichen, sozialen, kulturellen, institutionellen und politischen Strukturen des *Ancien Régime*,
2. kulturelle Tendenzen zur ‚Entzauberung der Welt' im Rahmen der Aufklärung, die sich auch als Rationalisierung und Verwissenschaftlichung auf den Wirtschaftsprozess auswirkten,
3. die Verbesserung der Agrarwirtschaft durch neue technische Möglichkeiten und veränderte institutionelle Parameter sowie die Weiterentwicklung der Wirtschaftsstatistik,
4. das Wachstum des Außenhandels, sowohl des innereuropäischen Warenaustauschs als auch des Interkontinentalhandels,
5. die Beschleunigung von Transport und Kommunikation (Chaussee- und Kanalbau),
6. neue Einstellungen gegenüber Arbeit und Konsum sowie
7. die Entstehung neuer Strömungen in der politischen Ökonomie, welche stärker das individuelle Streben nach Gewinn und die entsprechenden institutionellen und ‚marktwirtschaftlichen' Rahmenbedingungen thematisieren.

Doch lassen sich zumindest Spuren von so definierter ‚Modernität' auch in der Frühen Neuzeit fassen. Diesen werden wir in den folgenden Kapiteln nachgehen.

2 Klima und Umwelt

2.1 Einfluss auf die ökonomische Entwicklung

Umweltgeschichte ist eine vergleichsweise junge, doch nichtsdestoweniger populäre Subdisziplin in den Geschichtswissenschaften, mit klar interdisziplinärer und multiperspektivischer Ausrichtung.[1] Ökonomische Fragestellungen genießen in der *environmental history* durchaus Relevanz. Auch umgekehrt gibt es vielfältige Überschneidungen.[2] Vor allem hinsichtlich der begriffs-, theorie- und ideengeschichtlichen Dimensionen des Problems ‚Knappheit' – bis heute eine der zentralen Analysekategorien ökonomischer Theorien – erscheinen umwelthistorische Fragestellungen geradezu als im Kern wirtschaftsgeschichtlich.[3] Dies gilt auch bezogen auf die Interaktion mit Flora, Fauna und denjenigen physisch-geographischen Bedingungen, die Menschen in ihrer unmittelbaren Umgebung vorfanden und mithilfe derer sie ‚Wirtschaft' trieben bzw. deren Zwänge sie im Erzielen von Einkommen, Renten, Gewinnen und Profit gegebenenfalls behinderten – und der Strategien, die sie entwickelten, um diesen Zwängen zu entkommen. Hierzu gehören die Zähmung des Wassers: durch Begradigung von Flüssen und Eindeichung der Meere; die Anlage von Kanälen, Schleusen, Schiffshebewerken und dergleichen mehr. Seit dem Mittelalter rangen die Niederlande dem Meer mehr und mehr Flächen ab, wodurch der an sich limitierte und im Angebot normalerweise begrenzte Produktionsfaktor Land ausgeweitet werden konnte. Auf den so gewonnenen Flächen wurde Weide- und Wiesenwirtschaft praktiziert, mit Spezialisierung auf Veredelung, Milch- und und Käseherstellung. Allerdings haben sich auch Jahrhundertereignisse wie die Flut von 1634 in das kollektive kulturelle Gedächtnis und Bewusstsein der Niederländer eingebrannt, immer eingedenk der Tatsache, dass ein Großteil der Landfläche dort unter Normallnull liegt und nur durch stetige Einhegung des Meeres und Deichpflege – also umfassendem Arbeits- und Kapitaleinsatz sowie administrativ-bürokratischer Anstrengungen und staatlicher Koordination – gehalten werden konnte. Während der ganzen Frühen Neuzeit stellen Meer- und Flutszenerien – neben den Eislandschaften –

ein beliebtes Motiv in der zeitgenössischen niederländischen Malerei dar.[4] Das Beispiel der Niederlande, die sich während ihres sogenannten „Goldenen Zeitalters" (ca. 1500–1650) zur führenden Handels- und Wirtschaftsmacht der Welt emporschwangen, zeigt, wie Menschen bisweilen produktiv auf die Herausforderungen, Widerstände und Risiken ihrer Umweltbedingungen reagiert bzw. diese genutzt haben. Die Bezähmung der Natur hat der menschlichen Kreativität in den letzten Jahrtausenden Beeindruckendes abgerungen. Man kann diesen Zusammenhang aber auch umkehren: Umweltbeherrschung hat sich vor allem zum Ende der Frühen Neuzeit tendenziell auch immer schon als Raubbau und Umweltzerstörung geäußert – von der Nutzung fossiler Brennstoffe wie Steinkohle in Hausbrand bis hin zu Dampfmaschinen und anderen Energieformen, die allerdings erst mit der Industrialisierung an Relevanz gewannen, aber bereits vor 1800 die Produktionslandschaften umzuformen begannen. Der Begriff ‚Anthropozän', eingeführt etwa seit der Jahrtausendwende (2000), wird von immer mehr Forschern benutzt, um den menschengemachten Klimawandel konzeptionell in ein global- bzw. tiefenhistorisches Periodisierungsschema einer Geschichtswissenschaft im 21. Jh. einzugliedern.[5]

Umwelt oder ‚Milieu' kann zunächst einmal alles sein, womit der Mensch in einer Kausalbeziehung oder Wechselwirkung steht. Je nach Fachrichtung gibt es hier unterschiedliche Definitionen. Für die Wirtschaftsgeschichte besonders maßgeblich ist der heute in der Ökologie und im breiten öffentlichen Sprachgebrauch eingeführte *ökologische Umweltbegriff*, also v. a. Flora, Fauna und naturräumlich-geographische, geomorphologische bzw. mineralogische Raumbedingungen, innerhalb derer der Mensch (oft) schöpferisch tätig wird. Dies schließt die Umweltzerstörung und verwandte Begriffe und Diskurse ein, v. a. den der Nachhaltigkeit.[6]

Während der Frühen Neuzeit fanden die vielleicht massivsten Eingriffe des Menschen im Bereich der Silber- und Metallerzeugung statt, v. a. im Bergbau und den dem Bergbau nachgeordneten Wertschöpfungsbereichen der Silber- und Kupferverhüttung. Spuren menschlichen Eingriffs in Flora und Fauna durch Abholzung von Wäldern (Entwaldung; Vordringen der Grasflächen) und die damit einhergehenden geomorphologischen Verwerfungen, Veränderungen im Pflanzen- und Baumwuchs,

2.1 Einfluss auf die ökonomische Entwicklung

Verschüttungen, Erdrutsche und andere Bodenveränderungen lassen sich für Tirol bereits seit sieben Jahrtausenden nachweisen.⁷ Umweltverschmutzung, etwa durch Verunreinigung mit Arsen-, Quecksilber und anderen giftigen Rückständen lässt sich bis in die Jungsteinzeit (seit im Alpenraum Bergbau nachweisbar ist) zurückverfolgen, intensivierte sich aber während der Frühen Neuzeit.

Neben der ‚klassischen' Verschmutzung aufgrund der Verhüttung – im sogenannten Saigerverfahren wurde Blei genutzt, um silberhaltige Kupfererze in ihre Bestandteile (Garkupfer und reines Silber) zu scheiden – gab es weitere Eingriffe in die Umwelt, die direkt aus der Bergbautätigkeit erwuchsen, etwa Überflutungen und Überschwemmungen, die durch Umleitung und Eindeichung von Bächen und kleineren Flüssen entstanden. Aber auch die Umweltfolgen eines generellen Strukturwandels, etwa die Ausdehnung von Weideflächen für die Viehzucht, um die wachsende Nachfrage nach Fleisch zu decken, sind als direkte Konsequenz des Bergbaus zu verbuchen.⁸

Q 2.1: **Georg Agricola (Bauer), De re metallica libri XII, Basel 1556**

Abb. 2.1: Georg Agricola, *De re metallica libri XII*, Buch 6, S. 176.

Bei Agricolas *De re metallica* (dt. *Vom Bergkwerck XII Bücher*) handelt es sich um einen Klassiker der frühneuzeitlichen Wirtschafts- und Technikliteratur. Zunächst auf Latein erschienen, ein Jahr später in die Volkssprache Deutsch übersetzt,

> handelt es sich um einen der wissenschaftlichen Klassiker seiner Zeit. Autor war der sächsische Arzt, Apotheker und ‚Geowissenschaftler' Georg Agricola (1494–1555), ein Universalgelehrter, der zunächst alte Sprachen, dann Medizin, Physik und Chemie an den Universitäten Leipzig, Bologna und Padua studierte und in Kontakt mit wichtigen Gelehrten des Humanismus seiner Zeit stand, allen voran Erasmus von Rotterdam. Sein Buch vom Bergwerk ist eines der ersten Bücher, die den Bergbau als mineralogische und ingenieurswissenschaftliche Tätigkeit systematisch erfassen und mit wissenschaftlichen Methoden und Erkenntnissen zu begreifen versuchen. Anders als in vorangegangenen Schriften wird der Bergbau nicht mehr als eine willkürlich dem Rad der Fortuna unterworfene Aktivität begriffen, sondern als eine wertschöpfende und rationalen Erkenntnissen gehorchende ökonomische Tätigkeit.
>
> Unterlegt mit unzähligen Kupferstichen werden alle technischen Errungenschaften ihrer Zeit, Maschinen, Techniken wie Göpelwerke und Wasserkünste vorgestellt, von der Erschließung und Entwässerung der Stollen bis hin zur maschinellen Verarbeitung und Verhüttung der Erze und der hierfür benötigten chemischen, mineralogischen, metallurgischen und anderer ingenieurswissenschaftlichen Anwendungsverfahren und Technologien. Obgleich im Detail bisweilen nicht immer ganz akkurat, sicher nicht dem heutigen Stand der Technik entsprechend, reflektiert das Werk ein Kompendium dessen, was um die Mitte des 16. Jh.s technisch theoretisch möglich gewesen ist.

Allmählich setzte sich in der Frühen Neuzeit der Gedanke des schöpferisch tätigen Menschen als Mittelpunkt des Kosmos durch: eines Menschen, welcher durch eine geschickte und von wissenschaftlicher Erkenntnis geleitete materielle Transformation der ‚Umwelt' bzw. der von der Natur bereitgestellten Ressourcen ein prinzipiell unbegrenztes Wachstum erzielen kann.[9] Für die Entwicklung des modernen Kapitalismus war diese begriffliche Neukonzeption zentral. Verschiedene Interpretationen haben hier von einem *Raubbau* gesprochen, an einer Welt, die sich der schöpferisch – aber gleichsam auch destruktiv – tätige Mensch untertan macht.[10]

Im 17. und 18. Jh. nahmen aber auch wissenschaftliche Diskurse zu, die in eine gegenläufige Richtung zielten, zu mehr Nachhaltigkeit und ‚Ökonomisierung' beim Gebrauch knapper Ressourcen. Hier bestand die

2.1 Einfluss auf die ökonomische Entwicklung

Annahme, dass selbst wenn die Natur prinzipiell unbegrenzte Schätze bereitstellte, der Mensch als Individuum grundsätzlich erst einmal vor dem Problem der *Knappheit* stehe. Ein Beispiel ist die Abhandlung von Johann Carl von Carlowitz (1645–1714), Sohn eines Försters, welcher als Verwaltungsjurist und Bergamtmann (Oberberghauptmann) im sächsischen Montanwesen tätig war: Mit seiner vielzitierten und dem Kameralismus zuzurechnenden Schrift *Sylvicultura Oeconomica, Oder Haußwirthliche Nachricht und Naturmäßige Anweisung Zur Wilden Baum-Zucht* (1713) gilt er bisweilen als Begründer des Konzepts der Nachhaltigkeit.[11]

Knappheit war eine Grundkonstante menschlicher Erfahrung. Der vielleicht berühmteste Philosoph der Aufklärung, François-Marie Arouet Voltaire (1694–1778), vertrat um 1740 im *Essai sur les mœurs et l'esprit des nations* sogar die These, dass die Geschichte der Menschheit zumeist um die drei Themen Klima, Regierung(-sform) und Religion kreise. In nuce fasst Voltaire damit drei der wichtigeren Einflussgrößen auf die wirtschaftliche Entwicklung zusammen und nahm zugleich wichtige Positionen der gegenwärtigen Wirtschafts- und Globalgeschichte sowie der an den historischen Begründung des modernen Wirtschaftswachstums interessierten neueren Ökonomik („Neue Institutionenökonomik", engl. *New Institutional Economics*) vorweg: Klima, Regierungsform und Eigentumsordnung sowie Religion sind ohne Zweifel wichtige Bestimmungsfaktoren darüber, ob Nationen prosperieren, stagnieren oder sogar einkommenstechnisch schrumpfen.

Manche Geographien eignen sich schon allein der naturräumlichen Ausstattung wegen nur für bestimmte Produktionsbereiche: Island und die Färöer-Inseln etwa (wie auch weite Teile Skandinaviens) spezialisierten sich frühzeitig auf die Schafzucht und Fisch- bzw. Walfang, mussten allerdings wichtige Rohstoffe – bis hin zum Getreide – und Manufakturwaren von außen einführen, was sich auch auf den Stand der ökonomischen Entwicklung auswirkte. Diese Inselgruppen wurden als wirtschaftliche Außenposten von Agenten der Dänischen Krone regiert und über staatliche, meist an finanzstarke Kopenhagener Kaufleute verpachtete Handelsmonopole mit lebensnotwendigen Gütern versorgt – zu durchaus (für Isländer und Färinger, die Einwohner der Färöer-Inseln) ungünstigen *terms of trade*. Im Rahmen der auf die dänischen Kernlande zentrierten merkantilistischen Wirtschaftspolitik wurden sie durch strukturelle Dependenz regelrecht klein gehalten.[12]

Hinzu kamen andere ökonomische Akteure wie die Hanse oder die Engländer, die weite Bereiche des nordatlantischen Handels monopolartig für sich beanspruchten. Wir sehen, stets muss man Klima und Ressourcen im Zusammenspiel mit den Handlungen einzelner Akteure, den jeweiligen institutionellen, politischen, kulturellen, sozialen und herrschaftspolitischen Rahmenbedingungen betrachten.[13]

Klimageschichte – die historische Wissenschaft vom Klima, oft von Geologen und Klimatologen betrieben – ist also auch Sozial- und Wirtschaftsgeschichte. Eine bloße Rekonstruktion der Klimaverläufe ist immer nur Anfang der (wirtschafts-)historischen Analyse; im Mittelpunkt der Klimageschichte steht der Mensch.[14] Wie interagierte der Mensch mit Klima und Umwelt? Wie interagierte das Klima mit dem Menschen (Anthropozän)? Welche ökonomischen Entscheidungen trafen Menschen hinsichtlich der Knappheit als Resultat klimatischer Einflüsse? Etwa: Welche Anbauformen von Getreide waren aufgrund des vorherrschenden Klimas in bestimmten Gebieten vorherrschend? Wie strukturierte sich die Viehhaltung und der Umgang mit den natürlichen Ressourcen? Wie wirkten sich Umwelt, Klima und Wetter auf die Ökonomie des Menschen aus?

Klimadaten lassen sich aus einer Vielzahl von Quellen rekonstruieren, u. a. Tagebuchaufzeichnungen, Annalen und Chroniken, in denen denkwürdige Klimaereignisse teilweise akribisch dokumentiert worden sind („xy war ein nasser Sommer", „harter Winter", „Eis und Schnee bis in den Mai, wie im Winter 1740" usw.).[15] Daneben gibt es noch spezifische Wettertagebücher (die seit dem 16. Jh. regelmäßig in den Archiven auftauchen), Schiffslogbücher, natürliche Archive wie Baumringe oder Eiskernbohrungen. In der Rekonstruktion des historischen Klimas aus solchen Quellen gelangen teilweise ausgefeilte Datenmodelle zur Anwendung, basierend auf komplizierten Modellannahmen über Zusammenhänge zwischen dem jeweils dokumentierten bzw. gemessenen Indikator und dem daraus abgeleiteten Temperaturwert. Temperaturmessungen mithilfe eines Thermometers z. B. wurden erstmals in geschlossener Reihe in England ab 1650 erhoben; für Genf und Basel kennen wir sie seit der Mitte des 18. Jh.s. Für andere Länder liegen uns durchgehende belastbare Messreihen oft erst seit dem 19. Jh. vor. Die Klimageschichte, selbst wenn sie im Kleid langer und geschlossener Datenreihen daherkommt, ist für

2.1 Einfluss auf die ökonomische Entwicklung 47

weite Teile der Frühen Neuzeit bestenfalls gut informierte, naturwissenschaftlich fundierte und quellenmäßig einigermaßen gut abgesicherte Spekulation.

Über die gesamte Frühe Neuzeit sanken die durchschnittlichen Jahrestemperaturen ab; allerdings vergleichsweise leicht (im Schnitt um 0,5° C im Kontrast zum Vergleichszeitraum 1971–2000). Klima- und Wettertiefs sind hier für die 1590er, 1690er Jahre sowie für das frühe 19. Jh. zu verzeichnen. Warmperioden gab es u. a. um 1540 oder zwischen 1604 und 1613, also am Vorabend des Dreißigjährigen Krieges. Das als „Kleine Eiszeit" in die Annalen der Geschichte eingegangene 17. Jh. nennt man v. a. wegen des relativ stetigen Rückgangs der Temperaturen so; es war durchgängig kühl, mit Jahresmittelwerten weit unter dem Durchschnitt der anderen Jahrhunderte.[16]

Der Tiefpunkt der „Kleinen Eiszeit" war in der zweiten Hälfte des 17. Jh.s mit dem sogenannten „Maunder-Minimum" (1646–1715) erreicht. Dieses zeichnete sich v. a. durch ein Minimum in der Menge der beobachteten Sonnenflecken aus. Dies führte zu einer Abnahme der Sonnenstrahlenintensität und damit zu gesunkenen Temepraturen. Insbesondere um 1690/1700 kam es global zu nassen und kalten Sommern (und somit schlechten Ernten) sowie desaströs kalten Wintern.

Die Kälte hielt bis in das 19. Jh., bevor es stetig aufwärts in heute bedrohlich erscheinende Höhen ging, zuzuschreiben der Industrialisierung und der zunehmenden Verwendung mineralischer Brenn- und Treibstoffe (menschengemachter Klimawandel im Anthropozän). Dabei schlug sich die globale Abkühlung v. a. in den kalten Wintern und Frühlingen nieder; die Sommer allerdings waren während der „Kleinen Eiszeit" im Schnitt in etwa genauso warm wie im 20. Jh. Der menschliche Fußabdruck auf Klima und Geographie war in der Frühen Neuzeit noch viel geringer ausgeprägt.

Doch hat der Mensch bereits während der Frühen Neuzeit durchaus seine Umwelt (weniger aber noch den Klimawandel) aktiv beeinflusst: Dies schlägt sich, wie wir sahen, vor allem im alpinen Bergbau und der Silberverhüttung nieder, beim Wald und der Waldnutzung; in der Gestaltung der dörflichen Feldflur, der Anlage von schiffbaren Kanälen, von Teichen usw. Gegen Ende der Frühen Neuzeit scheint es in vielen Gegenden der Welt, vor allem in Nordwesteuropa und China, z. B. zu zunehmender Knappheit wichtiger Ressourcen wie Holz gekommen zu sein: Menschliche Ökonomie expandierte an die Ränder des Möglichen, in Richtung nicht nur abnehmender Grenzerträge, sondern vielfach auch an die absoluten Ressourcengrenzen. Allmenden (engl. *commons*), Wälder, Moore und Sümpfe wurden trockengelegt oder urbar gemacht.[17] Umgekehrt ist der Mensch in der Frühen Neuzeit stärker vom Klima selbst beeinflusst worden: Umwelt- und Klimaveränderungen sowie der saisonale Wetterwechsel schlugen sich direkt auf die Grundbedingungen der landwirtschaftlichen Produktion nieder, auf Ernteerträge, Sterblichkeits- und Geburtenraten und schlussendlich auf die Frage, wieviel ‚Mann' oder ‚Frau' am Ende des Tages zu essen hatten. Damit hatten Wetter und Klima mittelbar auch Einfluss auf die Produktivität ganzer Landstriche oder gar Gesellschaften.

Historiker wie David Landes oder Geoffrey Parker haben sich mit Klima und Geographie als globalen Strukturbedingungen ökonomischen Handelns und den gesellschaftlichen, politischen und ökonomischen Konsequenzen klimatischer Verschlechterung auseinandergesetzt und sind zu dem Schluss gekommen, dass Klima und Umwelt auch unmittelbare Einflüsse auf Wirtschaftswachstum, wirtschaftliche Entwicklung und politische Konflikte ausübten.[18] So häuften sich während der „Kleinen Eiszeit" global politische Konflikte, Bürgerkriege und Revolutionen, vom Dreißigjährigen Krieg in den deutschsprachigen Ländern bis zu Konflikten in England, Spanien und Japan. Auch die durchschnittliche Passage für Schiffsreisen zwischen Acapulco in Mexiko und Manila z. B. – die unter der Ägide der spanischen Krone regelmäßig stattfanden und einen wichtigen Anteil des globalen Silberhandels und damit auch der Finanzmarktaktivität ausmachten – verlängerte sich gegen Mitte des 17. Jh.s um etwa 40 %.[19] Zurückzuführen ist dies u. a. auf Veränderungen in der Intensität von Monsun und Passatwinden, welche die Routen und Rhythmen der Schifffahrtswege mitbestimmten. Hier finden wir also ebenfalls eine direkte Wechselwirkung zwischen Klimawandel und wirtschaftlicher Aktivität.

2.2 Umwelten: Wald, Wasser, Weide, Feld und Tier

Frühmoderne Gesellschaften waren Holzgesellschaften.[20] Holz war *das* Bau-, Brenn- und Arbeitsmaterial schlechthin. Nur in Städten wurde vorrangig in Stein gebaut; allerdings wohnten noch um 1750 regional verschieden nur etwa 5 % (Skandinavien, Heiliges Römisches Reich) bis etwa 15 % (England) der Menschen in größeren Städten; lediglich Flandern und die Niederlande verzeichneten höhere Werte.[21] In Island und vielen anderen Ländern Skandinaviens waren noch bis zum Ende der Frühen Neuzeit selbst Kirchen und andere öffentliche Bauten aus Holz gefertigt; Isländer und Färinger mussten indes selbst diesen wichtigen Roh- und Baustoff für viel Geld aus dem Ausland bzw. über den Seehandel beziehen, da es auf diesen Inseln praktisch keine Baumbestände mehr gab. In den größeren Städten auf dem europäischen Festland baute man zunehmend mit Stein, allerdings waren wichtige Komponenten des Aufbaus, Dachgeschosse, das Fachwerk usw. aus Holz. Holzkohle wurde nicht nur zum Befeuern von Kaminen, Öfen und Herden verwendet, sondern auch bei der Glasbrennerei, der Eisenverhüttung und anderen gewerblich-industriellen Produktionsprozessen.

Der Wald war Lebensraum für Tiere, Mastschweine und Wild, die eine wichtige Ergänzung zur andererseits durchschnittlich eher vegetarischen Ernährung der meisten Menschen darstellten – Fleisch war für viele Menschen Luxus. Wer Grimms Märchen kennt, weiß aber auch, wie der Wald und seine Bewohner, Wölfe und magische Gestalten eine Projektionsfläche der Angst und der Gefahr darstellten, reflektierten sie doch das mythisch-unterbewusste und unerschlossene *Andere* im Menschen. Spätestens seit der 1664 erschienenen Schrift des John Evelyn, *Sylva, or A Discourse of Forest-Trees and the Propagation of Timber*, oder dem bereits oben aufgeführten kameralistischen Opus magnum von Carlowitz, *Sylvicultura Oeconomica*, etablierte sich die Forstwissenschaft als Diskurs und später auch Teildisziplin innerhalb der Politischen Ökonomie, die v. a. im deutschsprachigen Raum noch wesentlich von der Kameralistik bzw. den Kameralwissenschaften geprägt war (▶ Kap. 9).

Die Tiergeschichte erfreut sich im Rahmen der *animal studies* zwar einer gewissen Popularität und manche jüngere Studien bestechen bisweilen durch ein Quantum Originalität.[22] Weniger wichtig ist hier aber die Frage nach dem Tier als Akteur mit *agency*, sondern vielmehr danach, was der Mensch mit dem Tier (und letzteres mit dem ersteren) gemacht hat. Weiter unten wird näher auf die Tiere in der Landwirtschaft einzugehen sein (▶ Kap. 4). Menschengemacht bzw. durch Menschen beeinflusst waren etwa der Rückgang und dann das Wiedererstarken der Wolfspopulationen. In vielen Gebieten war er um 1500 fast ausgerottet. Doch Kriege, Flur- und Dorfwüstungen im Dreißigjährigen Krieg führten zur Rückkehr der Wölfe; wurden die Winter kälter – wie im Zeitalter der „Kleinen Eiszeit" –, kamen die Tiere immer näher ans Dorf heran. Die Jagd, v. a. auf Rotwild, war traditionell ein adeliges Privileg, doch ist Wilderei ein oft belegtes Delikt während der Frühen Neuzeit gewesen. Eine Erhöhung der Abschussquoten durch zunehmende Verbreitung von Schusswaffen erfolgte noch während des 16. Jh.s. Daneben gab es ein geschärftes Bewusstsein der ‚Wirtschaftlichkeit', was sich in der zunehmenden Hege und Regulierung des Wildtierbestands niederschlug. Die Ausrottung von Raubtieren war dabei ebenso wie das Entstehen der modernen Forstwissenschaft Begleiterscheinung des modernen Verwaltungsstaats, wie er sich im Gefolge der Reformation herausbildete, und basierte auf der Rekonzeptualisierung der physischen Umwelt als durch den Menschen ‚managebare' Ressource. Die oft planmäßige Bereinigung und der Gedanke der ‚Ökonomisierung' schlägt sich auch begriffsgeschichtlich-semantisch nieder – bis in die Neuzeit hinein findet sich in den Quellen für nicht essbare Raubtiere etwa die Bezeichnung „Untier".[23]

Indes ging der Waldanteil an der Gesamtfläche Europas zwischen 1500 und 1800 stetig zurück, von etwa 50 % auf 30 %.[24] Dies verdeutlicht wiederum die aktive Einflussnahme des Menschen, der den Wald für Produktion, Einkommen und Konsum nutzte: zur Gewinnung von Bauholz und Brennholz, für die Erzeugung von Holzkohle, zur Befeuerung von Holzöfen, Salzpfannen, Glashütten usw. Von jenen Prozessen und Gewerben zeugen bis heute viele Ortsnamen. Auch für Teer und Pech sowie die Entnahme von Harz (Terpentin, Kolophonium) wurde der Wald genutzt. Oder für die Imkerei: Waldbienen, für deren ‚Ökonomisierung' die Zeidler zuständig waren, die durch Aushöhlen der Bäume und Ansiedlung der Bienenvölker den Wäldern ebenfalls einigen Schaden zufügten, lassen sich bereits in den Urbaren der Bamberger Bischöfe ab 1328 als ‚Umweltsünder' nachweisen. In vielen Landstrichen galten Vorgaben, wonach der Zeidler pro Jahr bis zu sechs neue Bäume auf etwa 6 m Höhe auszuhöhlen

2.2 Umwelten: Wald, Wasser, Weide, Feld und Tier 51

hatte, um das Bienenvolk unterzubringen. Verschlossen wurde der Bienenstock mit einem Holzbrett, ausgestattet mit einem Einflugloch. Außerdem wurden die Kronen entsprechender Bäume „gewipfelt", d. h. in ihrer Krone beschnitten, was oft zur Folge hatte, dass der Baum zu faulen begann. Ganze Lichtungen sind zum Zwecke der Waldbienenhaltung gerodet worden, was zur Entstehung von Heiden führte. Forstordnungen des 18. Jh.s versuchten diese Praktiken zu beschränken.[25] Das Zeidelwesen, wie diese Form der Imkerei auch genannt wurde, ging zum Beginn der Neuzeit zurück, da sich im Gefolge der atlantischen Ökonomie und kommerziellen Revolution des 18. Jh.s die Einfuhren karibischen Rohrzuckers v. a. über Frankreich, Schottland und England auch in den deutschen Häfen und auf deutschen Speisezetteln bemerkbar machten. Später dann (nach 1750) beendete der Vormarsch des Rübenzuckers endgültig die Zeidlerei – wiederum eine Folge der durch die Industrialisierung gewandelten Handels-, Produktions- und Konsumstrukturen.

Der Wald der Frühen Neuzeit blieb hinsichtlich seiner Größe, Flächenausdehnung, Physiognomie und Morphologie niemals konstant, sondern hat immer wieder als Folge menschlicher Einwirkung seine Gestalt gewechselt. So sind viele Fichtenwälder erst im Rahmen der modernen Forstwirtschaft während der vergangenen 200 Jahre entstanden, als Produkt der Aufforstung, welcher vielerorts ein Raubbau vorangegangen war. Zuvor hatten Rotbuchen- oder andere Laubwälder vorgeherrscht.[26]

Viele gewerbliche Prozesse, etwa Hochöfen oder Saigerherde, waren in abgelegenen Waldlandschaften angesiedelt, wo Holz die wichtigste Brennstoffquelle darstellte. Ein prominentes Beispiel ist die Thüringer Saiger-Industrie zwischen dem 15. und 16. Jh., wo das im Mansfelder Revier geschürfte Rohkupfer in seine Bestandteile Garkupfer und Silber geschieden wurde. Die Saigerhütten am Thüringer Wald gehörten während des ausgehenden 15. und der ersten Hälfte des 16. Jh.s zu den größten ‚Industrieanlagen' ihrer Zeit. Das Saigerverfahren stellte eine wichtige Silberquelle dar und war damit ein ‚Schmiermittel' für den internationalen und interozeanischen Welthandel der Zeit (Gewürze aus Indien und China wurden mit europäischem Silber bezahlt). Die Saigerhändler – kapitalistisch wirtschaftende Unternehmer und Firmen – bezogen die für ihre komplexe Technologie und chemischen Prozesse nötigen Vorprodukte, v. a. Blei, aus Polen oder England. Raubbau und Umweltverschmutzung der Zeit schlagen sich in Flur- und Gewässernamen nieder wie ‚Giftbach' usw.[27]

Den grundlegenden Eingriff des Menschen in die Schöpfung Gottes nahmen zeitgenössische Schriften über den Bergbau dann auch direkt auf, etwa das *Iudicium Iovis oder Das Gericht der Götter über den Bergbau* des Paulus Niavis (Paul Schneevogel) (um 1495). „Es ist die Bestimmung der Menschen, dass sie die Berge durchwühlen," heißt es in dieser Schrift. „Sie müssen Erzgruben anlegen [...]. Dabei müssen sie auch in den Wasserläufen nach Erzen suchen. Ihr Leib aber wird von der Erde verschlungen, durch böse Wetter erstickt [...], keiner kennt die vielen Gefahren sonstiger Art, die nun einmal vom Menschen unzertrennlich sind."[28] Während das Werk noch die mystisch-spekulative Natur der Montankonjunktur betont, nimmt sich das knapp 60 Jahre später entstandene Opus magnum des Georg Agricola (Georg Pawer oder Bauer) *De Re Metallica* (1556) fast schon als wissenschaftlicher Gesamtaufriss der Mineralogie, Physiogeographie und Soziologie einer arbeitsteilig ausdifferenzierten Montanregion aus (▶ Q 2.1). Das Werk reflektiert die technischen Erfahrungen und das Wissen, das man während der Montankonjunktur in den 1470er Jahren im Schneeberger und in den 1530er und 1540er Jahren im Marienberger Revier gesammelt hatte. Waldwirtschaft war neben der Erzverhüttung und Eisenindustrie ausschlaggebend auch bei anderen Prozessen, etwa der Gewinnung von Pottasche (Kali), einem wichtigen Grundstoff u. a. in der Textilverarbeitung sowie für die Befeuerung von Salinen, von denen einige – wie die Lüneburger – seit dem Mittelalter ganz im Stile ‚industrieller' Großbetriebe arbeiteten.

Vielfach war Waldwirtschaft während der Frühen Neuzeit also ein regelrechter Raubbau, betrieben auch unter der Ägide des kameralistisch-merkantilistischen Fürsten- und Finanzstaats. Nicht immer dachte dieser wirklich nachhaltig. Dies hat zu lebhaften Debatten unter Historikern geführt, ob und in welchem Umfang es während der Frühen Neuzeit eine generelle ‚Holzknappheit' gegeben habe oder ob diese lediglich ein diskursives Konstrukt war.[29] Auf den Weltmeeren aktive *fiscal-military states* wie England waren auf Holzimporte aus dem Baltikum, sowie Norwegen und Schweden angewiesen. In England gab es nicht ausreichend Forsten mit geraden langen Eichen- oder Buchenstämmen, welche Langholz als Rohmaterial für Schiffsmasten, Spanten, Kiel und andere Teile des Schiffs-

2.2 Umwelten: Wald, Wasser, Weide, Feld und Tier 53

rumpfes hätten bereitstellen können. Gleiches gilt für Fassdauben, ebenfalls ein in großen Mengen und über weite Entfernungen verschifftes Handelsgut. Aber auch in den nicht an Meere oder große Flüsse grenzenden Ländern Mitteleuropas wurde Holz in den vielfältigsten (Re-)Produktionszusammenhängen als wichtiger Rohstoff benötigt.

Flüsse, Bäche, Teiche, Seen sind in der Wirtschaftsgeschichte nicht unbedingt ‚exponierte' Themen, doch nichtsdestoweniger wichtig gewesen. Manche Forscher behaupten, dass die Menschheitsgeschichte v. a. an Flüssen stattgefunden hat, da die meisten Städte an Flüssen gegründet wurden, was der Versorgung mit Nahrungsmitteln und Handelsgütern geschuldet gewesen sei. Ströme wie Rhein und Elbe stellten seit dem Mittelalter Arterien des Handels dar, die sich quer durch die deutschen Lande zogen; für China war der Yangtse (und viele Kanäle) die wirtschaftliche Arterie, die das Reich am Laufen hielten. Doch auch kleinere Flüsse im Inland waren schiffbar – im Heiligen Römischen Reich etwa die Mulde oder die Weser. Die an einer Vielzahl von Stationen erhobenen Zölle erlauben es Historikern, wie etwa im Falle der Elbzölle von Stade, Fluktuationen im interregionalen Handelsaustausch zu ermitteln.[30] Globalgeschichtlich interessant sind Thesen zur Staatsbildung und zum Fluss-Management oder *hydraulic empire/civilization* von Karl August Wittfogel u. a., die davon ausgehen, dass die Verfügungsgewalt und Zugangskontrolle zum Wasser, etwa für die Bewässerung großer landwirtschaftlicher Flächen (Reisanbau usw.), auch die jeweilige Herrschaftsform bestimmten bzw. Ursprung und Ausgangspunkt politischer Macht und Staatsbildung gewesen seien.[31] Zwar sieht die moderne Forschung diese Thesen eher kritisch. Doch liegt ihnen der Gedanke eines Staates zugrunde, der durch Infrastrukturmaßnahmen und Bereitstellung sozialer *overheads* – also Investitionen in für die Wirtschaftsentwicklung ausschlaggebende Projekte, die jedoch die finanziellen Möglichkeiten einzelner Wirtschaftsakteure übersteigen – ganz manifest politische Macht ausübt, gegebenenfalls in Richtung eines staatlichen Gewaltmonopols. Ob dieser Staat ‚despotisch' ist, bleibt dahingestellt, doch setzten sich auch im frühneuzeitlichen Europa infrastrukturelle Sichtweisen und ein Fokus des Staates auf Großprojekte durch, die auf eine zunehmende Durchdringung des Staatsterritoriums und statistische ‚Durchleuchtung' seiner Untertanen abzielten.

Gerade im Wald- und Wassermanagement – etwa in Preußen während des 18. Jh.s – schlägt sich diese ‚neue' Sichtweise ‚durch die Brille des

Staates' klar und deutlich nieder.³² Durch Urbarmachung von Sümpfen und Mooren konnten wichtige landwirtschaftliche Produktionsflächen hinzugewonnen werden – der Produktionsfaktor ‚Land' war also mitnichten eine Konstante. Friedrich II. von Preußen (Friedrich der Große) ließ durch Flussbegradigungen und andere hydraulische Ingenieursarbeiten in den Jahren 1747–1762 das Oderbruch trockenlegen, eine ehemalige Sumpflandschaft, die sich zwischen Eberswalde und Frankfurt (Oder) in Richtung der heutigen polnischen Grenze erstreckt. Hier wurde durch die Aufschüttung von Deichen auf einer Länge von insgesamt mehr als 80 km sowie die Anlage eines komplizierten Netzes von Entwässerungsgräben dem Wasser fruchtbare Fläche abgetrotzt und ein sich über 80 km entlang der Oder erstreckendes Binnendelta trockengelegt. Auf dem so entstandenen Neuland wurden mehr als 50 Dörfer und neue Siedlungen gegründet; Neusiedler wurden aus vielen Bereichen des Reiches wie auch Teilen der Schweiz und Österreichs angeworben. Zwar hatte es schon in den Vorjahren unter Friedrichs Vater, dem Kurfürsten Friedrich Wilhelm I. (1688–1740; seit 1713 König in Preußen), diesbezügliche Initiativen gegeben. Doch war es Friedrich II., der 1746 ein offizielles Gutachten beim Deichbaumeister Simon Leonhard von Haerlem über die Kosten-Nutzen-Rechnung des Projekts erstellen ließ, bevor man zur Tat schritt. Wiederum ein Ausdruck der auf langem Vorlauf und Planung basierenden und weit in die Zukunft reichenden ökonomischen Erwägungen, die in dieses Großprojekt einflossen: ein Projekt, das umfangreiche volkswirtschaftliche Investitionen verschlang.³³

Auch im frühneuzeitlichen England wurde mit der Trockenlegung der Marschen ein Projekt von nationaler Tragweite vorangetrieben. Dies wurde durch Flug-, Druckschriften und Parlamentsakte entsprechend öffentlich kommuniziert. Hier entwickelten sich Koalitionen diverser Teilhaber (engl. *stakeholder*), von lokalen Grundbesitzern, Bauern und Pächtern bis hin zur Krone, deren Interessen vorsichtig gegeneinander austariert und immer wieder aufs Neue miteinander in Einklang gebracht werden mussten. Diese Trockenlegungsprozesse erforderten in der Regel eine Genehmigung bzw. einen *Act of Parliament*, galten aber auch als Prestigeprojekt englischer Monarchen wie Elisabeth I. (1533–1603) oder Jakob I. (1566–1625).³⁴ Mit solchen Großprojekten einher ging der Einsatz nicht nur obrigkeitlichen Zwangs, sondern auch der Einsatz von mit solcher Zwangsausübung verbundenen Herrschaftsmittel und Techniken der *governmentality* bzw. der wirtschaftspolitischen Regulierungsmaßnahmen (engl. *economic governance*). Diese umfasste Bevölkerungsschätzungen und Zensus, Statistiken, rationales Planen des Ressourceneinsatzes sowie die Konzeptualisierung ‚natürlicher' Rohstoffe als ökonomische Ressourcen und nationales Kapital im Sinne der Ökonomik Friedrich Lists (1789–1846).[35]

Diese Verknüpfung von Staat und Kapital – Ausdruck einer zunehmend raumgreifenden Ideologie vom Menschen als ökonomischem Beherrscher der Welt, vermittelt durch einen techno- wie bürokratisch immer weiter ausgreifenden früh-modernen Fiskalstaat – kann als maßgeblich auch für die Entwicklung des Kapitalismus im Anthropozän gelten. Sie begründete damit auch ein Paradigma, das – wie wir eingangs sahen – schlussendlich durch aggressive Ressourcennutzung und das radikale Gebot der ökonomischen Inwertsetzung der Natur zum Raubbau an der Umwelt beigetragen und in radikaler später Konsequenz auch die globale Erwärmung angetrieben hat.[36]

Wasser war als Ressource bzw. Einkommensquelle auch für kleinere Erzeuger bedeutsam, sei es als Energiequelle (Mühlen) oder dort, wo es zur Fischerei diente, als wichtige Quelle von Proteinen. Im Zuge des Bauernkriegs (1524–1525) drehten sich viele Beschwerden der aufständischen Bauern, auch wenn sie regional sehr unterschiedlich gefasst und formuliert waren, um die Nutzung der Bäche und Flüsse als Fischwasser.[37] Teichwirtschaft war besonders für die Karpfenzucht von Relevanz – eine Speise, die sich v. a. auf den Tischen von Mönchen und Nonnen in den Klöstern und während der Fastenzeit wiederfand.

2.3 Klima und Wetter

Klimaschwankungen und -veränderungen haben oft direkten Einfluss auf die wirtschaftliche Aktivität des Menschen. Dies gilt v. a. für die agrarisch dominierten Ökonomien, insbesondere Gebiete, in denen Getreideproduktion vorherrscht und Brei und Brot die Hauptquelle der täglichen Ernährung darstellen. Noch im 18. Jh. trug der Agrarsektor in skandinavischen Ländern bis zu 90 % zum Einkommen und zur Beschäftigung bei, im Heiligen Römischen Reich etwas weniger. Lediglich in den Niederlanden lag dieser Anteil bereits am Anbruch der Frühen Neuzeit bei nur etwa 60 %. Damit ist Klima einer der wichtigsten ‚Akteure' im Wirtschaftsgeschehen (nicht nur) der Frühen Neuzeit.

Seit etwa 30 Jahren hat die historische Klimaforschung geologische, mineralogische, klimatologische, biologische und historische Schriftquellen aus Archiven (Chroniken, Briefe usw.) auswerten und ein immer präziseres Bild des historischen Klimas rekonstruieren können.[38] Klimahistoriker rekurrieren dabei auf Kennzahlen – insoweit diese überhaupt rekonstruierbar sind – wie Jahresmitteltemperatur, Niederschlagsmengen, Luftfeuchtigkeit, Hoch-/Tiefdruckgebiete und andere meteorologisch relevante Daten (Stürme, Dürren, Hagel, Vulkanismus, Sonnenaktivität usw.). Diese lassen sich – häufig beruhend auf Schätzungen und Extrapolation – in langer Serie graphisch darstellen. Man unterscheidet dabei gemeinhin zwischen *Wetter* als eher kurzfristigen Schwankungen, etwa innerhalb eines Jahrzehnts, und *Klima* als langfristigem Durchschnitt der Temperaturen und Niederschlagsmengen über 25 oder 50 Jahre.[39]

Auch präzisere quantitative bzw. konkrete Angaben, etwa von Wasserstandsmessungen, sind bereits seit dem Mittelalter belegbar. Ab 1613 kannte man die Technik der Temperaturermittlung mithilfe eines Thermometers; entsprechende Experimente führte etwa Galileo Galilei durch. Seit dem frühen 18. Jh. sind zusammenhängende Temperaturaufzeichnungen aus Italien überliefert (Erfindung des Quecksilberthermometers durch den Danziger Kaufmannssohn Daniel Fahrenheit 1718); 1742 entwickelte der schwedische Astronom Anders Celsius die bis heute nach ihm benannte Skala. Für die Niederlande und England gibt es seit dem Anfang des 17. Jh.s, für Deutschland ab 1761 zusammenhängende Temperaturangaben, die auf konkreten (und wissenschaftlich sogar einigermaßen fundierten) Messungen beruhen. Zusammenhängend und nach unterschiedlichen Regionen (Wetterstationen) differenziert, liegen diese Daten in geschlossener Reihe jedoch erst seit 1881 vor. Für frühere Zeiten sind Klimaforscher daher auf die Methoden der Paläoklimatologie angewiesen, die sich auf teilweise sehr spekulative Rekonstruktionen des Wetters bzw. Klimas mithilfe von aus sogenannten ‚Klimaarchiven' erhobenen Proxy-Daten stützt (Pollen, Blumen, Gletscher, Jahresringe, Abfallhaufen, Fossilien, Sedimente usw.). Diese können erst durch umfangreiche biologische und andere naturwissenschaftliche Verfahren und komplizierte Rechenmodelle ‚zum Sprechen' gebracht werden.

2.3 Klima und Wetter

Aufgrund der so erhobenen Daten lässt sich trotzdem so etwas wie ein ‚Klimagerüst' rekonstruieren. Die Frühe Neuzeit fiel mit einer sich seit dem Mittelalter abzeichnenden Lang-Phase der Abkühlung (1300–1900) zusammen, der „Kleinen Eiszeit". In den Alpen, in Island und Skandinavien waren Gletscher auf dem Vormarsch. Nach der spätmittelalterlichen Warmzeit kam es zu einer merklichen Abkühlung der durchschnittlichen Temperaturen in Mitteleuropa. 1584 und 1628 gingen schon in die zeitgenössischen Annalen als „Jahre ohne Sommer" ein. 1708/1709 sah den kühlsten Winter seit dem 12. Jh. (in diesem Jahr herrschte auch der Große Nordische Krieg (1700–1721) zwischen Russland, Sachsen-Polen und Dänemark-Norwegen gegen Schweden). Dieser Winter zeichnete sich durch eine Abweichung von mehr als 4 °C von der langfristigen Trendreihe aus. Man maß in Berlin im Januar 1709 eine durchschnittliche Temperatur von -30 °C.[40]

Eine merkliche Abkühlung ist seit den 1560er Jahren belegbar; doch hatte es gravierende Klimaveränderungen bereits zuvor gegeben. So liegen Hinweise auf besonders schwere Winter zwischen 1508 und 1514 vor sowie Sommer, die während des ersten Drittels des 16. Jh.s eher nass und Herbste, welche besonders kalt gewesen seien. Horst Buszello beispielsweise hat, gestützt auf chronikalische Nachrichten aus dem Oberrheingebiet hinsichtlich von Klima und Preisen zwischen 1360 und 1525, bemerkt, dass zwischen 1470 und 1525 genauso viele Teuerungswellen feststellbar seien wie in den 110 Jahren davor, also der Zeit der spätmittelalterlichen Agrarkrise und Depression. So kam es innerhalb einer, bestenfalls anderthalb Generationen am Vorabend des Bauernkrieges zu einer progressiven Verschlechterung des Nahrungsspielraums und der durchschnittlichen bäuerlichen Einkommen.[41] Wetter und Klima wirkten sich mithin direkt auf die Leistungskraft der bäuerlichen Landwirtschaft aus; indirekt auch auf das politische Klima – schlechtes Wetter und Klimaverschlechterung erhöhten offensichtlich auch die Wahrscheinlichkeit sozialer Unruhen bis hin zu Judenpogromen.

Q 2.2: Klimachroniken um 1500
Die Chronik des Clemens Sender berichtet von einem extremen Winter; noch im April 1513 sei „ain großer, dicker schnee gefallen bis zu dem knie. am 28. tag aprilis ist aber ain groser, dicker schnee gefallen, und stonden die baum in voller plie. die haben sie all verderbt und erfrördt, daß dieselben frücht all verdorben sind." Im November 1513 erfroren ungewöhnlich viele Menschen in Augsburg. Im Juli 1516 berichtet eine Regensburger Chronik von einer „seer nasse erend, grosse wasser, das man im stadtfeld in der au den waizen nur bei den ehern abschnidt, es hueb an Margarethe zu regnen und regnet mertals 6 woch, ward das traid mit grosser müe einbracht, stunden dy schnitter an manchem ortt über die knie in wasser." Im Februar 1519 wurden die Juden aus der Stadt vertrieben; im März „warff man der juden grabstain umb, füret sy in di stat zum pau, der wurden ob 5000 hübsch und gut." 1524 im Januar gab es ein Hochwasser in der Stadt. In Landshut, wie auch um Augsburg und in Nürnberg, waren 1503 „pluetfarbe, ascherfarbe, auch gelbe und schwarze Kreiz und andre wunderbarliche Zaichen der Instrumentn des Leiden Cristi den Menschen auf ire Klaider gefallen." Ähnliches war zuvor, 1501, am Rhein beobachtet worden. Ab den 1560er Jahren machte sich dann die „Kleine Eiszeit" noch deutlicher bemerkbar.
Zitiert nach: Die Chronik von Clemens Sender, Historische Kommission bei der Bayerischen Akademie der Wissenschaften (Hg.), Die Chroniken der schwäbischen Städte, Bd. 4: Augsburg, Leipzig 1894, S. 132;
Leonhard Wittmanns Chronik von Regensburg, Historische Kommission bei der Bayerischen Akademie der Wissenschaften (Hg.), Die Chroniken der baierischen Städte. Regensburg. Landshut. Mühldorf. München, Leipzig 1878, S. 28, 32, 55–56;
Landshuter Ratschronik, Historische Kommission bei der Bayerischen Akademie der Wissenschaften (Hg.), Die Chroniken der baierischen Städte. Regensburg. Landshut. Mühldorf. München, Leipzig 1878, S. 348;
Heinrich Deichslers Chronik, Historische Kommission bei der Bayerischen Akademie der Wissenschaften (Hg.), Die Chroniken der fränkischen Städte, Bd. 5: Nürnberg, Leipzig 1874, S. 637 (1501), 662 (1503).

Besonders kalte Winter um 1560/1590 führten in Einzelfällen sogar schon zu regelmäßigen Klimanotizen, etwa durch den Luzerner Stadtschreiber

2.3 Klima und Wetter

Renward Cysat (1545–1614).[42] Auch die Frühlinge wurden nun üblicherweise sehr kalt, während es in den Sommermonaten zu geringeren Temperaturabweichungen kam – diese waren eher nass als kalt. Die Zeit des „Maunder-Minimums" mit seinen nassen Sommmern und außergewöhnlich kalten Wintern ist in Schottland Mitte der 1690er Jahre als *King William's Ill Years* bekannt, da sie mit drei aufeinanderfolgenden Missernten weite Landstriche und Teile der schottischen Bevölkerung in ärgste Hungersnöte und Existenzsorgen trieben. Bis zu ein Viertel der verzeichneten Todesfälle ist auf diese Klimakrise zurückzuführen, die sich also auch als Mortalitätskrise niederschlug. Auch die Krise um 1740 passt noch in dieses Schema, auch wenn das „Maunder-Minimum" nun schon einige Jahrzehnte Geschichte war.[43] Es gab aber auch Zwischenphasen mit deutlich wärmeren Jahren, v. a. Wintern wie in den 1530er und 1730er Jahren. Besonders warme Sommer waren etwa 1534, 1536 und 1538 zu verzeichnen; insgesamt aber nahmen seit der Mitte des 16. Jh.s die durchschnittliche Sommertemperatur ab und die Niederschlagsmenge zu. Die trockensten Sommer wie auch die kältesten Winter der 500 Jahre zwischen 1500 und 2000 fielen beide in die 2. Hälfte des 17. Jh.s (1666, 1669). Das 17. Jh. als Kernphase der „Kleinen Eiszeit" kannte also beide Extreme: Hitze *und* Kälte.

Die „Kleine Eiszeit" indes schlug sich direkt auch in Bild und Kunst nieder. Niederländische Meister – Marktführer und Meister ihrer Zunft – produzierten während der „Kleinen Eiszeit" überdurchschnittlich häufig Eislandschaften als Kernmotive. Die Niederlande gehörten zu den Vorreitern ihrer Zeit, was die Kommissionierung und den Besitz von Gemälden in Privathaushalten angeht. Die Malerei entwickelte sich dort während des „Goldenen Zeitalters" gewissermaßen zu einem der Leitsektoren und Leitexporte. Niederländische Gemälde wurden regelrecht in Massenproduktion hergestellt, exportiert und finden sich heute in den Kunstmuseen und historischen Galerien praktisch jeder Groß-, Mittel- und Kleinstadt: ob in Leipzig, Manchester oder wo auch immer. Die Meister arbeiteten in großen Werkstätten, gaben oftmals nur die grobe Skizze vor, welche dann von einer kleinen Armee von angestellten Lohnmalern vollendet wurde. Dann pinselte der Meister seine Unterschrift auf das Bild; es ging auf den freien Markt. Sogar für Angehörige der unteren bürgerlichen bzw. städtisch-handwerklichen Schichten gehörten Gemälde zur Grundausstattung einer respektablen Wohnung bzw. eines Hauses.

Man kann durch systematische Katalogisierung der Meister, ihrer Oeuvre und Motive statistische Untersuchungen anstellen, die in der Tat eine signifikante Häufung etwa von Wintermotiven, zugefrorenen Seen, Eisvergnügen usw. praktisch genau in der Hoch- (bzw. Tief-)Zeit der „Kleinen Eiszeit", nämlich während des „Maunder-Minimums" ergeben. Während der Frühen Neuzeit – so suggerieren es die holländischen Meister – spielte sich das winterliche Leben oft auf dem Eis ab. In den Bildern wird dort u. a. gekocht, Golf gespielt, es werden Geschäfte abgeschlossen, die Tagespolitik diskutiert. Die Haute Volée gibt sich ein Stelldichein mit den Handwerkern; Kinder spielen Hockey oder mit Hunden.[44]

Abb. 2.2: Winterlandschaft mit Eisläufern, Hendrick Avercamp, ca. 1608.

2.4 Umwelt- und Klimageschichte als Wirtschaftsgeschichte

Kausalbeziehungen zwischen Wetter und Klima auf der einen und ökonomischen Entwicklungen auf der anderen Seite sind nicht immer leicht zu entschlüsseln. Und doch liegen sie oft auf der Hand.[45] In den 1640er und 1650er Jahren – während der „Kleinen Eiszeit" – gab es praktisch überall

2.4 Umwelt- und Klimageschichte als Wirtschaftsgeschichte

auf der Welt militärische Konflikte und Systemveränderungen bzw. Versuche, durch Umsturz und andere politische Prozesse das politische Gefüge entscheidend zu verschieben. In England ist die globale Klimakrise ein Zeitalter des Bürgerkriegs gewesen, in dem erstmals (zeitweise) die Monarchie abgeschafft und durch das Common Wealth ersetzt wurde. Auf dem Kontinent tobte der Dreißigjährige Krieg.[46] Gleichwohl wäre es zu simpel bzw. zu deterministisch gedacht, aus dem Klimawandel die direkten Ursachen für politischen und ökonomischen Wandel ableiten zu wollen. Jedes Land und jede Weltregion ist in eigentümliche und geschichtlich einmalige Kontexte eingebettet und die damit verbundenen spezifischen politischen Strukturen, Prozesse und ökonomischen Gegebenheiten. Für jeden Konflikt oder Krieg müssen spezifische individuelle Ursachen und Kontextbedingungen separat eruiert werden.

Nichtsdestotrotz lässt sich ein indirekter Bezug zum Klima oft nicht von der Hand weisen. Eine globale Abkühlung, nassere Sommer usw. – alle oben genannten Bedingungen – schlugen sich regional in unterschiedlicher Ausprägung auf die Leistungsfähigkeit der Wirtschaft nieder, indirekt dann auch auf das Werten, Handeln und Agieren der Betroffenen. Hunger, Anämie, Mangelernährung und daraus resultierende dauerhafte körperliche Schwäche wirken sich nicht nur auf die Psyche aus, sondern auch auf die Produktivität. In Zeiten klimatischer und wetterbedingter Anomalität waren Ernteerträge niedriger als in ‚normalen' Jahren. Allerdings ist die Definition von ‚normal' hier nicht ganz leicht: Ernteerträge – also die Zahl der pro Saatkorn geernteten Körner – variierten selbst in Nicht-Krisenjahren erheblich von Region zu Region. So waren die Erträge in den wohlhabenderen Gebieten Hollands oder Südostenglands ungleich höher als in vielen Gebieten Preußens, Polens oder des Russischen Reiches. Entsprechend betrafen Klima- und Wetterfluktuationen unterschiedliche Landstriche und Regionen durchaus unterschiedlich. Doch insgesamt wirkte sich die Klimaverschlechterung des 17. Jh. deutlich negativ auf die Ernteerträge und Leistungskraft der Landwirtschaft aus – und damit auf das Einkommen der Menschen und das Wohlstandsniveau der jeweiligen Gesellschaften. Eine Ausnahme stellen hier vielleicht die Niederlande dar, deren wirtschaftliche Kernzahlen im europäischen Vergleich in jeder Hinsicht dem generellen Trend zuwiderliefen bzw. wenigstens bis etwa um die Mitte des 17. Jh.s eine deutlich bessere Performanz als der europäische Durchschnitt aufwiesen.

Klima und auch Wetter haben maßgeblichen Einfluss auf die landwirtschaftliche Produktivität und die jährlich schwankenden Erntemengen ausgeübt. Diese haben Auswirkungen auf die Preisentwicklung für Grundnahrungsmittel wie Getreide, welche wiederum die Überlebenschancen der Menschen, v. a. der ärmeren Bevölkerung, beeinflusst, die ihre beschränkten (und oft unzureichenden) Einkommen überwiegend für Grundnahrungsmittel aufzuwenden hatte. Damit beeinflussten agrarische Erträge direkt auch die allgemeine konjunkturelle bzw. gesamtwirtschaftliche Entwicklung. Noch 1738–1741 gab es in Schottland eine vergleichsweise harsche Ernte- und Schlechtwetterkrise, die mit erheblich erhöhten Sterbezahlen und empfindlichen Einbrüchen in der wirtschaftlichen Aktivität einherging, vor allem bei den Erträgen der Landwirtschaft, aber auch im nichtlandwirtschaftlichen Sektor wie dem Brauerei- oder Bauwesen.[47]

Kein geringerer als William Stanley Jevons (1835–1882), ein für maßgebliche Werke der Geldtheorie bekannter Ökonom und Polymath, hat bereits 1875 auch über einen Zusammenhang zwischen Sonnenflecken, Klima und Ernteerträgen spekuliert; eine Fragestellung die von der jüngeren Klima- und Wirtschaftsgeschichte immer wieder aufgegriffen worden ist.[48] Neue ökonometrische Studien, die auf Massenerhebungen von Getreideernten und Klimaereignissen beruhen, suggerieren einen direkten Zusammenhang zwischen Wetter, Klima und Ernteergebnis bzw. der „Totalen Faktorproduktivität" (TFP) der Landwirtschaft. Das Ernteergebnis wird hier in diesem Modell über erzielte Getreidepreise auf den Märkten approximiert. So begünstigten trockene Sommer tendenziell niedrige Preise (gute Ernten). Waren hingegen Frühling und Sommer überdurchschnittlich nass und kalt, wirkte sich dies negativ auf das Ernteergebnis aus, relativ unabhängig davon, wie groß die bewirteten Flächen waren und mit welcher Fruchtfolge, Technik und mit welchem Kapitalstock gearbeitet wurde. Die Folge war dann Inflation.

2.4 Umwelt- und Klimageschichte als Wirtschaftsgeschichte

> **Q 2.3: Cyriakus Spangenberg, Mansfelder Chronik (1572)**
> „[...] darauff folgete heisser und dürrer Sommer / da es regnete in viel Monden vom Anfang des Aprils / biss zum ende des Julij gar nich / Und ward der Himmel immer klar / die Sonne hitzig / davon das Grass also verdorret / das kein Hew noch Grummat [Korn] ward / der Haber blieb gar aussen / des andern Getreydichs kam auch wenig fort / und daraus erfolgete eine schwere Thewrunge. [Es waren auch] an etlichen orten die helffte / an etlichen der dritte theil der leute hinweg gestorben."
> **Kommentar:** Im deutschsprachigen Raum sind Abschwünge im Erntezyklus, erkennbar durch Teuerungen, wahlweise in Kombination mit nassen Sommern, Überschwemmungen oder einem großen Sterben von Mensch und Vieh für 1438, 1477, 1484, 1504, 1514 und 1523 belegt sowie Pestzeiten etwa 1468, 1472 und 1518/19. Preistiefs sind u. a. für 1494 (Importvieh), 1499 und 1507 bezeugt. Der mitteldeutsche Befund deckt sich grob mit dem von Horst Buszello erforschten Oberrheingebiet, wo die chronikalischen Überlieferungen von Pest und großem Sterben etwa in den Jahren 1435, 1437–1439, 1474, 1480, 1482, 1485, 1493, 1496, 1501/02, 1505, 1517–1520 sprechen und von einem ‚nassen Jahr' für 1479, 1497/98, 1508, 1515, 1522 berichten. Teuerungswellen finden sich 1430–1439, 1456–1560, 1476–1481, 1489/91, 1501/02 und 1511/1515–1517. Gute Ernten lassen sich etwa 1503 und 1505/06 nachweisen. Die Preisbewegungen im mitteldeutschen Raum scheinen also den langen Wellen Wilhelm Abels, gestützt hauptsächlich auf die Göttinger, Würzburger, Augsburger, Münchner und Frankfurter Reihen, in etwa gefolgt zu sein. Hier bestätigt sich das Bild eines stagnierenden Agrarsektors im frühen 16. Jh.
> **Zitiert nach:** Cyriakus Spangenberg, Mansfeldische Chronica. Der Erste Theil. Von Erschaffung vnd Austheilung der Welt vnd insonderheit von der Graueschafft Mansfelt [...], Eisleben 1572, cap. 337/fol. 393.

Jedoch darf man nicht vergessen, dass Wetter und Klima nur eine unter mehreren das Ernteergebnis beeinflussenden Größen waren. Andere und gegebenenfalls unmittelbar wichtigere waren: Politik und Kriege, die institutionellen Rahmenbedingungen durch die Agrarverfassung, damit verbunden die Abgaben- und Feudalquote, Höhe der Spanndienste usw., Betriebsgröße, Kapitalstock der einzelnen Unternehmung oder der Grad der marktwirtschaftlichen Verflechtung bzw. Marktintegration. Bauern konnten auf Klimaveränderungen adaptiv reagieren, indem sie den Produktmix umstellten, etwa weniger Gerste und dafür mehr Roggen oder Weizen anbauten, den Viehbestand reduzierten oder das Bierbrauen einstellten (Gerste wurde zum Brauen und Destillieren von Schnäpsen und Bränden verwendet, Hafer oft als Viehfutter usw.). Immerhin: „[S]ummer temperature variability alone, at decadal timescales, explained as much as 40 % of the variance in average European grain prices".[49]

Es waren auf dem Land und auf dem Dorf v. a. die ärmeren, unterbäuerlichen Schichten ohne eigenen Landbesitz, die am ehesten unter Mangel-, Hunger- und Erntekrisen zu leiden hatten, da sie ihren Getreide- und Nahrungsmittelbedarf überwiegend über den Markt decken mussten. Staatliche Obrigkeiten versuchten seit dem Mittelalter, hier steuernd einzugreifen, etwa über Preisobergrenzen oder Fürkaufsverbote (d. h. das Verbot, Getreide und andere landwirtschaftliche Erzeugnisse über Zwischenhändler direkt vom Erzeuger einzukaufen, bevor es den Markt erreichen konnte, oft noch vor der Ernte; alles mit dem Zweck der Preistreiberei). Solche Verbote und Eingriffe in das Marktgeschehen waren indes nur punktuell wirksam und wurden als wirtschaftspolitisches Instrument eigentlich nur in schlechten oder Krisenjahren angewandt. In Normalzeiten ließ man den Marktkräften weitgehend freie Hand.[50]

Der Klimawandel seit dem Mittelalter veränderte auch regionale Wirtschaftsgeographien. Dies sieht man etwa anhand der Ausdehnung von Anbauzonen für bestimmte Pflanzen, die sehr spezifische Klimabedingungen benötigen. So verschob sich seit dem Mittelalter die Anbauzone für Wein immer mehr in den Süden Europas. Oder es veränderten sich ganze Landstriche, etwa durch die Aufgabe von vergleichsweise ertragsarmen Bodenflächen, den sogenannten ‚Grenzböden'. Dies waren meist Wald- und Bergflächen, die nur in Zeiten von hohen Preisen überhaupt positive Erträge abwarfen. In Dänemark oder Norwegen wurden im Laufe des Spätmittelalters bis zu 40 % der Dörfer und Siedlungen aufgegeben – und bildeten sogenannte ‚(Dorf-)Wüstungen'.[51] Sehr ähnlich in den deutschsprachigen Gebieten, und nur die wenigsten Siedlungen wurden in der Frühen Neuzeit wieder reaktiviert. Analog verminderten eine zunehmende Vereisung und ein Rückgang der Grasflächen seit dem 15. Jh. die Viehhaltung und den Nahrungsspielraum der Grönlandwikinger, was zum regelrechten ‚Kollaps' dieser Gesellschaften beitrug und die größte Insel im Nordatlantik nach und nach unbewohnbar machte.[52]

2.4 Umwelt- und Klimageschichte als Wirtschaftsgeschichte

Klimageschichte ist also immer auch Menschheits-, Kultur-, Wirtschafts- und Sozialgeschichte zugleich. In Schottland wurden allein im Hunger- und Kriegsjahr 1649/50 – in einem Jahr nahe dem „Maunder"-Tiefpunkt von 1660/1670 – mehr Menschen wegen Zauberei und Hexerei verurteilt als in den Jahrhunderten zuvor oder danach. Man könnte eine regelrechte Politische Ökonomie des Klimas schreiben, also eine Geschichte der ökonomischen Diskurse, Regelwerke, Gesetze, Institutionen und Aushandlungsprozesse bezüglich Wetter, Umwelt und Klima. Krieg und Klimawandel wurden im 17. Jh. oft als Folgen von Gottes Zorn beschrieben, den es zu beruhigen galt. Auf der anderen Seite brach sich – wie oben gesehen – just im Zeitraum der „Kleinen Eiszeit" ein neues Verständnis bzw. eine Neukonzeption der Natur als nützliche und beherrschbare Ressource Bahn, die es durch planmäßiges Handeln zu unterwerfen galt (► Kap. 8, 9). Auf jeden Fall begannen in der Umweltgeschichte der Frühen Neuzeit wichtige Prozesse, die bis in das Zeitalter des Industriekapitalismus hinein fortwirkten und gleichsam konstitutiv für ökonomische Modernität und deren Folgen gewesen sind – im Schlechten wie im Guten.

3 Bevölkerungsentwicklung und Bevölkerungsstruktur

3.1 Bevölkerung und ökonomische Entwicklung

Die Grundzüge der Bevölkerungsentwicklung in Europa während der Frühen Neuzeit sind schnell erzählt und können in Detailstudien, etwa von Massimo Livi Bacci in ihrer Tiefenschärfe genauer nachvollzogen werden.[1] Zwischen 1500 und 1800 nahm die Weltbevölkerung von etwa 500 Mio. auf ca. 1 Mrd. zu. Europas Bevölkerung wuchs zwischen 1450 und 1850 von etwa 70 auf etwa 220 Mio. an. Doch war dieser Trend weder statisch noch linear. Regional und zeitlich ergaben sich durchaus unterschiedliche Wachstumsmuster. Nachdem der Schwarze Tod (Pest) um 1350 bis zu etwa ein Drittel der Menschen dahingerafft hatte, erholte sich die Bevölkerung langsam und wuchs von den 1470er Jahren bis zum Anfang des Dreißigjährigen Krieges um etwa die Hälfte an (von ca. 60 auf 91 Mio.), um dann während des 17. Jh.s – das uns schon oben (▶ Kap. 2) als Zeitalter der Krise, Kriege und der „Kleinen Eiszeit" begegnet ist – vielerorts zu stagnieren; bzw. das Bevölkerungswachstum verlangsamte sich. Zwischen 1600 und 1650 wuchs sie praktisch gar nicht und über das gesamte 17. Jh. betrachtet nur um knapp 13 %. Während des 18. Jh.s (v. a. nach ca. 1730) aber machte sich dann allenthalben ein zunehmender Anstieg bemerkbar; die geschätzte Bevölkerung wuchs von etwa 102 auf 154 Mio. (1800) und dann 218 Mio. Menschen (1850) an, ein starkes und fast exponentielles Wachstum, was in seiner späteren Phase v. a. mit der hochlaufenden Industrialisierung zu erklären ist (die nicht im Zentrum dieses Bandes steht).

Am dynamischsten war der Verlauf in den Regionen, die auch zu den reicheren ihrer Zeit gehörten. In den Niederlanden etwa schlug sich die Bevölkerungsstagnation des 17. Jh.s nicht wirklich nieder (Anstieg von ca. 1,5 auf 2 Mio. Einwohner zwischen 1600 und 1700; auch Portugal, Spanien, Frankreich, England, Irland, Wales verzeichneten steigende Zahlen). Am dynamischsten war zwischen 1500 und 1800 der Bevölkerungsanstieg in Skandinavien (+350 %), gefolgt vom Nordwesten (England, Schottland, Irland, Niederlande, Flandern) mit 287 %, dem Westen (Frankreich mit 193 %). Im Süden (Portugal, Spanien, Italien) fielen die Anstiege zwar ebenfalls deutlich aus, aber niedriger (207 %). Nach Paolo Malanima scheint die Bevölkerung in Gebieten mit einer anfänglich geringeren demographischen Dichte schneller gewachsen zu sein.² Je höher also die absolute Bevölkerungszahl am Beginn der Frühen Neuzeit, desto niedriger insgesamt die Wachstumsraten. Nur zur Anschauung: Zwischen 1500 und 1800 verzeichnete das kleine und arme Agrarland Irland ein doppelt so hohes Bevölkerungswachstum wie England.

Um nun zu verstehen, wie Wirtschaftsgeschichte und historische Demographie im Detail zusammenwirkten, gilt es einige grundlegende Zusammenhänge zu erläutern. Fragestellungen sind u. a.: Warum Bevölkerungsgeschichte? Wie hilft uns eine Übersicht über die grundsätzlichen Determinanten der Bevölkerungsentwicklung, also die Rahmendaten dessen, was als Demographie oder Bevölkerungswissenschaft bekannt ist, ein besseres Verständnis der Wirtschaftsgeschichte allgemein sowie der ökonomischen Entwicklung Europas zu gewinnen?

Wie immer in der (Wirtschafts-)Geschichte sind die Antworten komplex. Die Bevölkerung kann über viele Wege über die gesamtwirtschaftliche Leistungskraft (mit-)bestimmen. Zunächst haben Forscher für Mittelalter und Frühe Neuzeit einen nach dem englischen Bevölkerungswissenschaftler Thomas Robert Malthus als malthusianisch bezeichneten Zusammenhang angenommen. Malthus verewigte sich v. a. mit zwei Pamphleten (*An Essay on the Principle of Population*, 1798, und *Principles of Political Economy*, 1820), in denen er mit seinem ‚Bevölkerungsgesetz' einer pessimistischen Theorie Raum gab. Während die Menschen sich tendenziell exponentiell vermehrten, so argumentierte Malthus, täten dies die Nahrungsmittelvorräte aufgrund der begrenzten technischen Kapazitäten der Landwirtschaft und des niedrigen Produktivitätswachstums nur linear. Es müsse langfristig also zwangsläufig zu Engpässen, Hunger und Armut kommen, infolgedessen sich die Geburtenrate zurück auf ein Gleichgewichtsniveau regulieren würde: Die Menschen würden ihre Familienplanung den beschränkten Ressourcen schon anpassen. Die zu Malthus' Zeit bereits einsetzende Industrialisierung und das im 19./20. Jh. nachfolgende rapide Wachstum von Pro-Kopf-Einkommen, Ressourcen

3.1 Bevölkerung und ökonomische Entwicklung

und Pro-Kopf-Produktion in Folge der technischen Revolutionen des 19./20. Jh.s (zunächst Dampfmaschine, dann Eisenbahn, dann Gas, Elektrizität, Telegraphie; später nukleare Energie und IT-Revolution) sollten das Malthus'sche Bevölkerungs-‚Gesetz' indes bald Lügen strafen! Trotzdem blieben Malthus und seine Theorien durch das gesamte 19. Jh. hinweg populär und beeinflussten auch die sich ausbildende klassische Ökonomik stark.

Allgemein jedoch ist das malthusianische Modell (mit einigen Einschränkungen) geeignet, die Grundkonturen der historischen Demographie in Europa während der Frühen Neuzeit nachzuzeichnen und die fundamentalen Kausalbeziehungen herauszuarbeiten. Es gründet in einer generell niedrigen Boden- und Faktorproduktivität (Arbeit, Kapital) – ein Kennzeichen der meisten, aber längst nicht aller Regionen und Länder Europas (signifikante Ausnahmen waren die Niederlande und England). In Teilen Ostpreußens und Russlands blieben bis in das 18. Jh. hinein Erntemengen sehr niedrig, betrugen nur etwa ein Zwei- oder Dreifaches der Aussaat; während in den wirtschaftlich führenderen Regionen etwa der Niederlande, Südwestenglands und Südostschottlands (Midlothian) oft das Achtfache oder mehr des ausgesäten Saatkorns erzielt wurde (▶ Kap. 4). Die Gründe liegen in einem komplexen Bündel von Faktoren: Neben den technischen Möglichkeiten des Landbaus zählten dazu die Struktur der Eigentumsrechte der Bauern sowie das (vorhandene oder nicht vorhandene) Landbauwissen, welches sich erst während der Frühen Neuzeit zu einer *Wissenschaft* entwickelte. Hinzu kommen Klima, Wetter usw. (▶ Kap. 2). In der Landwirtschaft waren je nach Region zwischen 60 % und 90 % der Menschen beschäftigt. Ähnlich erweisen sich die Zahlen bezüglich des Beitrags des Agrarsektors zur Gesamtwirtschaftsleistung, Zahlen die freilich in aller Regel höchst spekulativ sind. Wuchs also die Bevölkerung (Nachfrage nach Lebensmitteln) schneller als die Kapazitäten der Landwirtschaft, so manifestierte sich dies in einem Anstieg des Preisniveaus für die wichtigsten Lebensmittel (Angebot: vornehmlich Getreide). Im Extremfall, falls diese Grenze endgültig überschritten wurde, mündete dies in Hunger- und Mortalitätskrisen (im malthusianischen Modell die sogenannten *preventive checks*). Falls das System die letzteren nicht selber verursachte, wirkten Kriege, Seuchen wie die Pest oder Schlechtwetterkrisen in eine ähnliche Richtung. Nur grundsätzliche Änderungen in der Technologie, der landwirtschaftlichen Produktivität und/

oder der Arbeitsverfassung und Organisation der Produktion – ökonomisch ausgedrückt in einer Rechtsverschiebung der Produktionsfunktion – konnten das langfristige Gleichgewicht erhöhen.[3] Darüber hinaus ist von einer prinzipiell dynamischen Beziehung von Wirtschaftswachstum und Bevölkerung auszugehen. Je höher die Bevölkerung – bzw. je dynamischer sie wächst – desto höher etwa die Chance dass ein ‚zukünftiger Nobelpreisträger' bzw. Genies und Erfinder geboren werden, d. h. Menschen, die später für die Wirtschaftsentwicklung ausschlaggebende Technologien entwickeln, Erfindungen oder Prozessinnovationen machen.[4] Als Beispiel mag Johannes Gutenberg dienen, der Mainzer, welcher um 1450 den Buchdruck mit beweglichen Lettern ‚erfand'; ohne den Buchdruck sind weder ökonomische Entwicklung oder Groß-Ereignisse von weltgeschichtlich höchster Tragweite denkbar, etwa Martin Luthers Reformation, noch weitere Schlüsselerfindungen oder Innovationen, welche seit dem Zeitalter Newtons oder der Aufklärung zu einem immer schneller erfolgenden technologischen Wandel und dem Entstehen einer europäischen Wissenskultur (eng. *community of letters*) führten und damit auch zu einer europäischen ‚Kultur des Wirtschaftswachstums' beigetragen haben (▶ Kap. 8).[5] In einem bereits jetzt viel gerühmten Buch fragt der Volkswirtschaftler Oded Galor rhetorisch, wie wahrscheinlich es gewesen wäre, dass ein Genie wie Gutenberg aus einer ländlich-dörflich geprägten Gesellschaft gekommen sein könnte. Mainz war eine Stadt, mit den für Städte üblichen Agglomerations- und Clustereffekten: in Städten – wo Bevölkerung geballt bzw. konzentriert ist – dominieren Gewerbe und wirtschaftliche Aktivitäten, die von der Natur der Sache her Spezialisierung, Arbeitsteilung sowie einen grundsätzlich höheren Einsatz von Technologie, Know-how und Humankapital erfordern, ja diese im Gegenzug auch generieren.[6]

Zudem gehen viele Ökonomen auch davon aus, dass die ‚Qualität' der Bevölkerung – im Sinne der durchschnittlichen Fertigkeiten (engl. *skill levels*) oder vorherrschenden Kulturtechniken – im Zeitverlauf ausschlaggebend ist. Grund ist, dass sich dann bestimmte kulturelle Besonderheiten (eng. *cultural traits*) wahrscheinlicher als Kulturtechniken durchsetzen, die auch ökonomischem Wachstum und Entwicklung förderlich sind bzw. dieses zumindest prinzipiell begünstigen. Die Evidenz der Geschichte suggeriert bereits seit dem Neolithikum, dass wenn Familien bewusst

3.1 Bevölkerung und ökonomische Entwicklung

auf eine Begrenzung der Kinderzahl setzen und im Gegenzug mehr in Erziehung, Know-how und Humankapital ihres Nachwuchses investieren, sich in der *longue durée* eine Entwicklung in Gang setzt, die man grob so umschreiben könnte: weniger Kinder, höherer Humankapitalstock.

Dies ist ein charakteristisches Bevölkerungsmuster Nordwesteuropas gewesen, nach Meinung mancher Historiker und Ökonomen ausschlaggebend für den welthistorischen Wirtschaftsvorsprung Europas während des letzten halben Jahrtausends.[7] Doch ist eine solcherart ökonomistisch-sozialdarwinistische Sichtweise auf die Wirtschaftsgeschichte nicht unproblematisch; nicht nur, weil sie den Menschen auf seine biologischen Zwänge oder reproduktionsmathematische Gesetzmäßigkeiten reduziert und implizit auf eine vergleichbare Stufe mit bestimmten Tierarten stellt (etwa: Papageien, Elefanten und Adler, bei denen ähnliche Selektionsmechanismen beobachten werden können).[8] Diese Interpretation blendet in ihrem Modell auch menschliche *agency* (Handeln und Handlungsfreiheit der individuellen Akteure), Institutionen, Glauben, Wertungen – oder *Kultur* im weiteren Sinne – weitestgehend aus: also die für (Wirtschafts-)Historiker *eigentlich interessanten* Faktoren.

Weiterhin haben Historiker und Ökonomen die Urbanisierungsrate, also die Veränderung des Anteils der in einer Stadt lebenden Bevölkerung an der Gesamtzahl der Menschen, als Indikator für wirtschaftliche Entwicklung identifiziert. Teilweise abhängig davon, wie man ‚Stadt' definiert – hier variieren durchaus die historischen Studien und Ansätze: 2.000, 3.000, 5.000 oder 10.000 Einwohner als Schwellenwert –, nimmt man an, dass die Anzahl von in Städten wohnenden Menschen innerhalb des relativ statischen Wirtschaftsmodells Europas der Frühen Neuzeit (1500–1800) nur dann langfristig steigen kann, wenn sich die Leistungskapazität der Agrarwirtschaft signifikant erhöht. D. h. es müssen Kapazitäten für Überschüsse erzeugt werden, die mit dem Aus- oder Umland gehandelt werden können. Ist dies gegeben, können mehr nichtlandwirtschaftliche Produzenten (= Stadtbewohner) vom selben System ‚ernährt' werden. Diese können sich dann wiederum in wirtschaftlichen Aktivitäten spezialisieren, die höhere Skalenerträge haben und Synergieeffekte generieren, etwa Gewerbe, Manufakturen und andere leistungskräftige ökonomische Aktivitäten, die mittel- bis langfristig wirtschaftliches Wachstum unterfüttern. Steigt also der Urbanisierungsgrad, kann dies als ein – wenngleich indirekter – Indikator für einen Anstieg des Bruttoinlandsprodukts pro Kopf gewertet werden. Ein anderer Zusammenhang war besonders für die Fürsten und Staatsbeamten im 16., 17. und 18. Jh. relevant: Je besser ein Staat mit Bevölkerung ausgestattet war, desto reicher war er auch wirtschaftlich. Mehr Untertanen bedeuteten (in der Theorie) höhere Steuereinnahmen, aber auch mehr potenzielle Soldaten, die man für die zahlreichen und praktisch immerwährenden Kriege und Militärkampagnen der Zeit rekrutieren konnte. Wie Ludwig von Hess in seinen *Des Herrn Regierungsraths Ludwig von Hess Freymüthige Gedanken Über Staatssachen* (1775) recht offen kommunizierte, war eine besonders geeignete Methode zur Erzielung dieses Zustandes aus der Perspektive des aufgeklärten Staates die sexuelle Promiskuität, d. h. die Tolerierung wilder Ehen und sexueller Ausschweifungen. Solange dem Ziel der Menschengewinnung, der Bevölkerungsvermehrung dienlich, ließ man bereits im 18. Jh. auch gedanklich einiges zu. (▶ Q 3.1).

Ein gutes historisches Beispiel für die hier skizzierten Überlegungen bietet Preußens Bevölkerungspolitik während des ausgehenden 17. und 18. Jh.s. Friedrich II. ließ in seinem Bemühen um eine steigende Bevölkerungszahl eine bemerkenswerte Toleranz gegenüber Minderheiten gelten; er siedelte hugenottische Protestanten und andere Religionsflüchtlinge in Potsdam an und soll sich, so zumindest die Anekdote, auch enthusiastisch über den Bau von Moscheen geäußert haben, wenn man dadurch emsig-produktive Untertanen ins Land zu ziehen vermochte. Doch die Bevölkerung und die Lebensmittelpreise stiegen während des 18. Jh.s nicht nur in Preußen stark an. Die Zahl der innerhalb preußischer Grenzen lebenden Menschen nahm zwischen 1748 und 1800 von 3,5 auf 6,2 Mio. zu. Ein langsames ‚Zuschnappen' der malthusianischen Falle manifestierte sich dann auch – ganz wie im Modell – im Verlauf des 18. Jh.s als anhaltender Anstieg im Preisniveau, wobei Lebensmittelpreise stärker stiegen als Preise für Gewerbeprodukte, Löhne und Dienstleistungen. Realeinkommen sanken. Zwischenzeitlich gab es sogar ursprünglich klimatisch bedingte, sich aber angesichts der institutionellen und sozioökonomischen Lage makroökonomisch auswirkende ernsthafte Mortalitäts- und Hungerkrisen, etwa um 1738–1741[9] oder 1771–1773.

Hinsichtlich des zweiten Zusammenhangs ist die niedrige Urbanisierungsrate Preußens unter Friedrich II. auffällig. Länder wie England und

3.1 Bevölkerung und ökonomische Entwicklung

Schottland erlebten zwischen 1650 und 1850 wahre Wachstums- und Verstädterungssprünge, insbesondere Schottland. Zudem waren die Niederlande und England bereits um 1750 mit einem Anteil von 31 % (Niederlande) bzw. 17 % (England) schon vergleichsweise hoch urbanisiert, während Preußen mit 8–10 % hier in das ostmitteleuropäisch-skandinavische Urbanisierungspattern gehört, dort aber in der ‚oberen Liga' mitspielte (▶ Abb. 3.1).

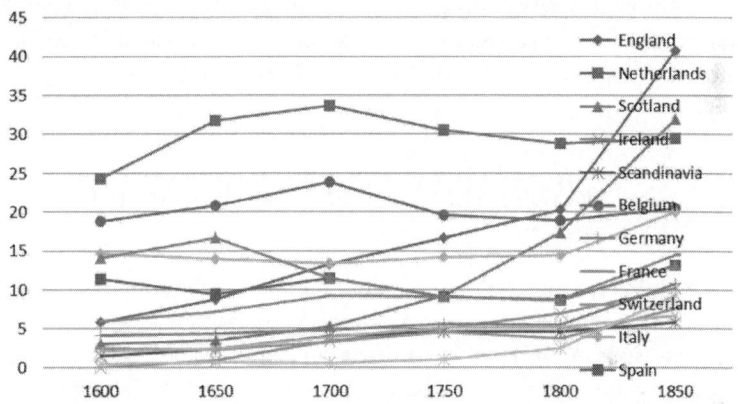

Abb. 3.1: Europäische Urbanisierung im Vergleich, 1650–1860 (Großstädte mit mehr als 10.000 Einwohnern).

Um 1800 lebten nach den Berechnungen von De Vries etwa 8 % der preußischen Einwohner in einer Stadt von mehr als 10.000 Einwohnern, in England betrug die Vergleichszahl 20 %. Da ein Schwellenwert von 10.000 Einwohnern von der Forschung hinsichtlich seiner makroökonomischen und soziologischen Aussagekraft für die kleineren skandinavischen und zentraleuropäischen Länder als ungeeignet zurückgewiesen worden ist,[10] könnte die Betrachtung hier auf niedrigere Schwellenwerte rekurrieren: 16,9 % der preußischen Bevölkerung lebten 1800 in einer Stadt, definiert als Siedlung mit mindestens 3.000 Einwohnern – in England waren dies 31,7 %.[11] Wie die Berechnungen Daron Acemoğlus et al. belegen, wuchs der Urbanisierungsgrad in Preußen während des 18. Jh.s nicht nennenswert.[12] Preußen war ein merkantilistisch-kameralistisch geprägter Entwicklungsstaat, Friedrich II. ein Vertreter des aufgeklärten Absolutismus: ebenso Aufklärer und geistiger Weltbürger wie Autokrat. Wenig lag dem Herrscher in der Begründung autonomer städtischer Politik, doch galten preußische Städte als durchaus resistent, wenn es um die Verteidigung urbaner Interessen und politischer Teilautonomie ging.[13] Doch verzeichnete man regional besehen in vielen Gebieten Preußens ein signifikantes Wachstum etwa der Gewerbe- und Manufakturproduktion. Die oberschlesische Eisenhüttenindustrie war eine der führenden ihrer Zeit. Im Bereich des Gewerbes ist die preußische Industrie- und Handelspolitik doch ausschlaggebend für eine im Kern dynamische und langfristig aufwärts weisende Wirtschaftsentwicklung gewesen (▶ Kap. 9). Nach 1820 avancierte Preußen zu einer der dynamischsten Industrienationen ihrer Zeit.

3.2 Grundlagen der historischen Demographie

Die demographischen Grundzüge, Konjunkturen und Rahmenbedingungen sind seit den 1960er Jahren in einer Vielzahl regionaler Mikrostudien erhoben worden, zunehmend mit nationalem Anspruch. Unterstützt durch die zunehmende Verfügbarkeit der elektronischen Datenverarbeitung ist es Historikern und Historischen Demographen seit etwa 1980 immer besser gelungen, Bevölkerung historisch-quantitativ zu erfassen bzw. zu rekonstruieren, darzustellen und zu interpretieren. Federführend ist etwa für das frühneuzeitliche England die Forschergruppe um (Sir) E. Anthony Wrigley gewesen, welche ihre Ergebnisse in monumentalen Studien wie *English Population History from Family Reconstitution 1580–1837* (1997) oder dem Klassiker *Population History of England* (1981) vorgelegt hat.[14] Im deutschen Sprachraum sind die Grundlagen in vielen durchaus auch vergnüglichen und gut lesbaren Studien – was man grundsätzlich nicht von allen Büchern und Aufsätzen zur historischen Demographie sagen kann – aus der Feder Arthur E. Imhofs entstanden.[15] Grundlage der Datenerhebung waren Quellen wie Kirchenbücher – ein Quellentypus, den es prinzipiell in ähnlicher Form fast überall in Europa gegeben hat. In diesen Quellen wurden von Pfarrern die kirchenorganisatorisch relevanten Rahmendaten ihrer ‚Schäfchen' bzw. Gemeinden verzeichnet: Geburt (approximiert durch das Taufdatum: Säuglinge wurden in der Regel innerhalb weniger Tage nach ihrer Geburt getauft). Weiterhin wurden er-

3.3 Mortalität

fasst: Heirat bzw. Vermählung und Tod. Aus diesem zunächst vergleichsweise rudimentär erscheinenden Datengerüst lassen sich, sofern die Daten repräsentativ und die Zahlen zuverlässig, die Reihen geschlossen überliefert sind, eine Vielzahl weiterer demographischer Kerndaten ableiten und Aggregate bilden, welche die demographische Tiefenstruktur einer Gesellschaft entschlüsseln und damit prinzipiell auch die generellen Trends in der Wirtschaftsentwicklung mit erklären können. Neben der Bevölkerungszahl zu einem bestimmten Zeitpunkt und ihrer Veränderung (Wachstum/Schrumpfen) lässt sich die Sterblichkeit oder Mortalität für einen bestimmten Zeitraum errechnen (etwa: wie viele Sterbefälle gab es pro 1.000 Einwohner pro Jahr/Jahrzehnt/Jahrhundert?), die Natalität (wie viele Neugeborene je 1.000 Einwohner?), die Lebenserwartung bei der Geburt usw. Daten bezüglich der Eheschließung – die während der Frühen Neuzeit prinzipiell kirchlich erfolgte – lassen wichtige Rückschlüsse auf Heiratsverhalten und Heiratsmuster zu.

Für die meisten Länder und Regionen, von Hessen bis nach England, haben wir heute so, aufgrund der Kooperation der Forschung und den immer weiter fortschreitenden Möglichkeiten der EDV, die Möglichkeit Europas Bevölkerungsstrukturen in der Tiefe zu entschlüsseln, dabei wichtige Unterschiede in Raum, Region und Zeit zu erfassen, die ausschlaggebend auch in der Erklärung regional und länderspezifisch unterschiedlicher Wirtschaftsmuster und Entwicklung sein können.

3.3 Mortalität

Die Sterblichkeit oder Mortalität darf nach allgemeiner Einschätzung unter Wirtschaftshistorikern als die wohl ausschlaggebende Determinante für die Bevölkerungsentwicklung während der Frühen Neuzeit gelten. Diese war während der Frühen Neuzeit in der Regel hoch und lag um 35 ‰ (noch höher in Zeitaltern von Kriegen und Epidemien). Krankheiten wurden von Mensch zu Mensch und Tier zu Mensch übertragen und waren nach Berechnungen einiger Forscher wie Massimo Livi Bacci verantwortlich für etwa drei Viertel der Sterblichkeitsfälle. Regional und zeitlich gab es dabei sehr verschiedene Entwicklungen und Sterblichkeitsmuster: Typhus wirkt sich auf eine Population anders aus als Malaria; hungernde oder strukturell unterernährte Menschen sind prinzipiell anfälliger für Krankheiten; also wird die Sterblichkeit dort im Durchschnitt und tendenziell höher sein, wo die verfügbaren Einkommen bzw. der Lebensstandard vergleichsweise niedrig sind. Auch Klima und sozial- bzw. wirtschaftsgeographische Faktoren können ausschlaggebend sein. Malaria etwa gibt es vorrangig in sumpfigen, feuchten, warmen Tiefebenen, etwa Teilen Italiens. Auch zunft- und berufsspezifisch ergaben sich differenzierte Werte für Mortalität und Lebenserwartung: In der von Imhof akribisch studierten Mikroregion um die Stadt Gießen und ausgewählte anliegende Dörfer im 16./17. Jh. fand sich z. B., dass Bäcker und Schlachter tendenziell öfter das fünfte Lebensjahrzehnt erreichten als etwa Leineweber. Die fast alltäglichen Kriege und die brutale Gewalt, die nicht nur bei der peinlichen Bestrafung (Körper- und Todesstrafen) Tag für Tag zum Zuge kam, taten ihr Übriges.

Abb. 3.2: Jacques Callot, Galgenbaum, 1633 – in der Frühen Neuzeit ein durchaus alltäglicher Anblick.

Aber auch außerhalb kriegerischer Zeitläufte galt eine hohe Sterblichkeit als praktisch normal. Eltern nahmen eine hohe Kindersterblichkeit teilweise billigend in Kauf, wie Arthur E. Imhof indirekt aus den Rhythmen und Strukturen seiner demographischen Studien geschlossen hat. Bisweilen wurde dem plötzlichen Kindstod durch stilles Nachhelfen Vorschub geleistet, wenn man davon ausging, dass ein gegebenenfalls kranker Säugling so schneller und sicherer ins Himmelreich gelangte als ein der Sünde fähiger älterer Mensch. Auch das Stillen bzw. Laktationsmuster (Wie lange wurden Säuglinge gestillt?) konnte maßgeblich Einfluss

3.4 Fertilität

auf Sterblichkeit bzw. Lebenserwartung eines Säuglings haben. In vielen Gebieten des Heiligen Römischen Reiches Deutscher Nation vollendeten während der Frühen Neuzeit bis zur Hälfte der Neugeborenen nicht das erste Lebensjahr. Ähnliche Zahlen (zwischen 25 und 40 %) sind auch für Venedig und Frankreich belegt. Hatten Kinder diese ‚Sterblichkeitshürde' indes einmal überschritten, erreichten diese Menschen dann oft das siebte oder achte Lebensjahrzehnt.

Wenn also die durchschnittliche Lebenserwartung in vielen Regionen Europas während der Frühen Neuzeit oft nicht über 40 Jahre herausreichte, so ist dies ein statistischer Mittelwert, der maßgeblich von der extrem hohen Säuglingssterblichkeit bestimmt ist, aber die Lebensspannen der den häufigen Säuglingstod ‚Überlebenden' nicht zwangsläufig akkurat widerspiegelt. Zum Vergleich: „1979/1981 lag die Lebenserwartung bei der Geburt in der Bundesrepublik Deutschland für die Männer bei 69,9, für die Frauen bei 76,6 Jahren, in Schweden 1981 schon bei 76,1 und 82,1 Jahren".[16] Auch gab es durchaus Zyklen in Mortalität und Lebenserwartung. Um einen der renommiertesten historischen Demographen unserer Zeit zu Worte kommen zu lassen: „In England betrug die Lebenserwartung in den fünfzig Jahren zwischen 1566 und 1616 rund 39 Jahre gegenüber 34 Jahren im Zeitraum zwischen 1666 und 1716 hundert Jahre später. In Frankreich schwankte die Lebenserwartung in den Jahren 1740–1800 zwischen 25 und 31 Jahren (dies sind Durchschnittswerte in Zehnjahresabständen). In Schweden war der Zyklus in den Jahren 1750–1820 grösser, nämlich zwischen 30 und 40 Jahren."[17]

3.4 Fertilität

Während der Frühen Neuzeit lag die Fertilität in der Regel nur geringfügig – etwa 2 ‰ – über der Mortalität; was allerdings ausreichte, um langfristig einen deutlichen Bevölkerungsanstieg zu generieren, wie wir oben gesehen haben. Unterschiedliche Fertilitätsniveaus ergaben sich regional: Herrschte Realteilung vor, d. h. wurde eine Hofstelle gleichmäßig unter den Erben aufgeteilt, dann finden wir in solchen Gebieten, wo diese Praxis über mehrere Jahrhunderte geübt wurde, tendenziell höhere Geburtenraten vor als in Landschaften, in denen das Anerbenrecht die dominierende Erbfolgepraxis darstellte. Wo nur ein Erbe (meist der älteste Sohn) den Hof übernahm, betrieben die leer ausgehenden Kinder oft Geburtenkontrolle, d. h. passten die Zahl ihrer Nachkommen wie auch das Heiratsalter ihren jeweiligen wirtschaftlichen Möglichkeiten an (Grundannahme hier, indes nicht immer der Fall: ‚kein Sex vor der Ehe'). Je nachdem, ob Getreidebau oder Viehzucht die Produktion dominierten, so hatte dies durchaus unterschiedliche Arbeitsrhythmen im Jahresablauf (Erntejahr) zur Folge, was sich gegebenenfalls ebenfalls auf Zeugungsdatum und Zahl der Nachkommen auswirken konnte.

Weitere ökonomische Faktoren mochten die Geburtenrate und Fertilität beeinflussen, etwa der Grad der Marktverflechtung, d. h. der Anbindung einer Region in den überregionalen oder internationalen Handel. All diese Faktoren bestimmten über Rhythmen und Strategien des Anbaus und der dörflichen Ökonomien mit und damit indirekt auch über Kernzahlen der demographischen Entwicklung. In Regionen oder Dörfern, die auf Getreidebau spezialisiert waren, konzentrierte sich der Arbeitseinsatz auf zentrale Zeitpunkte, etwa Aussaat, Ernte oder Dreschen; es wurden für diese Zeiten zusätzliche Arbeitskräfte etwa auf Tagelohnbasis angeheuert. In Gegenden, wo Mischökonomien vorherrschten und die Dorfbewohner etwa Nebentätigkeiten im Heimgewerbe (Leineweberei), im Bergbau, im Fuhrwesen (Thüringen) oder anderswo nachgingen, verlief der stunden- und tagesmäßige Arbeitsinput pro Mann und Frau übers Jahr gleichmäßiger. Dort gab es weniger Ruhezeiten – und damit Zeitfenster, um Kinder zu zeugen. Entsprechend unterschieden sich je nach Wirtschaftsstruktur in einzelnen Regionen und Landstrichen die generativen Muster, Kindererziehungszeiten, Geburtszeitpunkte und Empfängniszeiten oft deutlich. Auch der Altersunterschied Mann-Frau war relevant, da er über die Gesundheit das regenerative Verhalten mitbestimmte (je älter die Frau, desto höher tendenziell das Risiko, das mit einer Geburt verbunden war). Die biologische Kondition etwa der Wöchnerin oder ihrer Amme usw. wirkte sich zusammen mit anderen Faktoren wie Hygiene, Ernährung, Physiologie ebenfalls auf aggregierte Daten wie Mortalität aus.

3.5 Heirat und Geburtenkontrolle

Ganz entscheidend war in der Frühen Neuzeit das Heiratsalter. Dies konnte je nach Region und Einkommenssituation vergleichsweise hoch oder niedrig sein. Geburtenkontrolle und Empfängnisverhütung wurden regelmäßig praktiziert. Hier gab es verschiedene Möglichkeiten, etwa die Einnahme bestimmter Kräuterelixiere, den *coitus interruptus*, oder die Verwendung von Kondomprototypen in Form von Tierblasen und Schafsdärmen. Eine in viele Quellen belegte relativ lange Dauer zwischen Pubertät – die in der Frühen Neuzeit später einsetzte und länger dauerte als heute – und der ersten Eheschließung deutet auf weit verbreitete Kenntnis dieser Praktiken, gezielte Ausübung und intergenerationelle Weitergabe solchen praktischen Wissens über Geburtenkontrolle durch Empfängnisverhütung hin. Wurden Säuglinge länger gestillt, wirkte dies ebenfalls wie ein natürliches Verhütungsmittel, da während der Stillzeit die Fruchtbarkeit der Frau reduziert ist. Gebiete mit höherer Säuglingssterblichkeit weisen typischerweise kürzere Intervalle zwischen zwei aufeinanderfolgenden Geburten beim selben Paar aus als Gebiete, wo die Lebenserwartung der Neugeborenen höher lag. Auch die jeweils dominierende Einstellung zur Sexualität spielte eine Rolle – War man mehr oder weniger promisk? –, getrieben durch die Rolle und Funktion der Kirche als Vermittlerin (aber auch: Sozialdisziplinierung).

Q 3.1: Ludwig von Hess über „unehelichen Beyschlaf" und Promiskuität (1775)
„VI. Der unehliche Beyschlaf muss nicht bestrafet werden
Die bürgerlichen Gesetze können oft mit gutem Erfolge verbieten, was die Natur erlaubt, aber sie werden von schlechter Wirkung seyn, wenn sie das Gebot der Natur aufheben wollen; dem Instinkte, der allen Sterblichen wesentlich ist, gebieten, dass er aufhöre zu seyn, heisse ich der Natur Fesseln anlegen wollen. Aber, sie ist ihrer Freyheit gewiss, und lacht über das Unvermögen des Gesetzgebers, der sie unterjochen will. [...] Wer zuerst eine Strafe auf den unehlichen Beyschlaf gesetzet, hat vielleicht nur versuchen wollen, wie geneigt der Mensch sey, seine liebste Empfindung dem Eigensinne des Tyrannen aufzuopfern, oder er hat durch dieses Verbot der Liebe einen neuen Reiz bey solchen

Personen geben wollen, welche durch einen langen Genuss schon gleichgültig geworden, oder, es ist auch ein einfältiger Tropf gewesen, der die Natur des Menschen nicht gekannt hat. [...] Die Kaiserinn von Russland und der König von Preussen haben die Liebe in alle ihre Rechte wieder eingesetzet: In ihren Staaten wird niemand dafür gestrafet, dass er sich dem unwidersetzlichen Triebe der Natur überlassen hat. [...] Es hat nie ein Gesetz gegeben, und es kann vielleicht keines ersonnen werden, das der Bevölkerung schädlicher gewesen wäre, oder seyn wurde, als die Bestrafung des unehlichen Beyschlafs ist. Am mehresten muss man sich wundern, wenn man siehet, dass es in einem solchen Reiche statt findet, das einen grossen Mangel an Menschen hat. [...] Schweden hat ebenfalls einen grossen Mangel an Menschen; dieses erhellet schon daraus, dass es seine auswärtige Werbung beständig unterhalten, dass es das Garn für seine Manufakturen grösstentheils von Fremden kaufen, und viele Felder ungebauet lassen muss. Und doch ist in diesem Reiche das Gesetz wider den unehelichen Beyschlaf in seiner vollen Kraft, ja die sogenannten Verbrecher müssen sogar am Leibe büssen, wenn sie die Geldbusse nicht erlegen können. [...] Ein junges Mädchen, der das wallende Blut zu stark nach dem Kopfe steiget, als dass es sich jenes willkührlichen Gesetzes allemal erinnern könnte, und welches von der verführerischen Gelegenheit dergestalt überraschet wird, dass ihr fast gar keine Freyheit des Geistes übrig bleibt, soll ihren Leib entblössen, und ihn der Beurtheilung der unehrbaresten Leute preisgeben. Dieses wird, da die Schamhaftigkeit in der zärtlichsten Umarmung kann beybehalten werden, ihrer Seele schmerzhafter seyn, als die Streiche ihrem Körper sind. Sie wird, um der Schande zu entgehen, abtreibende Mittel gebrauchen, oder das Kind umbringen. Und, wenn sie nicht so empfindsam ist, so wird sie durch jene Misshandlung doch öfters von einer andern Seite für die Fortpflanzung ungeschickt: Selten wird sie eine Ehefrau, und gemeiniglich eine Hure. Ein rascher Jüngling, dessen ganzes Nervensystem beym Anschauen eines hübschen Mädchens so stark angespannt wird, dass selbst ein *Socrates* unter seinen Umständen ein schwankendes Gewissen bekommen würde, soll sich, in Ermanglung des Geldes, dafür öffentlich geisseln lassen, dass er seinem Temperamente hat nachgeben müssen. Diese unverdiente, barbarische Strafe wird ihm die Ehrbegierde rauben, ohne welche ein jeder, von welchem Stande er auch seyn mag, ein lahmes Glied vom Staatskörper ist. [...] Viele Menschen machen die Herrlichkeit eines Fürsten aus, und wenige machen ihn blöde."

3.5 Heirat und Geburtenkontrolle

> **Kommentar:** Wenig ist über diese Schrift und ihren Autor bekannt; sie wird am ehesten der Populationswissenschaft bzw. Bevölkerungspolitik zuzuordnen sein. Genauso gehört sie in die Kameralistik der Hochaufklärung – Hess nimmt an diversen Stellen zentrale Themen des Kameralismus auf (▶ Kap. 9), etwa die Idee der „wohlfeylen Nahrung", sauberer Städte und umfassender medizinischer Versorgung. Geboren 1719 im schwedischen Göteborg, studierte Hess, dessen Vater 1741 einen Adelstitel für die Familie errang, Jurisprudenz an den Universitäten Leipzig und Greifswald. Nach Stationen als dänischer Verwaltungsbeamter, später auch im Dienst der schwedischen Krone in Schwedisch-Vorpommern nahm er ab 1773 in Stockholm einen Posten als schwedischer Regierungsrat ein. Im hier wiedergegeben Kapitel seiner Schrift von 1775 geht Hess eines der zentralen Themen an, welches Politiker, Schriftsteller, Staatenlenker und Ökonomen in der Frühen Neuzeit stark beschäftigt hat – die Steigerung der Bevölkerung als Grundbaustein einer expansiven ökonomischen Entwicklung. Hierbei schlägt er für die Zeit recht unorthodoxe Töne an, eher ‚freizügig' als „freymuethig"; verknüpft im selben Gedankengang eklektisch Themen wie gewerbliche Entwicklung (Garnspinnerei, Manufakturen), sexuelle Vorlieben und Wallungen, Masturbation, außerehelichen Beischlaf usw. – wohlgemerkt alles mit dem Ziel der Bevölkerungspolitik und der Erhaltung des Wohlstands der Nation (bzw. Glückseligkeit der Untertanen).
>
> **Zitiert nach:** Ludwig von Hess, Des Herrn Regierungsraths Ludwig von Hess Freymüthige Gedanken Über Staatssachen, Hamburg 1775, S. 58-67, 71.

Wiederum gab es – wie auch bei der Sterblichkeit – berufsspezifisch durchaus unterschiedliche Heiratsmuster: Arthur E. Imhofs Gießener Detailstudie über die Bevölkerung im 16./17. Jh. fand z. B., dass Bäcker und Schneider im Schnitt fünf Jahre früher heirateten als andere Berufsgruppen, etwa Fuhrleute (Waren diese zu mobil?) – und dementsprechend früher Eltern wurden. Bäcker starben indes im Schnitt 20 Jahre früher als die Schneider.[18]

Ein Heiratsalter um die 30 Jahre bei Ehefrau und Bräutigam war in den meisten Regionen Europas um 1700 wohl eher die Norm. Dies ist gar nicht so verschieden von den postindustriellen Gesellschaften Nordwesteuropas im 21. Jh. Je nach Region und Zeit gab es Variationen. Generell lag es bei etwa 25 Jahren, etwas niedriger für Frauen und etwas höher bei

Männern. „Vor 1750 heirateten Frauen in Frankreich mit 24,6 Jahren, in Belgien und England mit 25, in Deutschland mit 26,4 und in Skandinavien mit 26,7."[19] Man heiratete erst, wenn man sich dies finanziell erlauben konnte. Ganz anders als im Vergleich zu anderen Weltteilen wie Asien, wo überspitzt formuliert „wirklich jeder heiratete."[20] Dies gilt vor allem bei den landarmen und besitzlosen Schichten auf dem Dorfe; vermögende und Vollbauern heirateten oft etwa vier bis fünf Jahre früher, wie schwedische Untersuchungen von Landschaften und Dörfern um 1700 belegen.[21] Frauen konnten durchaus neun Kinder oder mehr bekommen. Von diesen verstarb oft etwa ein Drittel vor dem Erreichen des ersten Lebensjahrzehnts, oft noch im Kindbett. Heirateten Frauen nicht, blieb also eine beachtliche potenzielle Nachkommenschar ungezeugt. Viele blieben aus religiösen Gründen zölibatär (Mönche und Nonnen). Witwen verblieben nach dem Tod ihres Mannes meist im Witwenstand. Wiederverheiratungen waren eher selten.

Die Forschung hat in diesem Zusammenhang hier sogar von einem europäischen Heiratsmuster (engl. *European marriage pattern*) gesprochen, innerhalb derer die Menschen bewusste Geburtenkontrolle und Heiratsaltersmanagement betrieben und damit die Heiratshäufigkeit im globalen Vergleich eher niedrig hielten.[22] In England etwa stieg das durchschnittliche Heiratsalter bei den Frauen zwischen 1560 und 1719 von 27 auf 30 an, in Flandern von 25 auf 28. Aber auch hier – zwei vergleichsweise reiche und wohlhabende Länder – führten weite Kreise der Bevölkerung Zeit ihres Lebens ein Dasein als Single. Dieses demographische System ist möglicherweise mit ein Grund dafür gewesen, warum sich modernes Wirtschaftswachstum zuerst in Europa begründet hat.[23] Bereits während der Frühen Neuzeit setzte nämlich das ein, was in der Bevölkerungswissenschaft als *demographische Transition* bezeichnet worden ist – ein simultaner Rückgang von Sterblichkeit *und* Fertilität mit deutlichem Überschuss letzterer – und was besonders gut seit der Mitte des 18. Jh.s durch Quellen etwa in Schweden nachgewiesen werden kann. Mit der Industrialisierung stiegen erstmals im langen Zeitvergleich sowohl die Pro-Kopf-Einkommen als auch die Bevölkerung rapide an. Es wurden in jenen Ländern, welche sich industrialisierten, die alten malthusianischen Zwänge langsam außer Kraft gesetzt.

3.6 Kulturelle und mentalitätsgeschichtliche Dimensionen historischer Demographie

Wirtschaftsgeschichte ist immer auch Kulturgeschichte.[24] Dies gilt vor allem auch hinsichtlich der Zusammenhänge zwischen Demographie und ökonomischer Entwicklung. Einige haben wir bereits oben ansatzweise kennengelernt: etwa Praktiken des Säuglingsstillens, der Verhütung oder auch Regulierung des Heiratsalters gehören ganz klar in den Bereich ‚Kultur‘; machten entscheidende Wesensmerkmale europäischer (Wirtschafts-)Kultur aus. Was machte das Heiraten in der Frühen Neuzeit mit den Menschen? Wie gingen sie mit dieser Jahrtausende alten Institution um? Lassen wir ein letztes Mal Arthur E. Imhof – den Doyen der deutschsprachigen historischen Demographie – in diesem Bereich zu Wort kommen: „Zur Zeit der *ungleichen Paare* wäre es unklug gewesen, wenn die gegenseitige körperliche Attraktion zum Fundament einer Ehe gemacht worden wäre. Das Strohfeuer physischer Liebe hätte allzu rasch vorbei sein können. Auch nach der Heirat blieben Mann und Frau stärker der männlichen beziehungsweise weiblichen Welt verhaftet, in der sie aufgewachsen waren."[25]

In der Frühen Neuzeit gewichteten die Menschen insgesamt ihr hiesiges Leben auf Erden vermutlich sehr anders als wir das heute tun. Aufgrund des weit verbreiteten Glaubens an Himmel, Hölle und (im katholischen Raum) Fegefeuer war den Menschen alles daran gelegen, im zeitlich begrenzten Hier und Jetzt alles zu geben, um im ewigen Leben danach an einem angenehmen Platz zu landen, also im Paradies. Was man hier auf Erden an Mühe, Mangel, Hunger, Schmerz, Elend, Last, Schimpf, Schande und Beschwerden ertrug, wurde oft sogar als hilfreich für den Weg in ein künftiges Leben an einem besseren Platz empfunden. Man ‚hing‘ u. U. gar nicht so an seinem jetzigen irdischen Dasein, wenn man nur einigermaßen zuversichtlich über das darauffolgende Leben danach sein konnte. Gebrochene Zäune auf holländischen Landschaftsbildern, die häufige Erwähnung (nicht nur in Märchen) von Kindern, die ins Wasser gefallen waren und so oder auf andere grausame Art zu Tode kamen – all jene Dinge zeugen von der Alltäglichkeit und Allgegenwärtigkeit des

Todes in der Frühen Neuzeit. Heute stehen wir vor dem ‚Verlust der Ewigkeit'; wir gewichten das hiesige Leben und Jenseits anders. Was hätte in der Frühen Neuzeit da eine Verdoppelung der durchschnittlichen Lebenserwartung ausgemacht, fragt Imhof rhetorisch, wenn alles, worum es wirklich ging, sich in der Ewigkeit und somit in unendlichem Rahmen abgespielt hat?

Wie in vielerlei anderer Hinsicht auch erscheint die Frühe Neuzeit uns damit immer wieder als fremdes Land, als „ferner Spiegel" unserer selbst; möglicherweise im Zerrbild, doch erkennbar als wir selbst – in freilich ganz anders gefasstem kulturell-religiösen Rahmenwerk.

4 Landwirtschaft und Agrarverfassung

4.1 Vormoderne Agrargesellschaften

Der überwiegende Teil der europäischen Bevölkerung lebte in der Frühen Neuzeit auf dem Land. Bauern haben allerdings – vor dem 17. Jh. – kaum Eigenzeugnisse (Schriftquellen, Ego-Dokumente) hinterlassen. Man findet sie zumeist nur in der Spiegelüberlieferung, also den Urbaren, Zinsregistern und der (grund-)herrschaftlichen Überlieferung über Renten, Abgaben, Gerichtsgebühren, Schuldbücher und Kreditregister. Erst nach 1600 fangen sie an, Tagebuch zu schreiben; eigene Rechnungsquellen und andere Dokumente über die bäuerliche Unternehmensführung sind für die Zeit vor 1600 mehr als rar. Die ‚Spiegelquellen' auf der anderen Seite wurden nicht von den Subjekten der Betrachtung – also den Bauern – selbst erstellt. Es wurde vielmehr *über* sie geschrieben: von Akteuren, mit denen die Bauern interagierten, oft tagtäglich oder wöchentlich, meistens (Vertretern) der Obrigkeit. Daneben finden wir Bauern und Landwirtschaft ‚gespiegelt' in den vielfältigen aggregierten Makrodaten, etwa städtisch notierten Getreidepreisen, Löhnen, Lebensstandard, Bevölkerungszensus. Grundsätzlich spricht der Bauer des Spätmittelalters bis weit in die Frühe Neuzeit hinein nicht selbst aus den Quellen. Es wird vielmehr *über ihn* gesprochen – und zwar vornehmlich in Konfliktsituationen und den ihnen eigentümlichen Ver- und Aushandlungsdiskursen (*Gravamina*, Beschwerden), an denen der „Gemeine Mann" (und seine Frau – dies schließt Stadtbürgerinnen ein) aktiv beteiligt war.[1] Häufig ist das erst dann der Fall, wenn als *ultima ratio* von der bäuerlichen Gesellschaft der *Aufstand* gewählt wurde, d. h. andere Schlichtungsmaßnahmen im Sande verlaufen waren und die fürstlichen Kanzleien sozusagen nachträglich mit der Dokumentation der Beschwerdelagen und der zur Konfliktlösungen nötigen Maßnahmen begannen. Ansonsten findet sich der Bauer vorzugsweise in den Urbaren und *manorial rolls* (England); überall dort, wo er im Rahmen des redistributiven Allokationssystems, welches man gemeinhin als Feudalismus bezeichnet hat, als *Schuldiger* auftritt (Dienst- und Abgabenverweigerung; Aufstände, Bauernkriege) oder als *Schuldner* (von Abgaben, Diensten, Steuern, Gerichtsgebühren, Zehnt). Für das mittelalterliche England haben Ian Blanchard und Chris Dyer[2] jeweils unabhängig voneinander zwei Fälle dokumentiert, in denen überhaupt ein bäuerliches Rechnungsbuch überliefert ist. Diese Bauern sind im sozialstatistischen Sinne dann aber eher ‚Unternehmer' gewesen und lediglich von ihrer familiären Herkunft her Bauern geblieben. Allein schon die Tatsache, dass sich die Anzahl ähnlich dokumentierter Fälle an einer Hand abzählen lässt, veranschaulicht die quellenmäßig-epistemische ‚Lücke', vor der moderne (Wirtschafts-)Historiker stehen, wenn sie die ökonomischen Schicksale desjenigen Bevölkerungsanteils rekonstruieren wollen, der während der Frühen Neuzeit zahlenmäßig die Mehrheit gestellt hat: der Menschen auf dem Land.

Umgekehrt gilt auch: Die sich bis in jüngere Zeiten hartnäckig haltende Annahme, Bauern und Dorfbevölkerung seien generell Analphabeten gewesen, ist von der jüngsten Forschung ins Reich des Mythischen verwiesen worden.[3] Auch die Vorstellung vom ‚tumben Bauern' stellt sich vor allem als diskursives Produkt des von den Adelsheeren unter Jörg Truchsess von Waldburg erfolgreich niedergeschlagenen Bauernkriegs und maligne Fremdzuschreibung dar. In den allgegenwärtigen Reiseberichten und gelehrten Schriften des 18. Jh.s der beginnenden Aufklärung werden Bauern fast durchgehend auf derselben Ebene wie die wilden Tiere angesiedelt. Erst mit den im selben Jahrhundert, doch später aufkommenden ‚Intelligenzblättern' (Zeitschriften für nützliches Wissen, vor allem den Landbau betreffend, aber auch Handwerk und Gewerbe umfassend) und der ökonomischen bzw. Volksaufklärung gegen Ende des *Ancien Régime* hat man diese Negativzuschreibungen zunehmend über Bord geworfen. Der Produktionsfaktor Boden und seine Bewirtschafter wurden wieder deutlich in ihrer ökonomischen Funktion aufgewertet. Die Protagonisten der Bauernaufstände des Spätmittelalters waren in der Regel selbstbewusste und teilweise sehr erfolgreiche Landwirte oder Angehörige der Dorfaristokratie (diese konnte etwa die Schankwirte miteinschließen), d. h. Erzeuger mit Marktquote und wahrscheinlich guter, intimer Kenntnis des Marktgeschehens und ihrer rechtlichen Stellung in der Gesellschaft. Dies suggeriert vor allem die Gegenüberlieferung aus den fürstlichen Kanzleien zu den Kämpfen um das „alte" oder „göttliche" Recht – eine Zentralforderung der aufständischen Bauernhaufen.

Paradox aber wahr also: Der hinsichtlich seines Beitrags zum Sozialprodukt und der Gesamtbeschäftigung sowie vom Bevölkerungsanteil her mit ganz großem Abstand wichtigste Wirtschaftsbereich und Bevölkerungsanteil – die Landwirtschaft, Bauern und ihre jeweiligen Dorfgesellschaft(en) – ist leider auch der quellenmäßig am schlechtesten dokumentierte.

4.2 Grundbedingungen vormoderner agrarischer Ökonomien

Bis weit in das 19. Jh. hinein waren die Gesellschaften Europas *Agrargesellschaften*, selbst noch bis in die Zeit der beginnenden Industrialisierung, die ab 1760 in England, danach in Flandern (Belgien), Frankreich, den deutschen Ländern, Österreich-Ungarn (Habsburgermonarchie), Eingang fand und sich nach 1860 dann nach Italien, Schweden und Norwegen und Südosteuropa ausbreitete, später dann nach Japan und Russland, nach 1950 dann Südkorea und Südostasien usw.[4] Je nach Region und Staat bzw. Land waren zwischen 60 und 90 % der Menschen in der Landwirtschaft beschäftigt und wohnten auf dem Land. Dies ist nicht gleichbedeutend mit der Feststellung, dass alle auf dem Land wohnenden Menschen auch Landwirte waren. Vollbauern oder Vollhufner, d. h. Inhaber einer Hofstelle mit landwirtschaftlichen Flächen, ausreichend, um eine ganze Familie zu ernähren und darüber hinaus noch einen auf Märkten absatzfähigen Mehrertrag zu erzielen, waren in der Minderheit. Die Mehrheit der Dorfbewohner war entweder gar nicht in der Landwirtschaft tätig oder als Lohnarbeiter oder Nebenerwerbslandwirte, d. h. sie hielten sich vielleicht eine Kuh oder Ziege (Milchversorgung) und ein paar Hühner im Garten. Diese Menschen hatten nur begrenzt Zugang zur Allmende (gemeinschaftlich bewirtschaftete Dorfflur, Waldweide). Sie mussten ihr Auskommen anderweitig fristen, etwa als Hand- und Heimwerker, in der Leineweberei und anderer Formen der Tucherzeugung. Oder sie arbeiteten als Knechte und Lohnwerker für die größeren Bauern des Dorfes.

Die Landwirtschaft trug somit auch – neben der Beschäftigung und dem Arbeitsvolumen (das für die Frühe Neuzeit lediglich geschätzt werden kann) – in aller Regel den Hauptanteil zum Sozialprodukt bei. Umgekehrt: Die Mehrzahl der Europäer gab den Hauptanteil ihres verfügbaren Einkommens normalerweise für landwirtschaftliche Produkte aus, allen voran Nahrungsmittel. Hier war das Getreide führend, da die Nahrung der Menschen vor allem von Brot und Brei oder Graupen als Speisen des Alltags dominiert war (hierzu kam Gemüse). Hauptgetreide war in den kontinentaleuropäischen Agrarwirtschaften der Roggen, gefolgt von Weizen und Hafer, sowie Braugerste. Nur in vom Einkommens- und Lohnniveau höher entwickelten Regionen wurde vorrangig Weizen erzeugt und konsumiert, v. a. als marktfähiges Verkaufsgetreide.

Regionale Unterschiede waren teilweise auch kulturell markiert; so war bis zum Ende der Frühen Neuzeit der Hafer durchaus ein schottisches Nationalgetreide, während man – so bemerkten Zeitgenossen wie Samuel Johnson oder James Boswell spöttisch – selbigen weiter südlich in England eher als Pferdefutter verwendete. Reis breitete sich v. a. in Spanien und Teilen Italiens relativ früh aus, bezogen aus dem arabischen Raum. Mit der Entdeckung Amerikas kamen neue Nahrungsmittel auf den europäischen Tisch, allen voran Mais und Kartoffeln (von den Spaniern um 1539 entdeckt), aber auch Tomaten, Tabak, Rohrzucker. Letzterer, bereits vor den Entdeckungsfahrten der Spanier und Portugiesen im arabischen, Mittelmeerraum und Südatlantik angebaut, mauserte sich durch die neuartige Form der Plantagenwirtschaft nach 1500 zu einer der *cash crops* (zur Gewinnmaximierung verkaufte Feldfrüchte) der atlantischen Wirtschafts- und Handelssysteme. Buchweizen und Hirse setzten sich ebenfalls stellenweise als Alternativen zu den Brotgetreiden Roggen, Weizen und Hafer durch. Regelmäßigen Fleischkonsum konnten sich seit dem Spätmittelalter immer weniger Kreise der Bevölkerung leisten; v. a. die städtischen Oberschichten, allenfalls noch die oberen städtischen Mittelschichten.

Massimo Montanari hat hier auf eine wichtige Trennlinie zwischen Land und Stadt, Unterschicht und Mittelschichtsesskultur hingewiesen:[5] So assoziierte man Schweinefleischkonsum mit dem ländlich-kleinräumlichen, auf die Familie bezogenen Wirtschafts- und Ernährungsraum; Rindfleisch jedoch mit dem gehobenen städtischen Umfeld. Ein Rind zu schlachten bedeutete, schon aufgrund der schieren Menge anfallenden

4.2 Grundbedingungen vormoderner agrarischer Ökonomien

Fleisches, einen weitaus größeren Kreis von Konsumenten. Handelswege waren länger und Einzugsgebiete grösser. Rinder wurden in der Frühen Neuzeit teilweise über viele hundert Kilometer von den Erzeugergebieten (etwa den dänischen Marschen) in langen Triften bis in die Niederlande getrieben (Ochsenweg) oder von den schottischen Highlands bis nach London. Viehmärkte wie der von Buttstädt bei Erfurt gehörten zu den größten regelmäßigen Jahrmarktevents ihrer Zeit, mit vielen zehntausenden verkauften Tieren pro Jahr.

Nur der Adel aß Wild; Jagd war ein adeliges Privileg. Betrachtet man die Entwicklung der Produktionsstrukturen und Konsumkulturen im *Zeitverlauf* (also in dynamischer Perspektive) kann man hier mit Wilhelm Abel von „Stufen der Ernährung" sprechen.[6] Eine zunehmende Bevölkerung und zunehmender Druck auf die verfügbaren produktiven Ressourcen (freie Hofstellen) führte zwischen 1450 und 1620 zu einem säkularen Anstieg der Preise, welcher in der Literatur oft auch als das Zeitalter der Preisrevolution bekannt geworden ist. Im Vergleich zu heutigen Preissteigerungsraten und Inflation war ein säkularer Anstieg von im Mittel etwa 1–2 % pro Jahr sicher kaum der Rede wert und aus heutiger Perspektive sicher nicht ‚revolutionär'. Für die Menschen der Zeit aber, deren Einkommen oft fixiert waren und mit den Preisen nicht mitwuchsen, bedeutete der langfristige Anstieg jedoch eine empfindliche Verknappung der ihnen zur Verfügung stehenden Warenkörbe und Ressourcen. Verzicht wurde für Massen zum Teil des Alltags. Auf den Tischen der Dörfler und der städtischen Lohnhandwerker, Tagelöhner, Seeleute usw. wurde Schmalhans immer öfter zum Küchenmeister. Trotz steigender Preise wurde Getreide zunehmend nachgefragt, ‚höherwertige' Speisen wie Fleisch, Fisch oder Geflügel zunehmend rar. Das Fleisch verschwand zunehmend von den Speisezetteln. Geht die Forschung von teilweise sehr hohen (aber auch mit Vorsicht zu genießenden) Zahlen beim Pro-Kopf-Verbrauch von Fleisch in Höhe von bis zu 100 kg pro Kopf um 1400 aus, so sank dieser Wert während der Frühen Neuzeit auf ein Minimum von ca. 14 kg pro Kopf gegen Ende des 18. Jh.s. Erst im Zuge der Industrialisierung kehrte sich dieser Trend langsam wieder um. Mittelalterliche Werte im Fleischkonsum allerdings wurden erst wieder seit dem sogenannten goldenen Zeitalter des Nachkriegskapitalismus (1950–1973) erreicht.

4.3 Fruchtfolgen, Umfang und Struktur der Produktion

Die oben geschilderten Sachverhalte – vor allem zur Ernährung – hatten direkte Auswirkungen auf Umfang und Struktur der landwirtschaftlichen Erzeugung. Anders als heute entfielen etwa 2/3 der landwirtschaftlichen Produktion auf die Pflanzenerzeugung. Lediglich etwa 1/3 kam auf die Viehhaltung und Milcherzeugung. Vorindustrielle Gesellschaften waren – mit Ausnahme einiger hochentwickelter Regionen wie in den Niederlanden, in den schottischen Lowlands und Teilen Englands – meist noch Mangelernährungslandschaften. Dies hing u. a. zusammen mit einer vergleichsweise niedrigen Produktivität, die man z. B. anhand der Relation von Aussaat zu Einsaat messen kann. In einigen Regionen Ostmitteleuropas oder Russlands betrug diese Ratio noch im 17./18. Jh. wenig mehr als 3 : 1; war in den fortschrittlicheren Koppelwirtschaften Schleswigs oder Hollands indes wesentlich höher, bis zu 11 : 1 oder sogar mehr. Krisenjahre und Missernten – in Schottland und weiten Teilen Nordwesteuropas etwa in der zweiten Hälfte der 1690er Jahre – bedeuteten immer auch Hungerjahre, Sterbejahre (20–30 % Bevölkerungsverluste), äußersten Mangel, Leid und Tod.[7]

Dementsprechend gestalteten sich Kapital- und Viehbesatz in der Landwirtschaft. Ein Pferd war sozusagen der Porsche (oder, um bei der Analogie zu bleiben: Range Rover) in der vormodernen Landwirtschaft. Teuer in Anschaffung und Unterhalt, konnten sich nur die wohlhabenden Bauern Pferde leisten. Diese wurden im Wirtschaftsjahr dann an die weniger betuchten Dorfgenossen bei anfallenden Zugarbeiten und Spanndiensten ausgeliehen. Hier klingt noch der Grundgedanke eines kollektiven Wirtschaftens nach. Energieintensiver im ‚Spritkonsum' zeichnete sich das Pferd durch großen Appetit aus; zudem fraß es neben Heu vorzugsweise Hafer, griff damit potenziell in eine menschliche Nahrungskette ein bzw. zehrte Ressourcen auf, welche in vielen agrarisch geprägten ärmlichen Regionen auch direkt auf die Esstische und in die Mägen der Menschen gelangten. Kühe und Ochsen waren weitaus mehr verbreitet. Auch kleinere Bauern, Halbbauern oder sogenannte Kötter (auch:

4.3 Fruchtfolgen, Umfang und Struktur der Produktion 91

Kotsassen – von Kate/Kote bzw. ärmlicher Behausung; in Süddeutschland: Seldner) versuchten oft durch das Halten von ein oder zwei Kühen – v. a. Abgabe und regelmäßiger Bezug von Milch – über das Jahr und die Runden zu kommen. Bei der Milchversorgung griff man im Zweifel zur Ziege als Alternativquelle. Schweine konnten vergleichsweise günstig ernährt werden, v. a. durch Fütterung von Speiseabfällen und anderen Resten; sie wurden auch in die Waldmast getrieben. Schweine zeichneten sich durch eine hohe Reproduktionsrate aus, waren also buchstäblich Billigfleisch (und sind es bis heute oft). Sauen warfen bisweilen bis zu sieben Ferkel pro Wurf und bei bis zu zwei Würfen waren im Jahr die Erträge höher als bei anderen Schlachttieren.

Mit Ausnahme der hochentwickelten kommerzialisierten Agrarlandschaften Englands und Hollands und vereinzelt auch auf dem Kontinent um die größeren Städte herum oder in Schleswig und den Holsteinischen Marschen waren die Erträge selbst der größten Wirtschaftsbetriebe im Vergleich zu heute sehr gering. Das alles bedeutet, dass auch die physischen und monetären Mittel zur Investition – sowohl in der Landwirtschaft selbst als auch in der gesamtwirtschaftlichen Perspektive – gering waren. Damit waren dem wirtschaftlichen Wachstum enge Grenzen gesetzt. Bis zur Industrialisierung bestand der Großteil des landwirtschaftlichen Kapitalstocks v. a. aus Vieh (Rinder, Schafe, Ziegen, Pferde), Gebäuden (Hofreiten, Ställe) und das für die Bestellung des Bodens nötige Werkzeug (Dreschflegel, Pflug, Sense, Rechen, Karren usw.). Maschinen kamen nicht und größere Werkzeuge oder Hilfsmittel nur selten zum Einsatz. Mit vergleichsweise einfacher Technologie – und teils in den Methoden seit Jahrtausenden genauso praktizierten Anbauformen und Arbeitsprozessen – kam man die meiste Zeit gerade so über die Runden, ersetzte aus seinen Eigenmitteln die im Verlauf des Jahres abgenutzten oder verbrauchten Kapitalien.[8]

Die Wintermonate, in denen sich die Menschen nicht auf dem Felde aufhielten, wurden traditionell zur Ausbesserung und Erneuerung der Zinken für Rechen und Harken genutzt. Scheune und Ställe waren relativ einfach gebaut (und zu reparieren): aus Holz, Lehm oder Fachwerk. Lediglich Kirchen und Burgen waren auf dem Lande aus Stein gebaut. Man hatte wenig Spielraum für Nettoinvestitionen, also einer Vergrößerung des Kapitalstocks, welche über die Erneuerung der im Produktionsprozess verbrauchten Ressourcen hinausging: Die Wachstumsrate der Nettoinvestitionen war gering, strebte oft gegen Null.[9] Erst die Industrialisierung und die breite Einführung von Fabriken, Dampfmaschinen und mechanischen Vorgängen in der Eisen- und Textilproduktion seit dem Ende des 18. Jh.s. hat hier grundlegende Neuerungen in der materiellen Ausformung und Konfiguration der Produktionslandschaft geschaffen. In England, den Niederlanden und vereinzelt auch anderen Landschaften Nordwesteuropas kam es bereits während des 17. Jh.s zu technischen und organisatorischen Neuerungen im Landbau, die manchmal als „Agrarrevolution" bezeichnet werden. Zwar sollten diese Entwicklungen produktive Kapazitäten außerhalb der Landwirtschaft freisetzen, also in Manufakturen, städtischem Gewerbe, Handel oder Industrie. Richtig ‚revolutionär' waren diese Neuerungen jedoch meist nicht. Agrarische Neuerungen und Innovationen finden sich immer mal wieder über das 16., 17. und 18. Jh. verteilt, doch blieben die grundsätzlichen technischen Möglichkeiten der Landwirtschaft beschränkt.[10] Das langsame Produktionswachstum der Landwirtschaft setzte auch dem Expansionsvermögen der europäischen Ökonomien insgesamt gewisse Grenzen (▶ Kap. 3.1).

4.4 Agrarverfassung, Eigentumsrechte und das landwirtschaftliche Produktionsergebnis

Aus heutiger Sicht erscheint es naheliegend, die Leistungskraft der Landwirtschaft anhand ihrer Produktivität und Effizienz zu messen. Erträge sind heute v. a. durch betriebswirtschaftliche Faktoren und Einflussgrößen wie Art und Umfang des Kapitaleinsatzes konditioniert, z. B. den Einsatz von Maschinen. Darüber hinaus spielen sicher auch die Bodenqualität und die Fachkenntnis der betreffenden Landwirte eine Rolle. Eine weitere wichtige Einflussgröße stellen indes Eigentumsrechte, Marktverflechtung, Spezialisierung und Kommerzialisierung der Landwirtschaft dar, da diese über das landwirtschaftliche Produktionsergebnis und damit auch die verfügbaren Agrareinkommen direkt mitbestimmt haben. Märkte und Marktpreise können überdies durch eine umfangreiche

4.4 Agrarverfassung, Eigentumsrechte

Bandbreite politischer Eingriffsprozesse konditioniert sein (heute: Gemeinsame Agrarpolitik der Europäischen Union; damals: regulatorische Eingriffe und Preisobergrenzen für lebensnotwendige Güter wie Fleisch oder Brot auf städtischen Märkten, mit dem Ziel der Sicherung des „Gemeinen Nutzens"). Prinzipiell hingen Ertrag und Produktivität der Landwirtschaft von einer Vielzahl von Faktoren ab, vorrangig aber von:

1. der Größe der individuell bewirtschaften Flächen,
2. der Geographie (Bodenlage),
3. der Bodenqualität,
4. der institutionellen – rechtlichen und sozialen Organisation der Landwirtschaft (Eigentumsverfassung, engl. *property rights*),
5. der Leiheform und Agrarverfassung.[11]

Wieviel Abgaben musste der Bauer zahlen? Hatte er Arbeitsdienstleistungen und andere nicht-monetäre Abgaben an den Grund- oder Gutsherrn zu leisten? Gab es weitergehende Beschränkungen, bis hin zum Heiratszwang für gutsuntertänige Töchter nur an Zugehörige zur selben Gutsherrschaft? Solche Beschränkungen waren in der vorindustriellen Zeit alltäglich. Sie beeinflussten, direkt oder indirekt, immer auch das Produktionsergebnis der betroffenen Wirtschaften und Höfe. Gleiches galt für:

6. das Erbrecht (Teil der Eigentumsverfassung, engl. *property rights*), d. h. der Form der Vererbung vom Vater auf den Sohn (was Auswirkungen auf die durchschnittlichen Betriebsgrößen hatte),
7. den Kapitaleinsatz und Kapitalkoeffizient, insbesondere den Viehbesatz (wieviel Dünger?),
8. die Technologie und Qualität des eingesetzten Kapitals, sowie
9. allgemeines Wissen und Know-how.

Hauptsächlicher Eigentümer des Produktionsfaktors Land – des wichtigsten in der Frühen Neuzeit – war der Adel. Um 1800 gehörten meist mehr als 90 % der bewirtschafteten Flächen Europas (inklusive Wälder) dem Adel.[12] Bauern – selbst wo diese weitgehend unabhängig schalteten und walteten – hatten lediglich ein Besitzrecht am Boden, also zeitlich und v. a. sachlich beschränkte Zugriffsrechte. Wo Leibeigenschaft, Unfreiheit oder schlechte Bodeneigentumsrechte herrschten, bedeutete dies: unsichere Besitzrechte, unsichere Perspektive für zukünftiges Planen und Wirtschaften; Vererben auf die Nachkommen usw. – Gift für planerische

Unternehmerentscheidungen. Der Bauer musste seine Erträge mit dem Grund- oder Gutsherrn teilen. Und wenn am Ende des Jahres nach Abgabe von Landsteuern, Kirchenzehnt, Gerichtsgebühren und Grundabgaben an den adeligen Grundherrn über das Saatkorn hinaus etwas zum Leben über war, gehörte dieser Landwirt dann typischerweise zu der gehobenen Gruppe von Bauern in der Dorfgemeinschaft, welche mehr oder weniger regelmäßige Beziehungen zum Marktgeschehen unterhielten. In vielen Teilen Europas reichten die Getreideerträge gerade so aus, war die landwirtschaftliche Produktivität deutlich niedriger als in Gegenden mit gutem Besitzrecht und Ansprüchen, wo Bauern relativ frei über Rhythmus und Form des Anbaus und damit Marktquoten entscheiden konnten und eine deutlich höhere Quote des bäuerlichen Rohertrages für sich als – modern gesprochen – Unternehmergewinn abschöpfen konnten. Solche guten Eigentumsverhältnisse – Pachtwirtschaften: wo der Bauer im besten Falle eine jährliche monetäre Pacht an den Grundherrn abzuführen hatte, ansonsten aber weitgehend frei schalten und walten konnte – begünstigten normalerweise auch eine höhere Boden- und Totale Faktorproduktivität. Diese Gebiete finden sich vorzugsweise in Nordwesteuropa (westlich der Elbe), aber auch in Teilen Sachsens, Thüringens und Böhmens sowie in England, wo die Agrarverfassung bereits seit dem Ausgang des Mittelalters frei, die Bauern flexibel und marktorientiert waren.

Diese Gebiete kontrastieren mit solchen, wo restriktivere Lieheformen dominierten, etwa die Gutsherrschaft. Unter der Gutsherrschaft gehörten Land *und* Leute praktisch den Gutsherren. Dies waren meistens Adelige: Sie konnten weitgehend frei sowohl über die von den Bauern genutzten Flächen verfügen – etwa Erben einsetzen oder direkte Eingriffe in das Wirtschafts- und Sozialleben ihrer Untertanen nehmen, etwa heiratswillige Männer dazu zwingen, sich ein Mädchen aus derselben Domänen- oder Gutsherrschaft zur Frau zu nehmen oder regelmäßig (bis zu fünf Tage die Woche) unentgeltlich und „ungemessen" (d. h. unbegrenzt, willkürlich) Arbeits- und Frondienste auf dem Gutsbetrieb oder der Domäne (Vorwerk) des Gutsherrn zu verrichten. Hierzu zählten Fuhr- und Spanndienste, also den Chauffeur oder Spediteur zu spielen usw.

4.4 Agrarverfassung, Eigentumsrechte

> **Q 4.1: Das richtige Kornmaß (1525)**
> „Zum fünften so bewschwärn wir vns ab des gotzhus kornmäß, mit wölchem nit geleich in vnd auß dem gotzhus bey ainem, sonder zwayen gemeßen wirt, wann wir korngult hinein geben oder im gotzhus koufen vnd heraußnemen. Dann noch in mentschlicher gedächtnuß ist und bewisen werden mag, das des gotzhus Kempten vnd desselbig underthon gebruch gewesen, wann ain arm man sein schuldig korngult in das gotzhus gefurt vnd in beywesen des gotzhus kastenvogt vberantwurt, so ist yetz ettlichen verschinen jaren ain newerung vnd dem armen man beschwärung entstanden, das de gotzhus kastenvogt hinein vnser pflichtig korngult meßen thut, beger wir mit allen trewen vnd vleiß, unser pflichtig korngult dem kastenvogt selbs meßen vnd im zu vberantwurten."
>
> **Kommentar:** Während des Bauernkriegs (1524–1525), der sich über weite Teile Süd- und Mitteldeutschlands erstreckte, beschwerten sich die Hintersassen (leibeigene Bauern) der Fürstabtei Kempten über „zweierlei" Maß, je nachdem ob sie Korn (als Abgaben) einlieferten oder – wohl in Zeiten der Knappheit – von der Abtei erwarben. Die Verwendung falscher, schlechter oder anderweitig manipulierter Maße und Gewichte stellte eine der häufigsten Monita bezüglich von Praktiken dar, mit denen Bauern anscheinend regelmäßig ‚über den Tisch gezogen' werden sollten. Diese Beschwerden wurden häufig aktenkundig gemacht und somit Teil landständischer Verhandlungen und Gerichtsprozesse. Sie stellen eine der grundlegenden Quellentypen dar, mit welchen man den Bauern und das bäuerliche Leben des Mittelalters und der Frühen Neuzeit überhaupt in den Archiven bzw. empirisch fassen kann, denn: Bauern schrieben selten, hinterließen typischerweise keine Schriftzeugnisse oder Ego-Dokumente.
>
> **Zitiert nach:** Franz 1963, Nr. 9a und b, S. 53–55.

Nicht wenige Konflikte entbrannten seit dem Mittelalter über ebenjene Situationen und obrigkeitlichen Eingriffe in das Wirtschaftsleben und teilweise in die intimsten Sphären der Menschen hinein. Doch nicht nur die Gutsherrschaft gab Anlass zur Klage. Auch in den vergleichsweise ‚freieren' Landwirtschaften im Südwesten des Heiligen Römischen Reichs entfachten sich während des 14., 15. und 16. Jh.s immer wieder Aufstände, die sich um Umfang und Natur von Renten, Abgabenzahlen und das Leisten „spannfähiger" Dienste (d. h. Fuhrdienste, Ernte) an die Adeligen und andere Grundherren drehten. Lange Ketten von Konflikten wie der Bauernkrieg entbrannten im Kern um den Anteil am Kuchen, ein Kampf ums Sozialprodukt bzw. seine Verteilung.

4.5 Technologien und Produktivität

Die Produktivität lässt sich auf verschiedene Arten messen, meint aber stets das Verhältnis zwischen Erzeugnis und Input: also Ertrag pro Arbeitsleistung, Bodenmenge, Kapitaleinsatz (Boden kann auch zum Kapitaleinsatz gerechnet werden) oder eine Kombination von Inputs („Totale Faktorproduktivität", TFP). In jedem Fall sind historische Rekonstruktionen für die Frühe Neuzeit schwierig, beruhen oft auf groben Schätzungen. Eine relativ verlässliche Messzahl ist die Saatproduktivität – eine Form der Kapitalproduktivität, basierend auf der Ertragsmenge je ausgesätem Korn. Da Saatkorn ansonsten gegebenenfalls dem Konsum oder der Zahlung grundherrschaftlicher Abgaben zugeflossen wäre und damit eine wichtige Ressource im bäuerlichen Haushalt darstellte, ist die Saatkornproduktivität eine der wichtigsten Kennzahlen agrar-ökonomischer Leistungskraft in der Vormoderne. Hier ergeben sich die im Verlauf der gesamten Frühneuzeit charakteristischen geographischen und regionalen Unterschiede, die neben der Leistungskraft des jeweiligen Agrarsystems ebenfalls Auskunft über Einkommen, generelle Produktivität, Lebensverhältnisse und Wachstumsentwicklung des jeweiligen Agrarsystems bzw. Territoriums geben.

So lag die Saatkornproduktivität in vielen Gebieten etwa Polens oder des Russischen Reichs, ebenfalls Teilen Preußens, in Normaljahren oft bei nicht mehr als 3 : 1. Das bedeutet, vom ausgesäten Korn konnte der betreffende Erzeuger oder Landwirtschaftsbetrieb im Jahresdurchschnitt etwa das Dreifache an Ertrag erwarten. Das klingt erst einmal gut, war in der Realität aber nicht viel und stellte *de facto* für viele Betriebe das absolut überlebenswichtige ‚Normalminimum' dar. Überschlägt man grob, dass ein landwirtschaftlicher Betrieb gut und gerne bis zu 33 % seiner Bruttoerträge an Landsteuern, Grundabgaben usw. abführen musste – je nachdem welcher Anteil der Abgaben monetisiert oder in Naturalabgaben abzuleisten war – und dass man etwa ein Drittel des Korns für die

4.5 Technologien und Produktivität

Aussaat im nächsten Jahreszyklus zurückhalten musste, so wird deutlich, wie wenig Spielraum zur Expansion, zur Kapital- oder Ersparnisbildung blieb. Bauern kämpften oft buchstäblich ums nackte Überleben. Natürlich gab es überall einzelne Höfe, Betriebe, Domänen, welche viel höhere Erträge erzielten, bisweilen sogar große Überschüsse für den Markt erwirtschafteten. Diese finden sich in der Frühen Neuzeit v. a. in England; in den Niederlanden, sowie Teilen Schleswigs und der norddeutschen Koppelwirtschaften. Dort konnte das Verhältnis von Ertrag zu Aussaat auch schon während des 17. und 18. Jh.s durchaus bei 10 : 1 oder 12 : 1 liegen. Dort waren die Agrarwirtschaften durch größere durchschnittlich bewirtschafte Flächen gekennzeichnet, sowie eine ausdifferenziertere Rotation im Pflanzenanbau. Damit einher ging ein ungleich höherer Kapitaleinsatz, v. a. aber weitreichende ökonomische Freiheitsrechte. Die so ausgestatteten selbstständig und gewinnorientiert wirtschaftenden Bauern waren Freibauern, die wenige (und manchmal keine) Abgaben zahlen mussten. Oder die Landwirtschaft war als Pachtsystem wettbewerblich aufgestellt. Dann waren Abgaben (Pacht) praktisch komplett monetisiert, oft beruhend auf einem Bietersystem – der Meistbietende bekam den Hof bzw. die Pacht zugeteilt. Solche ‚kapitalistische' Landwirtschaft finden wir während der Frühen Neuzeit v. a. in den Niederlanden, wo zwar Teile des mittelalterlichen Feudalsystems weiter bestanden, aber während der Frühen Neuzeit praktisch der gesamte Agrarsektor wettbewerbsmäßig aufgestellt und dezidiert marktorientiert, in Grundzügen kapitalistisch organisiert war.

Mit Robert C. Allen[13] kann man hinsichtlich von Landwirtschaft und wirtschaftlicher Entwicklung während der Frühen Neuzeit vier ganz verschiedene Agrarsysteme und Wirtschaftsregionen unterscheiden. Zunächst England, welches zwischen dem 15. und 17. Jh. eine ungewöhnlich schnelle Transformation von einer eher unterdurchschnittlichen (hinsichtlich der Produktivität) zu einer der führenden Agrarnationen der Welt durchmachte – wo denn auch nicht zufällig später die erste Industrialisierung der Weltgeschichte stattfand. Zweitens die Republik der Niederlande sowie Flandern (die Spanischen bzw. Habsburgischen Niederlande, heute im Wesentlichen Belgien umfassend). Im frühneuzeitlichen Holland – der ‚ersten modernen Ökonomie' – trug bereits um 1500 der

Agrarsektor ‚nur' etwa 60 % zum Bruttoinlandsprodukt bei. Dies funktionierte nur, weil die niederländische Landwirtschaft so leistungsfähig war, niederländische Landwirte marktbezogen und gewinnorientiert wirtschafteten und genügend Überschüsse erzeugten, um neben einem satten Profit für sich selbst, der auch dem Landvolk einen durchaus auskömmlichen Lebenswandel und Lebensstandard ermöglichte, noch die wachsenden Städte ernähren konnten.[14] Trotzdem blieben die Niederlande während der Frühen Neuzeit abhängig von umfangreichen Getreideeinfuhren aus dem Baltikum, Preußen und Polen, weil man sich entschied, die niederländischen Flächen nicht komplett dem Getreideanbau zu widmen, sondern bestehende Ressourcen in die Veredelung zu stecken – etwa die Viehmast. Daher importierte man in großem Stil Rinder aus Schleswig und Dänemark über den „Ochsenweg" aus Jütland bis in die niederländischen Marschen. Mit der Fleisch- oder Käseproduktion ließen sich höhere Gewinne erzielen; fehlende Getreidemengen wurden aus dem Baltikum importiert, wo sie viel billiger waren, vielfach um die Hälfte. Die Niederlande genossen bis noch in die 1820er Jahre ein höheres Pro-Kopf-Einkommen als (das sich bereits industrialisierende) Großbritannien. Sie waren aber am Ende des Mittelalters von einem höheren Niveau aus gestartet. Bereits im Hochmittelalter waren Holland und die anderen niederländischen Provinzen hoch kommerzialisierte urbane Gesellschaften mit tiefen Finanzmärkten und einem hohen Kommerzialisierungsgrad gewesen. Die mittelalterlichen Niederlande – wie auch Teile Italiens – können mit Fug und Recht als eine ‚Wiege des modernen Kapitalismus' gelten.[15]

Die dritte Gruppe im Modell Robert C. Allens wird von Spanien und Italien gestellt: beide ebenfalls seit dem Mittelalter hoch urbanisiert, aber im Gegensatz zu England stagnierte dort die Urbanisierung, und auch das Pro-Kopf-Einkommen wuchs langfristig weniger dynamisch als etwa in England oder den Niederlanden.

Die vierte Gruppe stellten Frankreich – neben Russland der größte Flächenstaat in Europa – sowie das östlich anschließende Heilige Römische Reich Deutscher Nation, dann Polen und die Habsburgischen Erblande (Österreich), die v. a. das heutige Gebiet Tschechiens, der Slowakei und Ungarns umfassten. Diese Gebiete waren im Mittelalter nur mäßig verstädtert und konnten den Anteil der Menschen, welche in größeren Städten lebten, auch während der Frühen Neuzeit nicht nennenswert steigern. Diese Landschaften blieben bis in die Zeit der Industrialisierung nach 1800 agrarisch geprägt, mit relativ niedriger Totaler Faktorproduktivität, schmalen Überschüssen, einer geringeren Marktverflechtung als in Westeuropa, einem höheren sozio-kulturellen und politischen Einfluss adeliger Grund- und Gutsherren auf das Leben der ‚kleinen Leute'.

Skandinavien, v. a. Dänemark, Schweden und Finnland, stellt einen Sonderfall dar. Hier waren die Verstädterungsraten vergleichsweise niedrig wie in Mitteleuropa, v. a. den deutschsprachigen Ländern, Polen und Österreich-Ungarn. Doch waren die individuellen Freiheitsrechte der Untertanen – innerhalb der Landwirtschaft wie auch in den wenigen und kleinen Städten – nicht ansatzweise so eingeschränkt. In Schweden gab es im 17. und 18. Jh. praktisch keine Leibeigenschaft oder Erbuntertänigkeit mehr. Viele Bauern waren frei, wurden etwa im Rahmen der Großen Reduktion von 1680 direkt dem König unterstellt und der Adel so gewissermaßen ökonomisch wie politisch (teil-)entmachtet.

4.6 Ländlicher Arbeitsrhythmus zwischen Gewinn, Überleben und Selbstverwaltung

Natur und Umfang grundherrlicherer Abgaben, oft bezeichnet als Zins und *Gült* (mit regional sehr unterschiedlichen Nomenklaturen), variierten von Region zu Region. Abgaben konnten monetisiert oder in Naturalien zu leisten sein; möglich waren auch Kombinationen. Bisweilen herrschten in ein und demselben Dorf verschiedenste Eigentümer über die Bauern und ihre Flächen mit verschiedensten Formen des Leiherechts bzw. Höhe und Umfang der Abgaben und Dienste an einem und demselben Ort. Bewirtschaftet wurden die landwirtschaftlichen Flächen in der Regel gemeinsam. Es gab eine große Feldflur („Gewann") rund um das Dorf, die – je nach Fruchtfolge – in zwei, drei oder mehrere Großfelder eingeteilt war, deren Bebauung gemeinschaftlich erfolgte, in gemeinschaftlicher Absprache und einem koordinierten Rhythmus folgend. Da es auf der Dorfflur keine Wege oder Pfade gab und die einzelnen Parzellen der jeweiligen Bauern auf dem Gemeinschaftsfeld allenfalls durch schmale Ackerstreifen (Feldraine) abgetrennt waren, bedeutete dies für den einzelnen Bauern, dass alle Wege, Gänge oder Fahrten mit dem Karren zum eigenen Teilfeld (Parzelle) in der Regel mindestens über ein weiteres, in der Regel aber mehrere Teilfelder anderer Dorfgenossen führten. Als Wirtschaftsgemeinschaft war die Dorfgemeinde hier auf stetigen Austausch, Verhandlungen und Verständigung angewiesen.

Die Grundrhythmen des bäuerlichen Wirtschaftsjahres waren teilweise kollektiver Natur; die soziogeographische Morphologie des Dorfes als sozialer Mikrokosmos haben auch Tiefenstruktur und Morphologie ländlicher Gesellschaften der Frühen Neuzeit bestimmt und eine ihnen eigentümliche Kultur- und Sozialdynamiken erzeugt. Diese reicht bis hin zur partiellen Eigenständigkeit in der *governance*. Bis zu einem gewissen Grad verwalteten sich Dorfgemeinschaften in der Frühen Neuzeit selbst, weitgehend frei von direkten grund- und gutsherrlichen oder gar staatlich-obrigkeitlichen Eingriffen. Diese Form der Teilautonomie oder des *Kommunalismus* – nicht zu verwechseln mit Kommunismus oder Kollektivismus – war ein Relikt des Mittelalters. Ihr wohnt ein Grundgedanke politischer Partizipation inne, die vielleicht typisch für die institutionelle Gestalt(ung) Europas während der Vormoderne gewesen ist.[16]

Das Erntejahr folgte seinen typischen Rhythmen. Nach dem Winterfrost wurde gesät, Unkraut gejätet. Hafer und Gerste waren Sommergetreide; Dinkel und Roggen Wintergetreide. Im Frühjahr oder Frühsommer konnte gegebenenfalls schon ein wenig Wintergetreide gemäht werden, im August dann das Sommergetreide. Mist, welcher im Winter auf die gefrorenen Felder gebracht worden war, wurde verteilt bzw. untergepflügt und Zäune aufgezogen, um das Vieh von den sich erholenden Wiesen und Feldern fernzuhalten. Zur Mahd verwendete man v. a. im Süden die Sichel, weiter nördlich vornehmlich die Sense. Nachteil letzterer war, wie bereits Agrarschriftsteller der Frühen Neuzeit bemerkten, dass bei der Verwendung der Sense viele Körner abgehauen wurden und auf dem Boden liegen blieben. Mit der Sichel war man zielgenauer unterwegs und der Schwund geringer als bei der Sense. Allerdings war durch die kniende Körperhaltung – die linke Hand fasste das Korn, die rechte führte die Sichel – der Arbeitseinsatz intensiver als mit der Sense. Im Winter, wenn das Getreide eingebracht war, ging es ans Reinigen, Dreschen, Stauben, Sieben, Worfeln (durch Hochwerfen die Spreu vom Korn trennen). Herbst und Winter waren indes auch Zeiten der Ruhe. Die Speicher waren gefüllt,

4.6 Ländlicher Arbeitsrhythmus

das Leben verlagerte sich nach innen. Kleidung und Werkzeuge wurden ausgebessert, neue Textilien gewebt, Kinder wurden gezeugt.

Des Weiteren hielt man sich im Jahresverlauf auch an die Abfolge bestimmter Anbauformen und Pflanzen (Fruchtfolge). Unterschiede in der Produktivität ergaben sich auch aus der Qualität der Böden und der Häufigkeit und Natur der Fruchtfolge, d. h. was und wann man in welchem Rhythmus wie lange (wie viele Jahre in Folge) anbaute. Seit der Antike war bekannt, dass landwirtschaftliche Böden nach einer Zeit der Kultivierung auch immer eine Ruhepause brauchen (Brachzeit). Diese konnte durch Viehhaltung produktiv genutzt werden – auch als Besömmerung der Brachfelder bekannt, wo man die Tiere nach der Ernte zum Abfressen der Stoppeln auf die Felder ließ, diese den Boden festtrampeln und durch die Abscheidung des Dungs wichtige Nährstoffe auch für den Pflanzenwuchs zuführten (Nitrogen). Je nachdem wie tief man pflügte – dies hing u. a. von der Beschaffenheit des Pfluges und der Pflugschar ab –, wie oft man pflügte und wann man den Dung unterpflügte, konnten sich durchaus variierende Ernteergebnisse ergeben. Auch wenn noch nicht schriftlich in agronomischen Lehrbüchern fixiert: Landwirtschaft war eine Wissenschaft für sich.

Seit dem Hochmittelalter hatte sich in Mitteleuropa überall die Dreifelderwirtschaft durchgesetzt. Hier wurden die landwirtschaftlichen Ackerflächen einem immerwährenden rotierenden Rhythmus zugeordnet, von Wintergetreide, Sommergetreide und Brache. Jedes Jahr lag ein Feld brach, wurde nicht besät, sondern sich selbst überlassen. Schafe oder Rinder des Dorfes wurden aufgetrieben, damit der Boden aus dem Dung wertvolle Mineralien extrahieren konnte. Bei guten, ertragreichen Böden, guten Besitzrechten und kommerzialisierten Verhältnissen (wie etwa in vielen Teilen Englands) konnte man auch schon einmal sieben Jahre hintereinander Getreide oder Nutzfrüchte in Folge anbauen, bevor man den Boden sich erholen ließ. Manche Böden, etwa Sandböden, eignen sich denkbar schlecht für Getreide- und Fruchtanbau; hier musste man teilweise jährlich Bebauung und Ruhephase wechseln (sogenannte Zweifelderwirtschaft). In fortgeschrittenen Gebieten begann man mit der Bepflanzung des Brachfeldes mit Futterpflanzen für das Vieh, etwa Klee; was die Dungleistung und die Nährstoffzufuhr noch verbesserte. Vergleichbare Effekte wurden mithilfe des Anbaus von Leguminosen (Wicken, Erbsen, Bohnen) erzielt. Diese Pflanzen dienten der Regenerierung

des Bodens, da sie Unkraut zurückzudrängen pflegten und die Aufnahme für den Boden wichtiger Mineralien wie Phosphat, Kali und Stickstoff begünstigen.
Seit dem späteren 17. Jh. fand eine zunehmende Verwissenschaftlichung der Landwirtschaft statt. Werke der „Hausväterliteratur" – einem Zweig der politischen Ökonomik (▶ Kap. 9) – befassten sich eingehend mit Landwirtschaftswissenschaft bzw. Agronomie. Teils auf antike Vorbilder wie Xenophon zurückgehend erfreuten sich diese v. a. zwischen 1600 und 1700 zunehmender Beliebtheit. Wir haben Prachtexemplare dieser Gattung wie Johannes Colers *Haussbuch* (1630) und Wolf Helmhard von Hohbergs *Georgica Curiosa* (1687) bereits näher in der Einführung kennengelernt (▶ Kap. 1). Während der Aufklärung des 18. Jh.s, besonders in der sogenannten „Volksaufklärung" verbreiteten sich landwirtschaftliche und andere Zeitschriften, sogenannte „Intelligenzblätter" und andere wöchentliche und Monatsschriften, welche dem rational und marktorientiert wirtschaftenden Bauern praktische wirtschaftliche Verhaltenstipps an die Hand gaben. Eine weitere Spezialisierung wurde im frühen 19. Jh. vorangetrieben, v. a. durch die wissenschaftlichen Experimente von Albrecht Thaer (1752–1828) oder Johann Heinrich von Thünen (1783–1850).

4.7 Kommerzialisierte Landwirtschaft und gesamtwirtschaftliche Verflechtung

Seit dem Spätmittelalter waren ländliche Gesellschaft und Städte in vielfachen ökonomischen und sozialen Wechselbeziehungen zunehmend eng miteinander verflochten.[17] Dies lässt sich zunächst daran ersehen, wie die Fürsten und anderen Obrigkeiten die marktwirtschaftlichen Verhältnisse ihrer Zeit zu regulieren trachteten. Viele Obrigkeiten führten spätestens im 14. Jh. Marktprivilegien für genau bestimmte Städte (Zentralorte) ein, nachdem der Schwarze Tod (1347–1351) einen demographischen Einbruch verursacht hatte, der die ökonomischen und sozialen Strukturen der europäischen Wirtschafts- und Handelssysteme teilweise tiefgreifend

4.7 Kommerzialisierte Landwirtschaft

veränderte. Vorschriften wie etwa die Marktordnung Herzog Albrechts III. von Bayern (1442) regelten die Vermarktung landwirtschaftlicher Überschüsse durch eine genaue Umgrenzung der Produktpalette (um 1400 umfasste diese Vieh, Käse, Eier, Schmalz und Talg, sowie Flachs und Flachsgarn). Oft schrieben sie auch die Marktorte vor, an welchen diese gehandelt werden sollten. Hieran schlossen weitere und auf den jeweiligen Ort spezifizierte, aber sich in Struktur und Morphologie auch an anderen Orten stark ähnelnde Bestimmungen des Detailablaufes bzw. der Regulierung dieses Marktes an.[18]

Solche Verordnungen deuten oftmals auf eine zunehmende ökonomische Vernetzung der Mikroregionen innerhalb der größeren Wirtschaftsregionen (Oberdeutschland, Niederdeutschland, Hanseraum, Oberitalien usw.) hin, d. h. auch eine zunehmende Durchdringung der bäuerlichen Gesellschaften durch ökonomische Austauschverhältnisse.[19] Diese finden nicht nur zwischen Stadt und Land statt, sondern auch innerstädtisch und innerdörflich bzw. innerhalb der Agrarwirtschaften. Sie sind damit als Anzeichen eines wachsenden Anteils von Transaktionen zu werten, die zunehmend einer *marktwirtschaftlichen* Logik folgten, aber nicht mehr bzw. nicht primär der Eigenlogik subsistenzwirtschaftlich geprägter Bauernbetriebe, wie sie der russische Agrarökonom Alexander Tschajanow modellhaft skizzierte.[20] Ferner sind sie durch das Austauschmedium *Geld* definiert und in ihrer Syntax geformt gewesen – was die Aufmerksamkeit des Wirtschaftshistorikers verdient, da sich hier Indizien für ökonomische Transformationsprozesse und Wachstum aufgrund fortschreitender Arbeitsteilung, Spezialisierung und verkehrswirtschaftlicher Einbindung finden lassen. In der Forschung bisweilen als *Smithian growth* bezeichnet, basiert dieses Erklärungsmodell auf den ersten Kapiteln des ersten Bandes der *Inquiry into the Nature and Causes of the Wealth of Nations* (1776), einem Klassiker der Nationalökonomie aus der Feder des schottischen Moralphilosophen Adam Smith.[21]

Bereits im 13. Jh. hatten sich, v. a. durch das bis in das 14. Jh. anhaltende Wachstum der Städte, der Bevölkerung und der Bevölkerungsdichte sowie der fortschreitenden Ausdifferenzierung auch der ländlichen Gesellschaft (ländliche Nebengewerbe), überregionale Märkte für Getreide und eine zunehmende Produktion für den Markt abgezeichnet.[22] Diese Strukturen verstärkten sich auch durch das nach 1470 wieder einsetzende Bevölkerungswachstum, den Fokus stadtnaher Agrarproduktion auf Vieh-, Fleisch- und Milchprodukte sowie Sonderkulturen und das Anwachsen eines ländlichen Gewerbes (Verlag, Protoindustrialisierung). Die meisten Städte – Reichsstädte, Residenzen, Landstädte – wären ohne ihr Hinterland undenkbar gewesen: als Quelle für Nahrung (Städte produzierten einen Nahrungsunter- und Sterberatenüberschuss, waren also stets auf Zufluss auswärtiger Ressourcen bzw. Immigration von außen angewiesen), aber auch für gewerbliche Rohstoffe für das zünftig organisierte, sowie das seit dem Hochmittelalter stetig zunehmende außerzünftige Verlagswesen (▶ Kap. 5).

Auch die auf dem Land lebenden Menschen, deren Haupterwerb nicht die Landwirtschaft sein konnte, die die Forschung den sogenannten unterbäuerlichen Schichten auf dem Dorfe zurechnete, wollten nicht nur (über-)leben, sondern ebenso wie die städtische Bevölkerung Luxusartikel konsumieren, nach 1600 zunehmend aus Übersee. Doch nicht nur die unterbäuerlichen Schichten waren an diesem Kommerzialisierungsschub und dem Ausgreifen des Kapitalismus beteiligt. Im unmittelbaren Umland der mainzischen Stadt Erfurt etwa waren bereits am Ausgang des Mittelalters mehr als 500 Bauern aus 35 Dörfern direkt in die kommerzielle Waidproduktion involviert – dem Ausgangsstoff für *das* Blau schlechthin vor der Einführung der amerikanischen Indigopflanze.[23]

All diese Prozesse trugen maßgeblich nicht nur zum Wachstum der Städte und zu einem zunehmenden interregionalen und internationalen Handels- und Austauschvolumen bei, sondern auch zu einer wachsenden Verflechtung zwischen Stadt und Land und somit der Kommerzialisierung europäischer Agrarlandschaften, vermittelt neben der marktorientierten Landwirtschaft v. a. durch gewerbliche Produktion – und damit indirekt auch zum Wirtschaftswachstum insgesamt.[24] Bereits im hochmittelalterlichen England war das Städtenetz so dicht, dass kein agrarischer Produzent mehr als 10 bis 12 km pro Tag (eine Richtung) laufen musste, bis er einen urbanen Absatzmarkt erreichen konnte.

Bereits in den bäuerlichen Wirtschaften des Spätmittelalters (ca. 1350–1620) war also schon viel Markt. Während der Frühen Neuzeit intensivierten sich diese Prozesse, vor allem aufgrund der Ausbreitung von Handwerk, Gewerbe und Industrie, welche Gegenstand des nun folgenden Kapitels sein sollen.

5 Handwerk und Gewerbe

5.1 Kain und Abel und die Wurzel allen Übels: Handwerk, Gewerbe, Industrie

Bereits seit Urzeiten – im Prinzip seitdem der Mensch sesshaft wurde – hat es Handwerk und produzierendes Gewerbe gegeben. Heute spricht man meist von ‚Industrie', meint damit aber in der Regel gewerbliche Produktion, die seit Mitte des 18. bis Ende des 20. Jh.s auf Mechanisierung und Ersatz des menschlichen Faktors Arbeit durch Maschinen und hier v. a. auf fossiler Energie (Steinkohle/Dampfmaschinen, Ölbrenner, Heizkraftwerke usw.) basierte. Schon um 1750 begannen Zeitgenossen zwischen ‚Fabriquen' und ‚Manufakturen' zu unterscheiden. Als ‚Fabrique' bezeichnete man oft ganz allgemein Dampfhammer, Eisenwerke und andere Großunternehmungen, welche auf Holz- oder Steinkohle als Energiequellen gründeten, also nicht zwangsläufig das, was heute unter ‚Fabrik' verstanden wird. Bis um die Mitte des 18. Jh.s bedeutete ‚Industrie' zudem auch vorwiegend noch ‚Fleiß' oder ‚Betriebsamkeit'. Allmählich erst begann sich die moderne Semantik von ‚Industrie' im Sinne von ‚Fabrikindustrie' herauszubilden.[1] Die Transformation von Rohmaterialien in Gebrauchsgüter mithilfe von Werkzeugen erfordert dabei seit Menschengedenken Können, Wissen und ein Gutteil Kreativität. Erst im Zeitalter der Maschinen und des Industriekapitalismus sei der Mensch indes – so Karl Marx in *Das Kapital* – seinen ursprünglich-kreativen Instinkten und damit sich selbst entfremdet worden: durch Arbeitsteilung, Auf- und Zergliederung der Arbeitsprozesse unter dem Gebot der radikalen Optimierung und Ertragssteigerung und der Gewinnmaximierung der ‚Kapitalisten'.

Handwerk und Gewerbe sind bereits in der Bibel bekannt und dort durch ontologisches *Framing* gefasst worden (etwa: 1. Mose 4). Zunächst werden Adam und Eva des Paradieses verwiesen. Ihre Strafe ist die Sterblichkeit sowie ein Leben voller Anstrengungen, Blut, Schweiß und Tränen: „Im Schweiße deines Angesichts sollst du dein Brot essen, bis du wieder zu Erde wirst, davon du genommen bist. Denn Staub bist du und zum Staub kehrst du zurück." (1. Mose 3,19). Ihr Sohn Kain – ein „Ackermann" in der Übersetzung Luthers – erschlägt heimtückisch seinen Bruder Abel, den Viehhirten („Schäfer" bei Luther). Kains Los sind Verbannung, Verfluchung und das Los der meisten vormodernen Bauern – eine erschreckend niedrige Produktivität: „Wenn du den Acker bebauen wirst, soll er dir hinfort seinen Ertrag nicht geben. Unstet und flüchtig sollst du sein auf Erden." (1. Mose 4,12). Doch hat Gott Höheres im Sinn für Kain, dessen Name nach Ansicht einiger Forscher bereits ein Synonym für „Metallwerker" oder „Schmied" ist. Während Abel von der Bildfläche verschwindet und aus dem kollektiven Gedächtnis buchstäblich ausgelöscht wird (die ursprüngliche Bedeutung des hebräischen Wortstamms für Abel bedeutete vermutlich so etwas wie „flüchtig", „vergänglich") wird Kain in siebter Generation zum Vorvater nicht nur von Musikern und Künstlern, sondern ebenfalls Handwerk und Industrie. Ökonomische Schriftsteller der Frühen Neuzeit wie Paul Jacob Marperger (1656–1730) griffen diesen Topos auf, wollten aus dem biblischen Namen Tubal-Kain etymologisch gar den Vulcanus – Griechisch Hephaistos – herleiten, also den römischen Gott der Handwerker und Schmiede.[2]

Die aufgeführten Beispiele verdeutlichen die mythologisch-ontologische Aufladung der einzelnen Wirtschaftsbereiche in der christlich-jüdischen Tradition und später der politischen Ökonomik; insbesondere hinsichtlich Landwirtschaft und produzierendem Gewerbe und ihrem relativen Beitrag zum Wohlstand der Nationen. Die einen Schriftsteller, die Physiokraten (▶ Kap. 9.3), suchten diesen in der Agrarwirtschaft; andere – wie im 17./18. Jh. die Merkantilisten und Kameralisten – im produzierenden Gewerbe (‚Industrie'). Immer wieder wurden biblische Schöpfungsmythen zur Illustration des jeweiligen Sachverhalts beigezogen. Dies ist besonders wichtig hinsichtlich der im Folgenden skizzierten Entwicklungen im produzierenden Gewerbe und ihrer wirtschaftstheoretischen bzw. ideengeschichtlichen Unterfütterung, die uns in Kapitel 9 näher begegnen wird.

5.2 Bergbau und wirtschaftlicher Strukturwandel

Im vorherigen Beispiel kommt die mystisch aufgeladene Verbindung mit dem Feuer, einer der Urkräfte, welche die Menschen schon von Alters her fasziniert hat, ebenso zum Vorschein wie die Assoziation des Feuers mit der Idee der Transformation. Beides wurde ausschlaggebend auch für die zu Marpergers Zeit bereits in ihren Anfängen steckende Industrialisierung, d. h. die Umwandlung von Energie (Hitze) in Bewegung und die Verwendung von Maschinen und anorganischen Brenn- und Betriebsstoffen. In der Frühen Neuzeit gab es bereits größere gewerbliche Betriebseinheiten, in denen unter einem Dach anorganische oder fossile Brennstoffe eingesetzt wurden und Materialien von einem Aggregatzustand in einen höheren transformiert wurden. Dabei machte man sich Prozesse zunutze, die seit hunderten – wenn nicht gar tausenden – von Jahren bekannt waren.

Beispiele sind die seit dem 15. Jh. bekannten Saigerhütten (etwa im Mansfelder Land) – Großindustriebetriebe ihrer Zeit, bei denen silberhaltiges Kupferschiefer abgebaut und in seine Bestandteile Silber und Garkupfer geschieden wurde. Diese Betriebe waren eine der wichtigsten Silberquellen im Zeitalter der Reformation, umfassten ganze Produktionsstrecken mit mehreren Öfen und teilweise umfangreicher Technik und Mechanik sowie hunderten abhängig beschäftigten Lohnarbeitern. Zwischen 1470 und 1530 kam es im Gefolge des Aufschwungs im Silberbergbau und der Verhüttung von Eisen und anderen Metallen in Mitteldeutschland zu einem Wachstum der Bevölkerung, zu einer Intensivierung und schubartigen arbeitsteiligen Ausdifferenzierung des Produktionsprozesses. Ein wichtiges Indiz ist hier, wie bereits erwähnt, das Städtewachstum, das sich um 1500 beschleunigte. Viele der verfügbaren Indizes deuten auf eine signifikante kommerzielle und wirtschaftliche Expansion hin, insbesondere der Aufschwung des Bergbaus, des überregionalen und Fernhandels sowie des Finanzvolumens auf dem mitteldeutschen Geld- und Kreditmarkt.[3] Der Anteil der gewerblichen Produktion am Gesamtergebnis der Wirtschaft wuchs schneller als die landwirtschaftliche Produktion. Das gilt insbesondere für den Bergbau, die Textilweberei auf dem Land (Verlagswesen) und den tertiären Sektor, also die Finanzierung insbesondere von Staatsschulden der Wettiner sowie von Verkehr und

Warenaustausch, der auf Jahrmärkten (Messen) wie denen in Leipzig oder Naumburg bereits ein beträchtliches Transaktionsvolumen umfasste. Der gewerbliche und der kommerzielle Sektor vergrößerten ihren Anteil am Sozialprodukt Sachsens zwischen 1450 und 1550 also deutlich, was sich auch in einem stark anziehenden Städtewachstum in der Region niederschlug. Ähnliche Vergewerblichungs - und Industrialisierungsschübe – wirtschaftliches Wachstum, Strukturwandel und ökonomische Entwicklung hat es auch andernorts und bereits lange vor der eigentlichen industriellen Revolution gegeben.

> **Q 5.1: Bergbau, Technologie und wirtschaftlicher Strukturwandel in Tirol um 1500**
>
> Seit dem späten 15. Jh. kam es überall im Reich, v. a. aber in Sachsen (Erzgebirge) und Tirol, zu einer Blüte des Bergbaus, die mit vielfältigen Synergie- und Strukturwandelprozessen einherging. Das *Schwazer Bergbuch* (1554) skizziert diesen Wachstumsschub und seine infrastrukturellen Wirkungen genau: Gott der Allmächtige habe die Menschen „die Perckhwerch ersuechen, erpauen, probirn, schmelzen und zu Nuz unnd Guettem bringen lassen, dieselben vil und maiststails an wilden und unbewonten Orten, Ainoden unnd Gepurgen ersuecht; die umbhausenden Personen [...]" erfreuten sich teilweise hoher Gewinne, mehr aber noch hoher Gewinnerwartungen. Dieses spekulative Element führte zu verstärkten Investitionen auswärtigen Kapitals. So „kauffen sich vilmals bei solichen Perckhwerchen anndere innlendig und auslenndige Herren und Personen, die Lust und Willen zu pauen haben, umb grosse und tapfere Summen [...] ein." Die positive Multiplikatorwirkung dieser Investitionen wird klar herausgearbeitet: „Davon haben nit allein die Gwerckhen und Ärzknappen, so dasselb pauen und mit der Hanndt arbaiten, Nutzungen und Guettaten, auch jer Narung unnd Unndterhaltungen emphanngen, sond[ern] derselben alle anndre Personen, sy sein hochs- oder niders Stanndts, dergleichen Stet unnd Marckht treffenlichen genossen und zu mererm Ansehen und Aufnemen komen [...] so haben die Perckhwerchsverwonten in solichen Flegkhen an vil Orten steinige Grunndt, Heggen und unbewonte Aineden ausgeroid, zu Nuz gebracht unnd guette Grundt unnd Ga[rten] daraus gemacht und gepaut. Das vorhin wenig oder gar nicht werdt gewest und yezt auch vmb vil Gelt kaufft und verkaufft wierdet. Darneben so verkauffen auch die Lehen-

> sassen alle jere Waren und essennde Speis inn hohem Geldt, das sy vorheer nit umb halben tail hin oder zu Nuz bringen mugen."
> **Zitiert nach:** Schwazer Bergbuch, Bochumer Exemplar von 1554, Bartels et al. 2006, S. 287–288, 298–299, 367.

Doch waren diese Betriebsformen für ihre Zeit noch nicht wirklich repräsentativ. Es dominierte das dezentral organisierte Haus- und Heimgewerbe, betrieben in den Städten sowie auf dem Land.

5.3 Handwerk, Gewerbe, Industrie – Gewerbetypen

Nach Wilfried Reininghaus kann man von einer vier bis fünf ‚Stufen' umfassenden vorindustriellen Gewerbetypologie ausgehen, die vom Heimgewerbe (I), Handwerk (II), Verlag (III) bis hin zur Manufaktur (IV) reicht. Die nächste Stufe wäre dann die industrielle Fabrik (V), ein Phänomen, das die Frühe Neuzeit indes nur peripher und an ihrem späten Ende tangiert hat.[4] Wenngleich zum Ende des 18. Jh.s die ersten Dampfmaschinen hier und da eingesetzt wurden, die alte Manufaktur des *Ancien Régime* nun gleichsam in ihre neue industriellen Morphologie als Fabrik transformiert worden ist, so muss man auch festhalten, dass bis weit in die Mitte des 19. Jh.s, von England und Belgien einmal abgesehen, Fabrikproduktion im herkömmlichen Sinn die Ausnahme im Produktionsgefüge blieb. Charakteristisch für das Gewerbe Europas blieben das dezentrale Kleinhandwerk in den Städten bzw. Gewerbelandschaften (Städte und ihr Umland umfassend), die überwiegend handwerklich geprägt blieben.

Bei der oben genannten Typologie gilt es ebenso zu bedenken, dass es sich um Betriebsformen bzw. Organisationsformen der Produktion handelt, die prinzipiell alle nebeneinander bestehen können bzw. dies auch taten. Was das Modell ausdrücklich *nicht* impliziert, ist eine logische oder gar zeitliche (d. h. chronologische) Abfolge der einen Betriebsform auf die andere: Dies käme einer mechanistischen Interpretation von (Wirtschafts-)Geschichte gleich. So gab es etwa größere Manufakturbetriebe wie das Zeughaus in Berlin oder die K.k. priv. *Wollenzeugfabrik*, gegründet 1672 in Linz, welche 100 Jahre nach ihrer Gründung etwa 26.000 Arbeiter und Beschäftigte in ihren Lohnbüchern verzeichnete, davon allerdings nicht zwangsläufig alle unter einem Dach. Oft erfolgten in solchen zentral organisierten Großwerkstädten (Manufakturen, engl. *workshops*) nur die Endfertigungsstufen und Verfeinerungen. Der Großteil der Belegschaft arbeitete dezentral gleichsam ‚von Zuhause', auf den Dörfern um Linz und in der Stadt, wo die Vorprodukte und Halbzeuge (Garn, Faden usw.) dezentral gesponnen und gewirkt wurden. In den ländlichen Heimwerkstätten kamen oft auch Frauen zum Zug – das männlich zentrierte Alleinerwerbsmodell (*male breadwinner model*) ist somit ein Kind des Industriezeitalters. Vor allem bei der Stoff-, Woll- und Tuchproduktion war dieser Typus der ‚gemischten' Manufakturen recht weit verbreitet.

5.4 Stadtgewerbe, Zünfte

Zunächst also war ein Großteil des Gewerbes in der Frühen Neuzeit dezentral organisiert, fand statt in den Werkstätten der städtischen Handwerksmeister. Diese Betriebsform war seit der Antike bekannt und hat sich im Verlauf der letzten zwei Jahrtausende nicht nennenswert verändert. Werkstätten waren in der Frühen Neuzeit noch überwiegend in den Häusern der betreffenden Meister angesiedelt, und da die wenigsten Handwerksmeister mehrere Gesellen auf einmal beschäftigten – und viele gar keine, also komplett alleine produzierten –, hat man für das zünftisch-städtische Gewerbe der Frühen Neuzeit eine durchschnittliche Belegschaft von ca. 1,5 ‚Mann' pro Betrieb errechnet.

Bereits seit dem Spätmittelalter hatten sich im Heiligen Römischen Reich, in Oberitalien, Teilen Frankreichs, Flanderns, Englands aber auch regelrechte *Gewerbelandschaften* herausgebildet, wo Handwerk zunehmend marktorientiert und kapitalistisch betrieben wurde, v. a. durch Spezialisierung auf bestimmte Sparten und Produkttypen und ausgerichtet auf Profit, internationalen Handel und potenziell globale Märkte. Das heißt, in diesen Gebieten gab es überdurchschnittlich hohe Zahlen von Heim- und Handwerkern – wie auch immer organisiert (dezentral, Heim-

5.4 Stadtgewerbe, Zünfte

werk, Manufaktur, Verlag) – die sich auf spezifische Marktsegmente ausrichteten und oft auch für den Fernabsatz produzierten.[5] Solche Gewerbelandschaften konzentrierten sich vor allem um die Städte, doch nicht ausschließlich; Stadt und Land waren, wie wir oben (▶ Kap. 4.7) sahen, teilweise recht eng verflochten. Auf dem Land dagegen gab es auch andere Gewerbe wie Schmieden, Schnapsbrennereien und Brauereien; das ländliche Brauwesen hatte etwa in Sachsen während der ersten Hälfte des 16. Jh.s derart überhandgenommen, dass sich diverse Kommunen auf den Landtagen über das – aus ihrer Sicht – ‚Unwesen' ländlicher Konkurrenz beschwerten.

Traditionell allerdings fokussierten sich Handwerk und Gewerbe in den Städten. So sah es auch die vorherrschende Wirtschaftstheorie (Kameralismus) vor. Auf dem Land sollte Landwirtschaft stattfinden; Gewerbe, Handel und Manufaktur gehörten in den urbanen Raum.[6] Die Realität aber sah ganz anders aus. Städte waren Absatzmärkte handwerklicher Produktion; hier konnten sich die Handwerker die benötigten Rohstoffe entweder von den lokalen, regionalen oder sogar überregionalen bzw. internationalen Märkten beschaffen. Der Fokus der städtischen Handwerks- und Gewerbeproduktion lag v. a. auf der Erzeugung von Textilien (Wolle, Leinen, Seide, Baumwolle, Barchent); daneben gab es je nach Stadtgröße und Stadttyp – Residenzstädte zogen v. a. Luxusgewerbe an – Metallhandwerker, Uhrmacher, Kutschenmacher, Scherenschleifer, Kürschner usw. Die Stadt stellte auch räumlich einen klar umgrenzten Marktort, Einzugs- und Wirkungsbereich für das Handwerk dar und v. a. dessen hauptsächlichen Absatzmarkt. Zudem war handwerkliche Produktion in den Städten üblicherweise reguliert und kontrolliert – in Form der Zünfte. Dies waren Korporationen oder Zusammenschlüsse der im jeweiligen Gewerbe tätigen Gewerken. Menge und Umfang der handwerklichen Produktion wurde oft durch gemeinsame Absprachen geregelt und beschränkt; Meisterstellen – und damit die Möglichkeit des standesgemäßen Auskommens – waren streng begrenzt. Lehrlinge konnten sich allenfalls Zugang zur Handwerkerzunft sichern, wenn einer der alten Meister ausschied. Meisterwitwen waren durchaus begehrtes Objekt der Begierde junger Handwerker und Gesellen.

In der Zunft regelte man nicht nur die produzierten Mengen; vor allem wachte die Zunft über die Qualität und allgemeinen Standards der erzeugten Waren. Durch die streng geregelten Handwerksordnungen war auch die solide Ausbildung junger Handwerksgesellen gesichert. Diese konnte durchaus sechs oder sieben Jahre dauern. Innerhalb dieser Zeit ging der Geselle, so wurde es erwartet, auf Wanderschaft, um sich außerhalb des ‚eigenen Stalles' zu beweisen bzw. wichtige weitere Kenntnisse zu erwerben. Solche Fertigkeiten konnte man sich nicht aus Büchern erwerben, sondern nur über die Praxis – obgleich im 18. Jh. im Zeitalter der Hochaufklärung Zahl und Umfang wissenschaftlicher Publikationen zu Handwerk und Gewerbe stark zunahmen. Diese Publikationen wurden aber vermutlich in der Regel weniger von Handwerkern als von Intellektuellen gelesen, wenngleich die meisten Meister literat und des Lesens kundig gewesen sein dürften. In solchen Büchern fand sich nützliches Wissen über Innovationen, Erfindungen und neueste Techniken des Gewerbes in einer Zeit, in der sich der Glaube an unbegrenzten Fortschritt durch Wissenschaft, Forschung und eine produktiv-schöpferische Umgestaltung bzw. Transformation der Natur immer mehr Bahn zu brechen begann und zu einem der zentralen Diskurse der gelehrten Frühaufklärung avancierte (▶ Kap. 8, 9).[7]

Waren die Zünfte durch ihre Regulierungskompetenz wirtschaftshemmend und fortschrittsfeindlich? Hierzu gibt es in der Wirtschaftsgeschichte immer wieder Kontroversen.[8] Sicher wirkten Zünfte marktbeschränkend. Manche Forscher sprechen in diesem Zusammenhang sogar von Kartellen bzw. monopolähnlichen Stellungen; dies gilt v. a., wenn man die mengen- und preisbestimmenden Kompetenzen betrachtet, welche (manche) Zünfte an sich gerissen hatten. Doch betonen andere Historiker die sozialen und qualitätsfördernden Elemente: Zünfte garantierten – zumindest für ihr jeweiliges Einzugsgebiet – gewisse Mindeststandards in Qualität und Fertigung der hergestellten Produkte. Sie dienten als Kommunikations- und Sozialraum, denn in Zünften wurde nützliches Wissen generiert, bewahrt, transformiert, optimiert und an die nächste Generation von Meistern und Gesellen weitergegeben. In vielerlei Hinsicht übernahmen Zünfte damit (halb-)staatliche Kernkompetenzen, welche anderweitig fehlen. In Zeiten, in denen es weder Industrie- und Handelskammern noch vom Staat geförderte oder betriebene polytechnische oder Fachhochschulen gab, erfüllten Zünfte eine Schlüsselfunktion hinsichtlich der Institutionalisierung von Wissen und Verstetigung von Mindeststandards im jeweiligen Gewerbezweig. Damit wirkten sie nicht ausschließlich markthemmend, sondern auch marktbildend und marktstabilisierend.

5.5 Unzünftig? Heimgewerbe und europäisches Erbe

Seit dem Mittelalter breitete sich außerhalb der Städte das Handwerk aus. Es nahmen überall Klagen über das Anwachsen „unzünftiger" – also außerhalb städtischer regulatorischer Schranken und Fesseln auf eigene Rechnung arbeitender Handwerke(r) zu. Diese waren vornehmlich auf dem Land angesiedelt. Zum Teil ein Produkt der gesamtwirtschaftlichen Entwicklung und der zunehmenden Verarmung breiter Bevölkerungsgruppen geschuldet, mussten auch die landärmeren und landlosen Mitbewohner auf dem Land irgendwie ein Auskommen fristen. Oft fanden sie dieses in der Tuchproduktion. In praktisch jeder Kate, in jedem Hof auf dem Dorf befand sich auch ein Webstuhl. Das Spinnen, Flechten und Weben von Garnen und Tuchen waren Fertigkeiten, welche Kinder und junge Heranwachsende in Europa gleichsam mit in die Wiege gelegt bekamen.

Im Verlauf der Frühen Neuzeit drang in vielen Gebieten nicht nur des Heiligen Römischen Reichs Deutscher Nation auswärtiges Kapital immer mehr auch auf das Land vor. Als im Laufe der überseeischen Expansion neue Gebiete erschlossen und in der Karibik die Plantagenökonomie aufgebaut wurde, wuchs die Nachfrage nach billigen, aber robusten Gebrauchstextilien und anderen Gütern. Findige Kaufleute ließen diese dezentral von individuellen Produzenten in deren jeweiligen Heimstätten herstellen und verkauften sie auf fernen Märkten weiter (▶ Kap. 4.7). Im 18. Jh. entstanden so führende Leinen- und andere Textilregionen, etwa in Südwestschottland oder Schlesien oder in den westlichen Gebieten Preußens, welche sich auf ferne Absatzmärkte spezialisiert hatten. Diese Gewerbelandschaften wiesen Exportquoten auf, die weit über dem üblichen oder normalen Rahmen lagen.

Für diejenigen Erzeuger, die sich auf dem Weltmarkt über den Preis, nicht zwangsläufig über die Qualität der Leinenstoffe behaupten konnten, boten diese Einbettungen in Handelsstrukturen, die zunehmend den ‚kapitalistischen' Gesetzmäßigkeiten folgten, die Möglichkeit, am Aufschwung zu partizipieren. Einen zusätzlichen Stimulus – neben einer spätestens seit 1740 wieder wachsenden Bevölkerung in Europa – erhielt der Absatz schlesisch-preußischen Leinentuchs durch die Nachfrage v. .a. in den spanischen und englischen Kolonien. Diese verzeichneten ein Bevölkerungswachstum, das weit über dem kontinentaleuropäischen Niveau lag. Insbesondere in der auf Sklavenarbeit basierenden Plantagenwirtschaft der Karibik expandierte die Massennachfrage nach schlichten preisgünstigen Arbeitstextilien.[9]

Um 1750 gingen knapp drei Viertel der schlesischen Leinenproduktion in den Export. Dies ist eine beachtliche Zahl – für Schottland etwa liegt die Exportquote für das Leinengewerbe im Zeitraum bei knapp 20 %.[10] In anderen Gebieten Preußens machte der Anteil der Gewerbeproduktion, die für den Export bestimmt war, nur einen verschwindend geringen Bruchteil der von den führenden Gewerberegionen der Zeit (Herzogtum Berg, Grafschaft Ravensberg) erzielten Werte aus. Von der Beschäftigungszahl waren also die überwiegend hausindustriell organisierten Textilindustrien her gewichtiger als etwa Montanunternehmungen. Um 1785 waren im schlesischen Leinengewerbe (Hausindustrie) etwa 50.000 Menschen beschäftigt[11] (in Schottland zur selben Zeit: etwa 100.000. Bekannt u. a. als „Industrialisierung vor der Industrialisierung" haben Forscher postuliert, dass es sich beim Verlagswesen um eine wichtige oder gar notwendige Vorstufe des modernen Kapitalismus gehandelt hat.[12]

5.6 Manufakturen, Marx und moderner Kapitalismus

Manufakturen stellen eine eigentümliche – besonders für die deutschsprachigen Staaten des Heiligen Römischen Reichs wie Preußen oder

5.6 Manufakturen, Marx und moderner Kapitalismus 115

Sachsen – doch charakteristische Form der Betriebs- und Produktionsorganisation dar, welche nach Meinung verschiedener Forscher irgendwie auf der Schwelle zwischen der alten Welt des Heimgewerbes und der neuen Sphäre des modernen Industriekapitalismus steht. Dabei vereinte die Manufaktur Elemente von beidem, bewahrte sich indes doch eine Eigenständigkeit in der ökonomischen Morphologie, die es unmöglich macht, hier von einem Zwitter oder einem Übergangsphänomen (oder gar betriebsorganisatorischer Einbahnstraße) zu sprechen; waren doch vom Grundtypus her die zentralen Elemente manufaktorieller Produktion seit dem Mittelalter bekannt!

Nach Gerold Ambrosius ist ‚Manufaktur' definiert als „ein zentralisierter, aber noch nicht mechanisierter Großbetrieb mit weitgehender qualitativer Arbeitsteilung."[13] Sie wurde von den Zeitgenossen als Schlüssel wirtschaftlicher Entwicklung über die Exportmärkte angesehen (engl. *engine of growth*). Man kann Manufakturen durchaus als – im Rahmen der damaligen Zeiten – ‚modern' bezeichnen oder sie sogar mit Karl Heinrich Kaufhold als die „damals modernste Betriebsform"[14] bezeichnen, da sie arbeitsorganisatorisch bzw. betriebswirtschaftlich zweifelsohne Elemente mit der fabrikmäßigen Produktion des 19. und 20. Jh.s gemein haben. Bei den Manufakturen ging es um die arbeitsteilige Zerlegung der Produktion in einzelne Schritte, Zentralisierung der Produktion unter einem Dach, Beschäftigung einer größeren Zahl von Lohnarbeitern, Einsatz großer Mengen Fixkapitals. Disziplin und „Hierarchie von Management, leitenden Angestellten, Facharbeitern und ungelernten Arbeitskräften" waren ebenfalls ausschlaggebend.[15] Manufakturen hielten große Lagervorräte vor und produzierten grundsätzlich für breite überregionale Märkte. Ebenfalls wichtig ist bereits das aufscheinende Element der Entfremdung – ein Aspekt der Manufakturen, den sowohl Adam Smith in seinem *Wohlstand der Nationen* als auch Karl Marx in *Das Kapital* aufgreifen.

Einige Manufakturen wiesen teilweise beachtliche, im längeren Verlauf allerdings auch fluktuierende Gewinne (und oft Verluste) aus. Auffallend ist bei den erhaltenen Bilanzbüchern der Firma *Splitgerber und Daum* – ein Betrieb, der von der Forschung genauer beleuchtet werden konnte –, dass die Gewinne praktisch nur während Kriegszeiten in die Höhe schnellten. Hier zeigt sich die prinzipielle Staats- und Kriegsnähe vieler Unternehmen dieses Typs. Manche Manufakturen überlebten nur aufgrund regelmäßiger staatlicher Zuschüsse. Außerdem stellten die Manufakturen – noch – eine Marginalie in Wirtschaft und Gesellschaft dar. Um 1769 gab es in Preußen nur 34 Manufakturen, die mehr als 100 Arbeiter in einer zentralisierten Produktionsstätte beschäftigten. Insgesamt stellten in Manufakturen und größeren Bergbau- und Verhüttungsbetrieben beschäftigte Arbeiter um 1800 wohl nicht mehr als 2 % der Gesamtbevölkerung, d. h. um 6 % der preußischen Erwerbsbevölkerung. Bedenkt man allerdings, dass damals noch die Landwirtschaft der führende Wirtschaftssektor gewesen ist, wirken sich die Zahlen innerhalb des gewerblichen Sektors freilich viel gewichtiger aus.

Wiederum also – wie beim zünftigen Gewerbe auch – ist der Befund nuanciert, gilt es zu differenzieren. Man kann – ebenso wenig wie bei den Zünften – kein eindeutig positives oder negatives Urteil bezüglich der Manufakturen und ihrer Rolle für die Wirtschaftsentwicklung fällen. So ist etwa der im 18. Jh. häufig anzutreffende enge Zusammenhang zwischen Manufakturen und Zwangsrekrutierung, aus der Landwirtschaft, der Armee, Waisen-, Armen- und Zuchthäusern, kaum mit unserem modernen Arbeitsmarktkonzept (zumindest der westlichen Welt) vereinbar. Zwangsverpflichtete arbeiten weniger gewissenhaft bis widerwillig; sie üben keine Sorgfalt im Produktionsprozess aus und sind bestrebt, den eigenen Energieaufwand auf ein Minimum zu reduzieren. Unternehmer wie Johann Ernst Gotzkowski oder der aus Wien zugewanderte Antoine Grenet gründeten Samtmanufakturen mit bis zu 90 Stühlen in den 1750er Jahren. Sie erhielten vom König teilweise beachtliche Subventionen zum Aufbau des benötigten Kapitalstocks: Gotzkowski bekam ein Haus (Produktionshalle) sowie 10.000 Taler gestellt. Rekrutiert aufgrund staatlicher Initiative aus Potsdamer Waisenhäusern, entwickelte sich eine Ausbildungsstrategie an der Schnittstelle zwischen Arbeitszwang und gezielter Erzeugung und Förderung von Humankapital. Ganze Kolonien fremder Baumwoll-, Woll- und Leinenspinner wurden neu gegründet; Kattundruckereien wurden gefördert. Besonders intensiv widmete sich der preußische Staat der Gewerbeförderung nach dem Siebenjährigen Krieg.

Man könnte durchaus mit Christopher Clark die These vertreten, die gezielte Förderung bestimmter Gewerbebetriebe durch Subventionen und Protektionismus habe die Grundlagen späteren industriellen Wachstums geschaffen.[16] Viele neuere Studien aus der Entwicklungsökonomik,

5.6 Manufakturen, Marx und moderner Kapitalismus

der heterodoxen Ökonomie sowie der Wirtschaftsgeschichte und der historischen politischen Ökonomie haben einen ähnlichen Sachverhalt für andere Länder, vor allem für Großbritannien als erster Industrienation der Weltgeschichte bestätigt.[17] Mit den Manufakturen einher gingen vielfältige andere Prozesse, welche ihrerseits wiederum die wirtschaftliche Entwicklung beförderten und begünstigten: Förderung des einheimischen Gewerbes durch Prämierungen und Subventionen der heimischen Produktion; die Begründung der akkuraten wirtschaftsstatistischen Erhebung als Werkzeug der Politik, die Schaffung eines Pools nützlichen Wissens, von denen die gesamte wirtschaftlich tätige Bevölkerung (und andere Unternehmen) profitierten. Während etwa in Preußen bereits in den ersten Jahrzehnten des 18. Jh.s (um 1730) detaillierte Berufsstatistiken erhoben worden waren, führte Friedrich II. das System der statistischen Erfassung der Wirtschaft fast zur Perfektion (obgleich ein Gutteil der erhobenen statistischen Angaben aus heutiger Sicht als ‚fiktiv' zu bezeichnen sind, allein es zählt der Wille bzw. ein zum modernen hin gewendetes neues Staatsverständnis). Man führte Produktionslisten u. a. in den Bereichen Maulbeerbäume, Seidenbau, Wolle, Obsterzeugung, Hopfen, Kartoffeln, Sperlinge, Kälber, Wein- und Bierschenken, fremde Tabakeinfuhren und -konsumption, ferner eine Übersicht über Juden, Bettler, wüste Hofstellen usw. – alles Bereiche, mit welchen sich eine merkantilistisch orientierte Staatswirtschaft zumindest der damals geltenden Theorie nach zu befassen hatte, um das Wohl und den Wohlstand des Staates zu verbessern. Die Angaben konnten sehr genau gar nicht sein.

Eindrucksvoll ist aber der aufscheinende Gedanke des planerischen Steuerns und Gegensteuerns durch den Staat in zentralen Bereichen der damaligen Wirtschaft, welche als dynamisch, zukunftsorientiert und damit prinzipiell steuerungswürdig angesehen wurde: Manufakturen waren vom Standpunkt der Frühen Neuzeit aus gesehen ‚Zukunftsindustrien'.

5.7 Fabriken und Industrie

Warum die Industrialisierung in einem Buch über die Frühe Neuzeit diskutieren? Die Antwort ist simpel. In den meisten Fällen erstreckte sich die Industrialisierung als Prozess über einen sehr langen Zeitraum, der mehrere Jahrhunderte umfasste. Dies gilt insbesondere für England, wo wichtige Vorbedingungen der ersten industriellen Revolution seit dem Ausgang des Mittelalters zu beobachten sind und bereits im späteren 17. Jh., während der Hochblüte des Merkantilismus, voll ausgebildet waren. Daher ist hier ganz kurz auf die Thematik einzugehen. Erste Schritte in Richtung Industrialisierung wurden in Preußen noch während der Regierungszeit Friedrichs II. getan, etwa mit der Empfehlung des Königs vom 15. Juni 1779 „in Schlesien im Gebirge, wo es sehr am Holze fehlt, den Gebrauch der Steinkohlen mehr einzuführen."[18] Der Gedanke der Substitution von Holz und Holzkohlen durch Steinkohle wies gewissermaßen einen zukunftsträchtigen Weg, lange bevor man sich über die gesellschaftlichen Folgen, Implikationen und Konsequenzen der industriellen Revolution auf die Umwelt auch nur ansatzweise im Klaren sein konnte.

Als Industrialisierung wird dabei gemeinhin ein gesellschaftlicher und wirtschaftlicher Transformationsprozess bezeichnet, der seinen Anfang in England im späteren 18. Jh. nahm und sich dann über weite Teile der Welt ausbreitete. Langfristig führte die Industrialisierung in den betroffenen Volkswirtschaften zu einer neuartigen wirtschaftlichen Entwicklung, die mit einem vormals ungekannten Wachstum von Einkommen, Wohlstand und Lebensstandard verbunden gewesen ist. Damit verbunden war ein Strukturwandel, d. h. eine Umschichtung von Beschäftigungsanteilen an der Gesamtbeschäftigung vom primären Sektor (Landwirtschaft, Forsten, Fischerei) hin zum sekundären Sektor der Wirtschaft (Bergbau, Handwerk, Industrie). Dies gilt auch hinsichtlich der Anteile dieser Sektoren am Gesamtergebnis der Wirtschaft (Sozialprodukt, Nationaleinkommen), wobei sich durchaus abweichende Prozentzahlen zu den Beschäftigungsanteilen ergeben können. So wird der Anteil der Landwirtschaft an der Gesamtbeschäftigung während der Industrialisierung häufig schneller abnehmen als ihr Anteil am Sozialprodukt, was auf

5.7 Fabriken und Industrie

eine gestiegene Produktivität in diesem Sektor hinweist. Letztere ist wiederum nicht nur ein wichtiger Begleitumstand, sondern häufig auch ein kausales Moment für weiter reichende Multiplikatoreffekte, wie sie für Industrialisierungsprozesse charakteristisch sind (Freisetzung von Produktivkräften für nichtlandwirtschaftliche Tätigkeiten).

Weiterhin kommt es neben einem generellen Wachstum des industriellen Sektors zur Ausbildung von ‚Führungssektoren' innerhalb des produzierenden Gewerbes (Führungssektorhypothese). Diese Sektoren verzeichnen ein überdurchschnittliches Wachstum und üben über diverse Koppelungseffekte positive Stimuli auf die übrigen Wirtschaftsbereiche der betreffenden Länder aus. Diese Funktionen übernahmen im England des späten 18. Jh.s die Baumwolltuch- und Eisenherstellung, im Deutschland des 19. Jh.s die Eisenbahnen usw. Als Führungssektoren übten sie eine ‚Rückkoppelung' an andere Bereiche der Wirtschaft, etwa über die Nachfrage nach Steinkohle, Eisen und Holz aus. Vorwärtskoppelungseffekte wurden an die gesamte Wirtschaft z. B. über fallende Transportkosten bereitgestellt, die zur Integration von Märkten und zur langfristigen Angleichung im Preisniveau für die wichtigsten Waren und Güter führten. Seitwärtskoppelungen wurden durch den Bedarf an qualifiziertem Personal, vom Lokführer bis zum Ingenieur und dem hiermit verbundenen Wachstum von Bildungseinrichtungen (Universitäten, polytechnische Hochschulen) und Humankapital erzeugt.

Des Weiteren kam es in praktisch allen feststellbaren Industrialisierungsprozessen seit dem späteren 18. Jh. in aller Regel zu folgenden Substitutionsprozessen:

1. Natürliche (Wasser, Wind), menschliche und tierische Antriebskraft wurde durch mechanische Antriebskraft ersetzt, d. h. es kam zu einer breiten Einführung von Maschinen,
2. statt Holz- wurde nun Steinkohle als Brennstoff in zahlreichen Fertigungsprozessen (Dampfmaschine, Eisenverhüttung) genutzt,
3. Holz und Stein substituierte man durch Eisen und Stahl in der Konstruktion – kennzeichnend sind hier die neuen Fabrikgebäude, Brücken, Eisenbahnen und Eisenbahnschienen.
4. Ebenso kam es zu klassischen Substitutionsprozessen bei Importen, die charakteristisch für veränderte Konstellationen im Weltmarktgefüge sind.

England machte während des 18. Jh.s den Anfang und hat somit den Grundstock für eine industrielle Entwicklung gelegt, indem mehrschrittig zunächst Fertigimporte von Baumwolltuchen aus Asien (Indien) unterbunden wurden. Daraufhin ging man dazu über, unverarbeitete Baumwolltuche aus Indien in England den aktuellen modischen Bedürfnissen gemäß zu färben und weiter zu verarbeiten. In einer weiteren Zwischenstufe wurden dann nur noch die Baumwollgarne aus Asien importiert, bis es schließlich – bis auf den Anbau von Rohbaumwolle – zur Konzentration des gesamten Produktionsprozesses in allen Fertigungsstufen, also von der Baumwollspinnerei über die Weberei bis hin zum Appretieren (Veredeln) des fertigen Tuches in England kam. Sowohl die Spinnerei als auch die Weberei wurden dann seit dem späten 18. Jh. mechanisiert und in Fabriken mit Dampfmaschinen unter Hinzuziehung einer breiten Lohnarbeiterschaft zentral organisiert.[19]

Diese Substitutionsprozesse waren mit Wachstum in weiteren Bereichen der Wirtschaft verbunden. Zu nennen ist v. a. ein Produktivitätswachstum, welches von der Landwirtschaft über das produzierende Gewerbe bis hin zu Dienstleistungen (Handel, Banken, Finanz) fast alle Sektoren und somit ein weites Spektrum der gesamtwirtschaftlichen Aktivität erfasste. Dieses Wachstum wurde u. a. durch den vermehrten Einsatz von Kapital im Produktionsprozess erzeugt. Im Gegensatz zur vorindustriellen Zeit stieg hier der Anteil des Anlagevermögens (Fixkapital), während in der Zeit vor 1700 noch das Umlaufkapital – vornehmlich im Außenhandel und Verlagswesen angelegt – ausschlaggebend für ein bescheidenes wirtschaftliches Wachstum gewesen waren (Handelskapitalismus, Merkantilismus, Protoindustrialisierung). Dieser vermehrte Kapitaleinsatz wurde durch eine im Vergleich zur vorindustriellen Zeit signifikant erhöhte Investitionsquote ermöglicht. Industrialisierung ist damit gleichbedeutend mit einer grundlegenden Änderung im ‚Wachstumsmuster' der betreffenden Volkswirtschaften gewesen.

Erstmals in der Geschichte der Menschheit wurden malthusianische Zwänge aufgebrochen, d. h. die Wachstumskapazität der Volkswirtschaften orientierte sich nicht mehr allein am Leistungspotenzial der Landwirtschaft und dem durch die Bevölkerungszahl diktierten Nahrungsspielraum. Volkswirtschaften, die über weltwirtschaftliche Verflechtungszusammenhänge industrialisiert waren, wurden durch Spezialisie-

5.7 Fabriken und Industrie

rung und internationale Arbeitsteilung weitgehend unabhängig vom Leistungspotenzial ihrer Landwirtschaften. Im Endergebnis stiegen – zumindest in Nordwesteuropa – sowohl die Bevölkerungszahlen als auch das Gesamtergebnis der Wirtschaft und das Pro-Kopf-Einkommen signifikant an: Zwischen 1820 und heute wuchs die Weltbevölkerung um das Fünffache, das Pro-Kopf-Bruttoinlandsprodukt der Welt aber verachtfachte sich. Diese Entwicklung darf in der Wirtschaftsgeschichte als historisch einmalig und damit durchaus als ‚revolutionär' bezeichnet werden.

Besonders in Großbritannien manifestierte sich die Industrialisierung in Form eines signifikanten Städtewachstum (vor allem Londons), der Entstehung eines integrierten und wachstumsorientierten Binnenmarktes, einem Wachstum des Außenhandels, einer kommerziellen Revolution, einer finanziellen Revolution (Wachstum der börsenmäßig gehandelten Staatsschuld und die Gegenfinanzierung durch ein expansives Wachstum des Steueraufkommens) sowie einer „Fleißrevolution".[20] Bereits um 1700 wurde der gesamte Arbeitseinsatz der englischen und niederländischen Bevölkerung so weit ausgedehnt, dass es zu einer Massennachfrage nach Konsumgütern außereuropäischer Herkunft (z. B. Tee, Kaffee), aber auch nach Haushaltsgeräten, Möbeln, Geschirr usw. kam, die weit über die Grundbedarfsdeckung der Menschen hinausgingen. Eine Steigerung der Bevölkerung und des Arbeitseinsatzes führte zu einer Ausweitung und Verdichtung marktmäßiger Aktivität (Produktion, Einkommen und Verbrauch), auf welche die spätere industrielle Erzeugung von Tuchen und Eisenwaren aufbauen konnte.

Auch innovative Methoden und Organisationsformen in der Landwirtschaft, insbesondere durch Zusammenlegung und Einhegung größerer Betriebsflächen (engl. *enclosure*) waren Maßnahmen, die bereits am Ausgang des Mittelalters bekannt waren, aber erst im Zuge der Industrialisierung flächendeckend zum Zuge kamen. Größere Anbauflächen oder Unternehmenseinheiten ermöglichten höhere Skalenerträge. Seit dem späteren 17. Jh. war England damit in der Lage, einen wachsenden Anteil nichtlandwirtschaftlich tätiger Menschen und Marktproduzenten zu ernähren und einen steigenden Anteil an nichtlandwirtschaftlichen Gütern (Manufakturwaren) zu exportieren. Da Mehrwert und Preiselastizität der Nachfrage nach Manufakturwaren höher sind als bei Halbzeugen, Rohstoffen und Nahrungsmitteln, sicherte sich England dadurch langfristig auf den Weltmärkten günstigere *terms of trade*.

Grundsteine für die industrielle Entwicklung Nordwesteuropas wurden seit dem Mittelalter auch in anderen Bereichen gelegt, etwa in der Ausbildung bestimmter Heiratsmuster oder gender-basierter Erwerbsmodelle, welche dezidiert Chancen für Frauen und Mädchen bei der Partizipation am Arbeitsmarkt boten.[21] Ältere Theorien von Wachstum und Entwicklung, etwa das Fünf-Stadien-Modell Walt W. Rostows, wo der Durchbruch zum industriellen Wachstum als Sprung nach vorn definiert und auf wenige Jahre eingegrenzt worden war, sind von der jüngeren Forschung zurückgewiesen worden. Neuere Forschungen haben die Wachstumsraten der Wirtschaft, insbesondere in England, während der klassischen Durchbruchsphase der Industrialisierung (ca. 1760–1800) nach unten korrigiert. Fabrikmäßige Produktion breitete sich nur in wenigen Schlüsselsektoren (Eisen, Stahl, Textil) aus, während weite Bereiche der Wirtschaft auch noch lange nach 1800 handwerklich, kleingewerblich und teilweise in Heimarbeit organisiert blieben – also von ihrer wirtschaftlichen bzw. betrieblichen Morphologie und Materialität der Produktionsprozesse her dem Mittelalter und der Frühen Neuzeit ähnlicher blieben als der Industriemoderne. Auch der Bau der ersten Eisenbahnen führte nicht zu einer Zurückdrängung, sondern im Gegenteil zu einer Erhöhung des ‚traditionellen' Frachtverkehrs mithilfe von Ochsen und Pferden auf den Landstraßen oder auf Kanälen, da nun mehr Güter von den Eisenbahnen zu den Endkunden im Hinterland transportiert werden mussten.

All dies unterstreicht nicht nur den prozessualen Charakter der Industrialisierung und des modernen Wirtschaftswachstums, sondern auch die Relevanz der Frühen Neuzeit für die Entstehung unserer modernen Welt.

6 Handel und Verkehr

6.1 Handel und ökonomische Entwicklung

Handel bedeutet den Austausch von Waren und Dienstleistungen über die räumliche Distanz bzw. eine Grenze hinweg. Er ist in der Regel eingebettet in eine Form der Marktbeziehung, also des wirtschaftlichen Austausches einer Ware oder Leistung gegen eine genau spezifizierte Gegenleistung, oft in monetärer Form. Dies schließt auch den Kredit bzw. kreditierte Warenlieferungen oder Leistungen mit ein. Zu unterscheiden ist der Handel von reziproken Formen des Austauschs wie Gabe-Gegengabe ohne primär marktwirtschaftlich determinierte Sozialbeziehung, sowie von redistributiven Mechanismen (Abschöpfung eines Mehrertrages ohne direkte oder quantifizierbare unmittelbare Gegenleistung, etwa als Steuer durch den Staat). In der Realität werden sich Austauschmuster aber häufig vermischt haben.

Nach David Ricardos Theorem des komparativen Vorteils – einer berühmten Hypothese aus dem 19. Jh. – sollte eine Handelsnation sich auf die Herstellung derjenigen Waren fokussieren, für die sie im Vergleich weniger Ressourcen (v. a. bezahlte Arbeitskraft, gemessen in Stunden) aufwenden muss als andere Handelspartner. Im Gegenzug wird mehr von der Ware erzeugt, als man selber braucht. Überschüsse werden exportiert und dafür diejenigen Waren eingekauft, welche man zwar benötigt, aber – relativ gesehen – nicht so kostengünstig herstellen kann wie die Wettbewerber. Empirisch lässt sich nachweisen, dass beide Seiten von dieser Form der Arbeitsteilung profitieren, da beide insgesamt mehr Waren und Dienstleistungen konsumieren als zuvor (d. h. in einer hypothetischen Welt ohne Arbeitsteilung). Indes: Das Modell, ursprünglich für England und Portugal bzw. deren Handelswaren Tuch und Wein entwickelt, führte historisch gesehen oft dazu, dass Länder, die sich auf die Primärproduktion (wie Wein aus Portugal) spezialisierten, langfristig gegenüber Fertigwarenproduzenten (wie Tuch aus England) an Dynamik und Wachstumspotenzial verloren und sich in die ‚Unterentwicklung' bewegten.[1] Die Geschichte lehrt: Vom Handel profitieren längst nicht alle Beteiligten im gleichen Maße wie die Mainstream-Ökonomik oft insinuiert; zumindest dann nicht, wenn man eine *dynamische* (d. h. nicht-statische) Betrachtungsweise wählt, also den Faktor *Zeit* (mittel- bis langfristige wirtschaftliche Entwicklung im Verlauf mehrerer Jahre oder Jahrzehnte) in die Analyse miteinbezieht.

Ein weiteres Spezialisierungsmodell, entwickelt vom schwedischen Wirtschaftshistoriker und Ökonom Eli Heckscher (zusammen mit Bertil Ohlin), nimmt an, dass sich Ökonomien jeweils gemäß ihrer jeweiligen Faktorausstattung spezialisieren. Länder, die hinsichtlich des Faktors Arbeit relativ zum Faktor Kapital (hier ist der Produktionsfaktor Boden inkludiert) besser ausgestattet sind, werden von einem international niedrigen Lohnniveau profitieren und arbeitsintensive Produktionsprozesse gegenüber kapitalintensiven (etwa: Industrie, Hochindustrie) Produktionsprozessen vorziehen – und umgekehrt. Dabei geht das Modell, anders als das ricardianische, von einer gleichartigen Produktionsfunktion aus: Beide Länder sind in beiden Sektoren gleich produktiv. In England war das durchschnittliche Lohnniveau im internationalen Vergleich bereits im 18. Jh. so hoch und Kohle so umfangreich vorhanden, dass sich für Engländer die Spezialisierung auf kapitalintensive industrielle Produktionsweise (Dampfmaschinen) ‚lohnte' und nach Meinung einiger Forscher gleichermaßen den ökonomischen Anstoß für die Substitution des Produktionsfaktors ‚Arbeit' durch ‚Kapital' gab.[2] Wiederum vergisst (oder ignoriert) dieses Modell die grundlegend verschiedenen Einkommenselastizitäten für Rohstoffe im Vergleich zu Fertigwaren und die Tatsache, dass Industrie und Gewerbe grundsätzlich andere Produktionsfunktionen haben als Landwirtschaft und auf die Extraktion von Roh- oder Halbzeugen spezialisierte Prozesse (etwa Bergbau, Weinanbau). Gewerbe und Industrie zeigen oft wachsende Skalenerträge (Niveaugrenzprodukt), d. h. für eine Erweiterung der Produktion um das Doppelte muss man insgesamt weniger als die doppelte Menge an Kapital- und Arbeitsinput investieren. Gründe dafür können sein: Arbeitsteilung, Normierung von Halbzeugen und Produktionsabläufen, durchschnittliche Energieeinsparung bei Verwendung großer Öfen und Energiequellen usw. All dies gibt es in der landwirtschaftlichen Produktion bzw. Primärerzeugung nicht. Viele landwirtschaftliche Produktionsfunktionen sind durch abnehmende

6.1 Handel und ökonomische Entwicklung

Grenz- sowie Skalenerträge gekennzeichnet. Für den Rohstoffproduzenten bedeutet dies weniger dynamische Entwicklungsmöglichkeiten, im Extremfall sogar eine Unterentwicklung im Vergleich zu derjenigen Nation, die sich auf Manufakturwaren, Gewerbe und später Industrieprodukte spezialisiert.[3]

Eine weitere in der jüngeren Forschung häufig behauptete Hypothese besagt, dass sich Kaufleute und Handelsströme dorthin orientieren, wo ihnen die besten Bedingungen hinsichtlich von Eigentumsrechten und im Vergleich niedrige Transaktionskosten gewährt werden, also dorthin, wo bessere Wettbewerbskonditionen herrschen (institutionenökonomische Hypothese). Ein vorteilhaftes Geschäftsklima kann Wachstums- und Spezialisierungsgewinne über den Handel generieren. Kaufleute gehen dorthin, wo sie eine hohe Eigentumssicherheit genießen (niedriges Risiko der Enteignung, etwa durch willkürliche Beschlagnahmungen oder Steuerabschöpfungen), wo sie von niedrigen Zinsen und allgemein niedrigen Steuer- und Zollsätzen profitieren und wo ein kodifiziertes Wirtschafts- und Handelsrecht besteht, welches Erwartungssicherheit gibt. Dies gilt auch für zentrale Handelsorte, unter denen seit dem Ausgang des Mittelalters besonders Antwerpen, Amsterdam, London und Hamburg hervortraten, welche wachsende Handelsvolumina auf sich zogen, eben wegen der vergleichsweise ‚liberalen‘ Handhabung von ‚Handel und Wandel‘.

Alle drei Modelle vernachlässigen jedoch die *agency* der Handelnden, die eine wichtige Erweiterung einseitiger ökonomistischer Erklärungsmodelle für Entstehung, Verlauf und Struktur von Handelsströmen und -volumina darstellt. Kaufleute nutzten ihr soziales und kulturelles Kapital, ihre informellen oder ‚weichen‘ Bindungen (engl. *weak ties*) und Netzwerke, um über größere Distanzen und Sprachgrenzen hinweg im transnationalen und transkulturellen Austausch ein kritisches Minimum an Stabilität herzustellen, welches meist aufgrund des Mangels an starken staatlichen (Infra-)Strukturen sonst entweder fehlte oder nicht in ausreichendem Maße bereitgestellt werden konnte.[4] Informelle Strukturen (etwa Verwandtschaftsbeziehungen, Konfession, Religion, ethnische Zugehörigkeit) konnten gegebenenfalls fehlende formelle Strukturen ersetzen (kodifiziertes Straf-, Zivil- und Handelsrecht; entsprechende Sanktionierungsmöglichkeiten durch Gerichtshöfe, Polizei und Miliz usw.). Die

Ausgestaltung dieser Netzwerkbeziehungen konnte durchaus auch Einfluss auf die Gestalt und Dimension des (primär aber von ökonomischen Gesichtspunkten bestimmten) Handelsvolumens besitzen. Vorrangig aber werden die oben genannten makroökonomischen Aspekte von Differenz in Produktivität und Faktorausstattung sowie Institutionen eine Rolle gespielt haben.

Also lässt sich festhalten: Handel macht einige Nationen und Volkswirtschaften reicher, andere wiederum relativ ärmer. Die beliebte Geschichte vom Handel, der allen gleichermaßen nützt, ist ein (modernes) Märchen. Doch gilt: Offenheit gegenüber der Außenwelt ist häufig auch verbunden mit Lernprozessen (Kultur- und Technologietransfer).[5] Handel verschafft über Importe die fehlenden, aber für die eigene Produktion nötigen Rohstoffe oder Halbzeuge. Spezialisierung kann Synergie und Wachstumseffekte generieren. Vor allem aber dient Handel dem Absatz vorhandener eigener Überschussproduktion und damit der wirtschaftlichen Spezialisierung, aber auch der Erzielung eines Mehrgewinns über einen bereits gesättigten Binnenmarkt hinaus. Dieses Prinzip diente vielen kameralistischen und merkantilistischen Wirtschaftstheoretikern der Frühen Neuzeit geradezu als Maxime.

Die Struktur des Handelsvolumens einzelner Länder und Regionen reflektierte auch in der Frühen Neuzeit den unterschiedlichen Stand der wirtschaftlichen Entwicklung, obgleich v. a. in der kommerziellen Revolution der Frühen Neuzeit und im Handelsaufschwung der *Atlantic economy* nach 1650 die Konsumgüter des nicht-existenziellen Bedarfs über die heimischen Manufakturwaren dominierten, d. h. die Zusammenhänge zwischen Außenhandel und Wirtschaftswachstum noch nicht so stark und ausgeprägt waren wie im Zeitalter der Hochindustrialisierung und Globalisierung nach 1840. Ohne Zweifel jedoch hat v. a. die kommerzielle Expansion im Atlantik während des 17. und 18. Jh.s zumindest auf regionaler Ebene zu einiger Dynamik im Wirtschaftsleben beigetragen, vielleicht sogar Wirtschaftswachstum (mit-)erzeugt (s. u.).[6]

Hinsichtlich der *Verteilung* des Handelsvolumens auf See und Land und des Gewichts des Außenhandels insgesamt an der gesamtwirtschaftlichen Leistung ist es schwierig, zu belastbaren Schlussfolgerungen zu gelangen. Schätzungen für Russland im 18. Jh. gehen von einem Anteil des Landhandels von 98 % (und 2 % für den Seehandel) aus (gemessen am Anteil des Außenhandels am Sozialprodukt, welcher für Russland auf 2 % geschätzt wird). Für reichere, weiterentwickelte, offene Volkswirtschaften mit Anschluss an den Überseehandel wie England oder die Niederlande war der Anteil des Außenhandels an der gesamtwirtschaftlichen Leistung bereits in der Frühen Neuzeit deutlich höher. Um die Mitte des 18. Jh.s könnte er für Exporte bei etwa 12 bis 15 % des britischen Bruttoinlandsprodukts gelegen haben. Ähnlich bei den Niederlanden.

6.2 Handelsräume, Handelswege und Spezialisierungen

Seit der Jungsteinzeit lassen sich Handel und überregionaler Warenaustausch sicher nachweisen, und selbst das hochmittelalterliche Europa ist von einem feinen System aus Handelsadern durchsetzt gewesen. Wichtig im Vergleich zu mittelalterlichen Handelsmustern und Systemen ist v. a., dass der Staat als Handelsakteur zunehmend auf die Bühne trat, vorrangig durch seine Handels-, Zoll- und Steuerpolitik (Zeitalter der *fiscal-military states*).[7] So war in Nordwesteuropa etwa der Handelsbund der Hanse seit dem Mittelalter eine der einflussreichsten überstaatlichen Korporationen mit weit reichenden Kompetenzen – ein Städtebund mit politischen und ökonomischen Hegemonialansprüchen – einer der wichtigen Akteure, welcher auch ‚staatliche' Akzente setzte, indem er wichtige Kernkompetenzen in Handels- und Zollpolitik übernahm, die später von den Territorialstaaten ausgeübt wurden. Während der Frühen Neuzeit spielte sich Handel dann zunehmend als inter-staatliche Rivalität und Wettbewerb zwischen den erwachsenden Territorialstaaten ab;[8] im 18. Jh. kam sogar die Idee vom Handel als Fortsetzung des Krieges mit anderen Mitteln auf.[9] Staaten bzw. Regierungen und Administratoren griffen nun gezielt in Handelsströme und Wirtschaftsmuster ein, etwa indem sie spezielle Zolltarife oder Ein- und Ausfuhrverbote erließen, meist mit dem Ziel, die heimische Gewerbeproduktion zu unterstützen. Dabei gilt es zu berücksichtigen, dass die *basic tool box* dieses Protektionismus bereits seit dem Mittelalter bekannt und ausgeübt wurde, vornehmlich von den Handel treibenden Stadtstaaten Italiens wie Genua, Florenz oder Venedig (▶ Kap. 9).

Abgesehen von der jeweiligen Politik spielte die spezielle Geographie Europas hier dem Handel in die Karten: Gemessen an seiner Fläche verfügt(e) Europa über so viel Küstenlinie wie kaum ein anderer Kontinent. Darüber hinaus kam es nach dem Fall des Römischen Weltreiches zu einer beispiellosen staatlichen Zersplitterung: Wo einstmals das Imperium geherrscht hatte – zumindest auf dem Papier–, wuchsen – insbesondere auf dem Gebiet des Heiligen Römischen Reichs – hunderte unterschiedlicher Flächenstaaten variierender Größe hervor, welche im Verlauf der Frühen Neuzeit zunehmend souverän agierten und deren Parlamente, Regierungen und herrschende Klassen Gewinne und Steuern zunehmend über den Handel abschöpfen konnten. Diese Staaten traten in den Wettbewerb für Steuern zahlende Untertanen ein. Dieser institutionelle Wettbewerb trug langfristig mit zum ‚Wirtschaftswunder Europas' und zu Wachstum und industrieller Entwicklung nach 1750 bei.[10]

Die grundsätzlichen Handelsmuster orientierten sich dabei zunächst an der Geographie. So sind bis in die Neuzeit die nördlichen Regionen Europas v. a. durch Eisen- und Holzexporte sowie den Fischhandel charakterisiert gewesen, während im Westen und in den Süden nach Oberitalien hinein Manufakturwaren wie Tuche, Werkzeuge dominierten, in Meeresnähe aber auch Salz. Dieses wurde v. a. als Seesalz an den Küsten Spaniens (Bucht von Biskaya), Frankreichs und Portugals, sowie im Südosten Schottlands gewonnen. Gesalzen wurde damit auch der Fisch, den v. a. die Holländer im Nordmeer und an den Küsten Englands, Schottlands (Orkney- und Shetlandinseln), Islands und um die Färöer herum fischten und u. a. in katholische Regionen verkauften, wo er als Fastenspeise und Alternative an ‚fleischlosen' Tagen diente. Für den seewärtigen Handelsaustausch ergaben sich damit deutliche Saisonalitäten und Rhythmen, früh aber auch charakteristische Muster, welche auf eine arbeitsteilige Spezialisierung unter Konservierung und Verstetigung unterschiedlicher Wachstums- und Wohlstandsniveaus hinausliefen.

Für den atlantischen Hochseefischfang, etwa von Hering und Kabeljau, waren die Migrationen der Heringsschwärme wichtig, bedingt durch Wind- und Meeresströmungen. Ab Ende April fuhr man mit den großen Heringsflotten, bestehend v. a. aus Büsen (speziell für die Hochseefischerei entwickelte Fangschiffe), von den holländischen Seehäfen auf das

6.2 Handelsräume, Handelswege und Spezialisierungen

Nordmeer, wo um Nordostschottland, die Orkney- und Shetlandinseln herum gefischt wurde. Die Saison zog sich bis in die Sommermonate hin und endete üblicherweise im August. Zwischendurch wurde der Fisch auf kleineren Shuttle-Booten zu den städtischen Märkten in den Niederlanden gebracht. Während ab März/April der Handelsverkehr auf Nordsee und Atlantik wieder deutlich zunahm und in den Sommermonaten seine Spitze erreichte, waren Handelsvolumen und Frequenzen in den Herbst- und Wintermonaten deutlich niedriger. Der Handel kam allerdings selbst im Winter nie ganz zum Erliegen. Lediglich in den besonders schweren Wintern des „Maunder-Minimums" während der „Kleinen Eiszeit" (▶ Kap. 2) kam das Handelsleben bisweilen komplett ins Stocken. Doch boten zugefrorene Flüsse und Seen, bisweilen sogar eine Eisdecke auf der Ostsee, im Winter eine ähnliche Versorgungs- und Transportmöglichkeit wie über Land. Für das späte 17. Jh. sind sogar Wintermessen (engl. *frost fairs*) auf den großen Flüssen, etwa der Themse dokumentiert.

In England etwa gab es kaum einen Handelsort, der mehr als 60 Meilen entweder von der Küste oder einer schiffbaren Wasserstraße, die zur Küste hinführt, entfernt gelegen war. Diese geomorphologische Sonderlage – langgezogene Nord-Süd-Ausdehnung der Britischen Insel, dazu gezackte Küstenlinie und viele schiffbare Wasserläufe – stellte bereits seit dem Mittelalter eine Art wirtschaftsgeographische Sonderbegünstigung dar. Im Zeitalter der frühen Industrialisierung während des 18. Jh.s optimierte man das vorhandene Flusssystem noch durch gezielten Kanalbau. Nicht nur, aber gerade auch für England und Schottland nahm der seewärtige Handelsverkehr, einschließlich der Küstenschifffahrt und des sogenannten *tramping* (Punkt-zu-Punkt-Fahrten), bereits seit dem Mittelalter eine zentrale Bedeutung im nordeuropäisch-atlantischen Wirtschaftsleben ein. Bereits zur Norweger-/Wikingerzeit und im Hochmittelalter galten die Irische See, trotz der gefährlichen Winde und unruhigen Gewässer, sowie kleinere Binnenmeere bzw. Meerengen, etwa der im Osten Schottlands gelegene *Firth of Forth*, als Shuttle-Transportroute. Dieser Meeresarm, der sich mehr als 100 km in das Landesinnere erstreckt, wurde während des 18. Jh.s durch einen Kanal ergänzt und stellte eine natürliche West-Ost-Transportroute zwischen dem Handelszentrum Glasgow und dem politischen Zentrum Edinburgh dar.

Weiterhin herrschte ein regelmäßiger und täglicher Transportverkehr auf kleinen Booten zwischen der Metropolregion im Süden (Edinburgh) und den Salzpfannen und Kohlefeldern an der Nordküste, etwa Stirling, Alloa, Kirkcaldy, letzteres die Geburtsstadt des Moralphilosophen und Ökonomen Adam Smith, dessen Vater dort als Leiter der lokalen Zollverwaltung tätig war. Die Zerklüftung der europäischen Küstenlinien boten neben natürlichen Handels- auch noch exzellente Routen für Schmuggler, welche insbesondere die abgelegenen Küstenabschnitte und Fjorde zur Versorgung der ansässigen Bevölkerung sowie als Verstecke für Handelswaren und Diebesgut nutzen konnten.

Die Verknüpfung kleinerer Binnenmeere und Fjorde mit den größeren Wasserräumen (Nordsee, Nordatlantik, Ostsee) ermöglichte die Herausbildung ausdifferenzierter und teilweise sehr langer Handelsnetze, Warenketten und Wirtschaftssysteme, welche ähnlich wie im südeuropäischen und asiatischen Raum (Mittelmeer, Rotes Meer, Indischer Ozean, Golf von Aden, Straße von Malakka usw.) den Handel über lange Distanzen ökonomisch rentabel machten. Aufgrund der Beschaffenheit des europäischen Kontinents ergaben sich somit direkte Anschlussmöglichkeiten an den Mittelmeerhandel und den Austausch mit Afrika, Asien und dem Pazifik, mithin Anschluss an das sich herausbildende frühglobale Handelssystem nach Vasco da Gama (► Kap. 6.3).

Spezialisierung im Handel lässt sich sehr gut auf mehreren Ebenen nachweisen. So zeigen englische, schottische und niederländische Handelsstatistiken des 17. und 18. Jh.s eine deutliche Fokussierung der nördlichen Nordsee- und Ostseeanrainer (Dänemark-Norwegen, Schweden-Finnland, Preußen, Russland) auf Holz- und Eisenexporte, für den Schiffbau wichtige Waren, daneben Flachs, Hanf, Fassdauben usw.[11] Auch der Sklavenhandel – einer der dunkelsten Abschnitte der Menschheitsgeschichte – gehört in diese Geschichte der Spezialisierung hinein.

6.2 Handelsräume, Handelswege und Spezialisierungen

Q 6.1/Abb. 6.1: Handelsstatistik Schottlands (1755)

Kommentar: Diese tabellarische Übersicht ist Teil einer umfänglichen Serie von Konvoluten, welche Jahr für Jahr die Gesamtzahl der Importe, Exporte und Re-Exporte von oder nach Schottland ausweisen, eingeteilt in Herkunfts- (Importe) und Zielorte (Exporte, Re-Exporte), Warenarten und Gruppen. Die Quelle folgt einer im späten 17. Jh. für englische Häfen und die englische Zollverwaltung entwickelten Nomenklatur (sogenanntes *Book of Rates* von 1660).

Warenangaben erfolgen in den zeittypischen Mengen- und Gewichtsmaßen, im oben gezeigten Beispiel für Eisen aus dem Afrikahandel: Tonne (engl. *ton*), Zentner (engl. *centiweight/cwt*), Gewichtspfund (*lb* von lat. *libra*) usw. Weiterhin hält die Quelle fest, ob und wie viele der aufgeführten Waren auf britischen Schiffen ein- bzw. ausgeführt wurden: Dies war wichtig, um die Legitimität bzw. rechtmäßige Spedition dieser Warenströme zu verifizieren. Im Kolonialwarenhandel, also dem Austausch zwischen den karibischen und nordamerikanischen Plantagenwirtschaften mit dem englischen (nach 1707: britischen) Mutterland durften nur englische (britische) Schiffe bzw. Engländer und Schotten involviert sein. Die Crew der Schiffe hatte ebenfalls zu drei Vierteln aus Engländern bzw. Schotten zu bestehen. Dies war der merkantilpolitischen Gesetzgebung im Zuge der *Navigation Acts* (1651, 1660) geschuldet, die den internationalen Handel dahingehend beeinflussen sollten, dass er ausschließlich für Großbritannien bzw. englische oder schottische Kaufleute profitabel war. Ziel war der Ausschluss der Niederlande vom internationalen Transport- und Speditionsgeschäft.

Des Weiteren führt die Quelle eine Aufschlüsselung der Warenwerte auf – dies war wichtig, um die Handelsbilanz Schottlands zu bestimmen. Über die Herkunft, Verlässlichkeit und Repräsentativität der Warenwerte ist wenig bekannt, denn individuelle Wertdeklarationen wurden nicht erhoben. Es wurden lediglich die gesamten jährlichen Warenströme für Importe, Exporte und Re-Exporte mit durchschnittlichen Warenwerten – vielleicht ursprünglich als Marktpreise erhoben – multipliziert. Deshalb stellen alle quantitativen Angaben in diesem Quellenwert grobe Annäherungen dar und können sicher nicht mit modernen Handels- und Zahlungsbilanzstatistiken verglichen werden. Dies gilt insbesondere insofern, als man kurz nach Einsetzen der Serie die Preise als Multiplikatoren nicht mehr anpasste, sondern über Jahrzehnte konstant hielt und somit das Preisgeschehen – Inflation und Deflation – des 18. Jh.s nicht mit abbildete, sondern eine ‚volumetrische' Serie konstruierte, also einen Mengenindex, keine monetäre Größe. Indes ging der Weg in diese Richtung, und vom bürokratischen Staatsverständnis her verfügte Großbritannien sicher über das modernste Erfassungssystem seiner Zeit, was die Steuerung, Kontrolle und Erfassung von Wirtschafts- und Warenströmen betrifft.

Interessant ist des Weiteren, wie wenig die Dimensionen des transatlantischen Sklavenhandels von der offiziellen Statistik ihrer Zeit überhaupt erfasst worden sind (oder werden konnten): Die einzige Reminiszenz dieses auch für Schott-

6.2 Handelsräume, Handelswege und Spezialisierungen

> land sehr dunklen Kapitels in der Geschichte sind im obigen Beispiel – welches die gesamten offiziell erfassten Importe aus „Afrika" wiedergibt – Bienenwachs und Eisen. Wie durch Abgleiche mit schottischen Hafenzollbüchern festgestellt werden konnte, handelt es sich hier um Re-Importe, d. h. Wiedereinfuhren von Handelsgütern, die ursprünglich an der sogenannten „Sklavenküste" am Golf von Guinea hätten verkauft werden sollen. Von diesem Erlös hätte man wiederum neue Sklaven gekauft, worauf zumindest das Eisen hindeutet, das – laut Quelle – möglicherweise für Halseisen (Sklavenfesseln) verwendet oder in den lokalen Handelsaustausch gehen sollte. Es handelt sich vermutlich um ein einzelnes Schiff, das nach einer längeren Fahrt über den Atlantik – mit Zwischenstopps u. a. in der Karibik, Afrika und Virginia – Edinburgh (Port of Leith) angelaufen hatte.
>
> **Abbildung:** Ledgers of imports and exports, Scotland, 7085772, National Archives (England), CUST 14/1A.

In den nordwestlichen Gebieten Europas dominierte zunehmend die Manufakturproduktion den Export (Tuche wie Leinen und Wollstoffe, Werkzeuge, Waffen usw.) sowie die Veredelung von Agrarprodukten (etwa Käserei, Viehmast, Fleischerzeugung). Die handwerkliche Produktion erfolgte, wie wir sahen (▶ Kap. 5), nicht ausschließlich in den Städten; vielmehr hatte sich seit dem Hochmittelalter das nicht-zünftige ländliche und Verlagsgewerbe in den Einzugsgebieten der kommerziell führenden Städte wie Amsterdam, Hamburg, Augsburg und Nürnberg herausgebildet. Über diese Verleger gelangte etwa schlesische Leinwand über Elbe, Nordsee und Atlantik bis in die Karibik, wo die auf den Zuckerplantagen befindlichen Sklaven afrikanischer Abstammung damit gekleidet wurden. Die Grundbestandteile der seit der Mitte des 17. Jh.s wachsenden englischen Seeflotte, v. a. Masten, Schiffspech und Eisenwerkzeuge, wurden durch regelmäßigen Seetransport durch den Öresund aus den schwedischen, norwegischen, finnischen und russischen Wäldern beschafft. Gleiches gilt für Fassdauben, welche für den Import von spanischen, französischen und portugiesischen Weinen benötigt wurden, genauer: für die Herstellung der Fässer, die man für den Tabakhandel mit den britischen Kolonien in Nordamerika (v. a. Virginia, Maryland und North Carolina) benötigte.

Die sich bereits zu Beginn der Frühen Neuzeit abzeichnenden Spezialisierungseffekte wurden einigen Gebieten und Staaten jedoch zum Verhängnis: Durch die Verstetigung der Handelsnetze und Handelsbeziehungen wurde ökonomische Rückständigkeit womöglich konserviert und langfristig Einkommensdifferenziale verstärkt: Des einen Handelsgewinn war oft jemand anderes Entwicklungspotenzialverlust.[12]

Aufgrund der sich oftmals in desaströsem Zustand befindlichen regionalen und überregionalen Handelsstraßen – wo der Verkehr im Sommer langsam, bei Regen und im Winter praktisch unmöglich war – boten Küsten, Flüsse und Meere oft deutlich schnellere, effizientere und kostengünstigere Transportrouten. War man auf die Straße angewiesen, mussten Waren und Personen oft empfindlich lange Reisezeiten – und ein gewisses Maß an Unsicherheit in Kauf nehmen. Räuberbanden waren noch um 1800 allgegenwärtig (wie Berichte z. B. vom Schinderhannes im Hunsrück eindrücklich belegen). Aus diesem Grunde führten etwa die Wettiner in den sächsischen Landen bereits im Mittelalter das Geleitwesen ein, welches Reisenden, Kauf- und Fuhrleuten ein Mindestmaß an Sicherheit im Straßenverkehr bieten sollte. Im Gegenzug wurden Abgaben auf praktisch jedes Fuhrwerk und seine Waren erhoben, welches die offiziell ausgewiesenen Geleitsstellen passierte. Diese Abgabelisten können den Warenhandel über Land in der Frühen Neuzeit zumindest in Teilen quantitativ und statistisch ausleuchten.[13]

Die englischen Landstraßen des 18. Jh.s indes dürften im europäischen Vergleich bereits unübertroffen gewesen sein. Unterhalt und Ausbau der Straßen wurde in verschiedenen Abschnitten verschiedenen regionalen Konsortien von Pächtern übertragen, welche im Gegenzug eine kleine Mautgebühr von durchfahrenden Kutschen und Individualreisenden forderten (engl. *turnpike roads*). Es gab regelmäßige Kutschenverbindungen zwischen den Hauptstädten Edinburgh und London. Zwischen 1763 und 1783 verkürzte sich die durchschnittliche Reisezeit von ca. zwei Wochen auf vier Tage (75 %), die Zahl der fahrplanmäßigen Kutschen erhöhte sich von einer auf 60 Kutschen im Monat.

Kanäle stellen eine Verkehrsinfrastruktur dar, die seit der Antike bekannt war, sich aber während der Frühen Neuzeit und bis in die frühe Industrialisierung hinein als ausschlaggebend für Handel, Verkehr und Wirtschaftsentwicklung Europas erweisen sollten. Eines der ‚Geheimnisse' v. a. des niederländischen Erfolgs im „Goldenen Zeitalter" des 17. und

6.2 Handelsräume, Handelswege und Spezialisierungen

18. Jh.s war das gut ausgebaute Kanalsystem, ein Relikt aus dem Mittelalter, welches für den Transport von Gütern, Menschen und Informationen genutzt wurde und somit einen effizienteren Ablauf des Wirtschaftsprozesses sicherstellte.[14] Ebenfalls wäre die erste Phase der Industrialisierung in England und Schottland ohne das zwischen den 1760er und 1830er Jahren forciert ausgebaute Kanalsystem und die aufkommende Dampfschifffahrt sicher ganz anders abgelaufen.

Auch in anderen Ländern wurden ähnliche Anstrengungen unternommen. In Preußen hatte es bereits unter dem Großen Kurfürsten Friedrich Wilhelm von Brandenburg (1620–1688) Bestrebungen gegeben, mithilfe von künstlichen Wasserstraßen das System der natürlichen Verkehrswege durch entsprechende infrastrukturelle Maßnahmen zu optimieren. So wurden in den 1660er Jahren mit dem Friedrich-Wilhelm-Kanal Spree und Oder verbunden und damit eine Direktverbindung zwischen Schlesien und der Nordsee geschaffen.[15] Unter Friedrich I. wurde die Verbindung von Weser, Elbe und Oder durch Kanäle vollendet. Friedrich II. erwirkte den Bau des zweiten Finow-Kanals. Hintergrund war die wirtschaftliche Erschließung des Ostseehafens in Stettin sowie die Verbindung von Havel und Oder. Elbe und Havel wurden durch den Pareyer Kanal ebenfalls ab 1743 verbunden. Pläne für solche Kanalbauten wurden allgemein sorgsam geprüft; die volkswirtschaftlichen Vorwärtskopplungen (Verbilligung der Transportkosten im Vergleich zum bestehenden Kanalsystem und Überlandtransport) sind in offiziellen Gutachten an den König genau analysiert und gegeneinander abgewogen worden. Hier zeigt sich das planerisch-gestalterische Denken einer kameralistisch orientierten Wirtschafts- und Staatspolitik, welche zielgenau auf wirtschaftliches Wachstum und Entwicklung fokussiert war (▶ Kap. 9). Zum Todeszeitpunkt Friedrichs des Großen (1786) befanden sich etwa 80 % der künstlichen Wasserstraßen im Heiligen Römischen Reich in Preußen, was nicht unerheblich für die spätere ökonomische Vorreiterrolle Preussens im Zeitalter der Industrialisierung gewesen ist.

6.3 Handelskonjunkturen

Den frühneuzeitlichen Außenhandel Europas quantitativ in seiner Umfänglichkeit zu rekonstruieren ist schwierig bis unmöglich. Zu disparat sind Art, Umfang und Natur frühmoderner Statistik und Staatlichkeit gewesen. Zu lückenhaft ist oft die Quellenüberlieferung: Die wenigsten Staaten erhoben Handelsstatistiken im modernen Sinne. Frühformen einer solchen Handelsstatistik, welche dem modernen Messkonzept von ‚Handels- und Zahlungsbilanz' doch recht nahe kommen und uns zumindest einen groben Überblick über Trends und Tendenzen im Handelsvolumen verschaffen, gibt es aber seit 1696 für England und Irland, ab 1755 für Schottland. Für die reichste und am weitesten entwickelte (und gemeinhin auch am besten dokumentierte) Volkswirtschaft der Frühen Neuzeit – die Niederlande – sind ausgerechnet die Zahlen zum Handelsvolumen schlecht und nur punktuell überliefert.[16] Zumindest für den Verkehr zwischen West- und Nordeuropa sind geschlossene Zahlenreihen überliefert: In den sogenannten „Sundzollregistern" wurden seit 1497 von der dänischen Krone alle Waren und Handelsfahrten zwischen Ostsee und Nordsee durch den Öresund bei Helsingör in fast lückenloser Reihe dokumentiert.[17] Dort ließen die dänischen Könige die Meerenge mit einer langen Kette sperren und konnten so (die meisten) Schiffe anhalten, zur Ableistung des Durchfahrtzolls und damit auch zur kompletten Dokumentierung der geladenen Frachten zwingen. Die „Sundzollregister" geben Aufschluss über den Handel von und in die Ostsee seit den 1490er Jahren und bis weit ins 19. Jh. hinein. Sie verraten dadurch auch wichtige Details über Rhythmen und Frequenzen, Zyklen, Trends und Strukturen des nordeuropäischen Handels in der Frühen Neuzeit.[18] Für einige größere Hanse- und Handelsstädte wie Hamburg, Bremen und Danzig oder die Elbzölle in Stade sind für das 18. Jh. ebenfalls Zollabgabebücher zumindest fragmentarisch belegt und ausgewertet.[19]

Man geht z. B. von einem durchschnittlichen jährlichen Wachstum der aus Asien zurückkommenden und mit Gewürzen beladenen Schiffe von 1,01 % (1500–1600), 1,24 % (1600–1700), 1,16 % (1700–1800) pro Jahr aus. Das erscheint nicht hoch, nahm sich aber während der Frühen Neuzeit gegenüber einem geschätzten durchschnittlichen Wachstum von

6.4 Handelsgüter

0,24 % für das Bruttoinlandsprodukt pro Kopf Europas durchaus respektabel aus – der Handel wuchs etwa fünfmal so schnell wie die gesamtwirtschaftliche Aktivität. Noch unsichtbar begann sich bereits während der Frühen Neuzeit die Welt zunehmend zu verflechten: Erst in der Industrialisierungs- und Globalisierungsphase des 19. Jh.s wurden diese Wachstumsraten eindrücklicher (► Tab. 6.1). Das bedeutet, dass es bereits vor der Industrialisierung eine mess- und spürbare Wirkung des Außen- und Überseehandels auf die Volkswirtschaft(en) Europas gegeben hat. Daher spricht die Forschung bei der Frühen Neuzeit häufig auch vom Zeitalter der Proto- oder Frühen Globalisierung, beginnend mit den Entdeckungsfahrten des Christopher Kolumbus 1493 und Vasco da Gamas um das Kap der Guten Hoffnung 1499/1502.[20]

Tab. 6.1: Wachstum von Welthandel und globaler Wirtschaftsleistung in Prozent (1500–2000).

	Welthandel (a)	Weltinlandsprodukt (b)	Globalisierungsquotient (a/b)
1500–1820	0,96	0,32	3,0
1820–1870	4,18	0,94	4,4
1870–1913	3,40	2,12	1,6
1913–1950	0,90	1,82	0,5
1950–1973	7,88	4,90	1,6
1973–2003	5,38	3,17	1,7
1820–2003	3,97	2,25	1,8

Quelle: nach Maddison 2007, S. 81.

6.4 Handelsgüter

Hinsichtlich der *Struktur* des Handelsvolumens ergaben sich im Verlauf der Frühen Neuzeit wichtige Änderungen. In der vorindustriellen Phase wurden vor allem Massenfrachtgüter des täglichen Bedarfs mit niedrigen Stückkosten (Getreide, Salz, Fisch, Kohlen) auf See über weite Distanzen gehandelt, ebenso Textilien, v. a. relativ preisgünstige Leinen-, Woll- und (preisintensivere) Baumwolltuche. Hinzu kamen Kolonialwaren und asiatische Importe mit hohem Stückpreis und sehr hohen Stückerlösen, die sich aus den monopolartigen Strukturen des Handels und dementsprechend hohen Preisaufschlägen durch die Zwischenhändler (Tee, Kaffee, Schokolade, Zucker, Gewürze) ergaben. Mit der Globalisierungs- und Industrialisierungsphase des 19. Jh.s nahmen Fertigwaren und industrielle Rohstoffe an Bedeutung im europäischen Außenhandel wie im Interkontinentalhandel zu.

Im Atlantik- und Nordseeraum dominierten wertmäßig in der Frühen Neuzeit bald sogenannte Kolonialwaren, also Genussmittel wie Zucker, Tabak und Kaffee,[21] doch waren deren Warenwerte bzw. Marktpreise je Gewichtseinheit typischerweise viel niedriger als für die Waren im afrikanisch-arabischen, ostindischen und pazifischen Handelssystem (Silber, Pfeffer, Zimt, Nelken und andere Gewürze). Aus den waldreichen Gebieten des Baltikums bezog man Holz, Fassdauben, Pipenstäbe (für Tabak- und Weinfässer), lange Baumstämme für Schiffsmasten, Pech und Teer für die Abdichtung von Schiffen (sogenannte *naval stores*). Flachs und Hanf zur Herstellung von Segeltuch und anderen groben Leinenstoffen wurden ebenfalls importiert, da z. B. der heimische schottische Flachs in der Qualität nicht ausreichend war bzw. sich nicht gut zur Herstellung exportfähiger Leinenstoffe eignete. Schweden war ein wichtiger Erzeuger hochwertigen und festen Eisens, welches ebenfalls in den britischen Atlantik exportiert wurde. In manchen Teilen wurden ganze Konglomerate von schwedischen Hochöfen und Eisenwerken von Exilschotten betrieben, die sich fest in die schwedische Gesellschaft und Produktionslandschaft integriert hatten. Während des 18. Jh.s und bis in die beginnende erste Industrialisierungsphase wuchs auch Russland zu einem wichtigen Versorger des atlantischen Wirtschaftssystems mit Eisen an.

Pfeffer und andere Gewürz- und Genussmittel-Importe aus dem asiatischen Handelsraum kamen nach 1500 zunehmend über Antwerpen und nicht mehr über Lissabon; da die portugiesische Krone den Gewürzstapel an die Scheldestadt verlegt hatte, die bereits seit dem Hochmittelalter ne-

6.4 Handelsgüter

ben Brügge eine vorrangige kommerzielle Stellung besaß. Nach der Scheldesperre und den Kriegswirren nahm um 1600 dann Amsterdam den Rang eines der führenden Handelszentren Europas ein. Spätestens seit der Mitte des 17. Jh.s entwickelte sich dann London zum zweiten Epizentrum der einer Ellipse gleichenden zweipoligen Handels- und Kommerzdynamik im frühneuzeitlichen Atlantik.

Die Expansion zunächst der Portugiesen und Spanier nach Asien und Amerika während des 16. Jh.s, später auch der Aufbau der englischen und niederländischen Kolonialreiche im 17. und 18. Jh. bescherten überdies auch Mais, Reis und später Kartoffeln einen festen Platz im Warenkorb der europäischen Konsumenten. Wie auch im Falle der überseeischen Genussmittel Tee, Kaffee, Schokolade und Tabak erfolgten Einführung und Adaption dieser Nahrungsmittel in Europa häufig dreistufig. Zunächst wurden sie importiert und in Kräuter- und Ziergärten kultiviert. Anfangs als Kuriositäten behandelt, erregten sie vorrangig das Interesse von Ärzten und Botanikern. Es folgte der kleinflächige Anbau in Bauerngärten, bevor in einer dritten Stufe eine generelle Verbreitung im großflächigen Feldanbau erfolgte. Durch ihren hohen Kaloriengehalt stellten insbesondere Mais, Reis und Kartoffeln eine willkommene Alternative zum Brotgetreide dar, insbesondere in Zeiten von Versorgungsengpässen.

Nachdem Tabak durch die Spanier zunächst als Arzneipflanze zögerlichen Eingang in die Klostergärten und Arzneibücher der westeuropäischen Konsumenten gefunden hatte, probierte man zunächst den plantagenmäßigen Anbau auf karibischen Inseln wie Jamaica oder Barbados. Recht bald aber stieg man auf den karibischen Inseln auf den Zucker und seine Beiprodukte (Rum, Melasse) um und verlagerte den Tabakanbau auf das nordamerikanische Festland. Seit der Mitte des 17. Jh.s war in Virginia und Maryland der Tabakanbau fest etabliert; anders als im Plantagensystem dominierte hier ein System kleinerer unabhängiger und von den Eigentümern selbst und auf eigene Rechnung bewirtschafteter Betriebe. Um die Chesapeake Bay herum, die sich als natürliche Handels- und Sammelstelle für den nordamerikanischen Tabak herausbildete, zentrierte sich die Produktion. Hier legten in den Sommermonaten die aus den westenglischen und schottischen Häfen ausgelaufenen Tabakschiffe an, um die Ernte abzuwarten, die dann mehr oder weniger unverarbeitet in Blätterform in grobe Fässer verladen und dann in einem britischen Hafen ausgeladen und zumindest zwischengelagert werden mussten, bevor anfallende Zollsummen beim Re-Export gegebenenfalls erstattet wurden. Bisweilen wurde der Tabak hier grob verarbeitet, etwa in zylinder- oder kegelförmige Hüte. Viele schottische Tabakkaufleute sandten ihre Schiffe spekulativ in die Chesapeake Bay aus; d. h. sie fuhren aus den englischen oder schottischen Häfen mit den üblichen Exportwaren aus, von denen man sich in der Karibik oder dem nordamerikanischen Festland einen Absatz erhoffte. Das Warensortiment umfasste im großen Stil Leinentuche, aber auch Sättel, Nägel, Hüte, Haushaltsgeräte und alle anderen denkbaren Güter des täglichen Bedarfs, die nicht vor Ort hergestellt werden konnten. Die Schiffe lagen dann in Virginia oder Maryland vor Anker und warteten auf die Tabakernte der ansässigen Farmer, die direkt zum Hafen lieferten. Manchmal ging der Kaufmann oder sein ansässiger Agent auch umher und kaufte die noch im Felde stehende Ernte auf.[22]

Während des 18. Jh.s entwickelten Glasgower Kaufleute das sogenannte *store system* als Alternative: Indem sie an den Umladestellen an den im Inland befindlichen Flüssen, wo die Tabaksladungen vom Boot auf Wagen umgeladen werden mussten, ihre Kauf- und Kramwarenladen errichteten, verkürzten sie den Anfahrts- und Transportweg für die heimischen Tabakspflanzer, welche im Gegenzug die aus den europäischen Häfen verschickten Gebrauchsgüter des Allgemeinbedarfs dort direkt erwerben konnten. Die Kaufleute boten in ihren *department stores* jene Sättel, Nägel und andere Waren auch auf Kredit an, abgesichert gegen die jeweils anfallende nächste Ernte. Damit verkürzten sie nicht nur Wege und Informationsfluss, sondern sicherten sich durch langfristige Kreditlinien auch wettbewerbsfähige Einkaufspreise von den amerikanischen Tabaksfarmern. Diese clevere betriebswirtschaftlich-unternehmerische Organisation wird ihr Übriges zum Aufschwung des Tabakhandels beigetragen haben, für den insbesondere Schottland im 18. Jh. bekannt ist.[23]

Projiziert man dieses Handelsmuster auf eine Karte, so ergibt sich schematisch ein Bild, das in der Literatur als „(Atlantischer) Dreieckshandel" bekannt geworden ist. Ausgerüstet wurden Schiffe zumeist in ihren Heimathäfen, von denen sie dann auch mit einer Ladung heimischer Güter und Manufakturprodukte zunächst oft den Weg gen Süden in die Niederlande antraten, wo man oft weitere Manufakturwaren und Gewerbeprodukte einholte. Dann steuerte das Schiff die afrikanische Westküste um den Golf von Guinea an, wo von lokalen Sklavenhändlern die Ware

6.4 Handelsgüter

Mensch geladen und unter brutalsten Bedingungen über den Atlantik befördert wurde. Nächster Stopp war typischerweise ein Ort in der britischen Karibik, etwa Barbados, wo diejenigen versklavten Afrikaner, welche die Reise überlebt hatten – in der Regel 40–60 % (!) –, verkauft und zur Arbeit auf einer der ansässigen Zuckerrohrplantagen eingesetzt wurden. Hier wurden schon üblicherweise aufgrund der Spanne zwischen Einkaufs- und Verkaufspreis hohe Gewinne erzielt. Eingeladen wurden Zucker, Rum und Kuppelprodukte (engl. *byproducts*) der Zuckerrohrproduktion, etwa Melasse. Weiter fuhr das Schiff oft zu nordamerikanischen Häfen, wo Tabak, Reis (aus South Carolina) und diverse andere Waren zugeladen wurden. Nach Vollendung des Dreiecks und Rückkehr in einen britischen Hafen wurde das Schiff entweder entladen oder es fuhr mit Teilen der Ladung (wie Zucker und Tabak) weiter, die dann auf einem der Märkte Kontinentaleuropas an den Mann (oder die Frau) gebracht wurden. Wichtige Häfen bzw. Verteilerzentren waren Hamburg, Bremen, Amsterdam, Rotterdam, aber auch Kopenhagen oder Bordeaux. Dieses unheilige Geschäftsmodell – welches auf den Sklaventransporten zwischen Afrika und der Karibik beruhte –, machte nicht nur unzählige englische, schottische, französische, schwedische oder dänische Kaufleute und Firmen unermesslich reich. Nach Auffassung einiger Forscher begründete es auch den Wohlstand Großbritanniens und ermöglichte die nötige Liquidität, derer es beim Aufbau größerer fabrikmäßiger Produktionskapazitäten im Zuge der Industrialisierung bedurfte.[24]

Heute ist man über Umfang und Struktur der Nordwestpassage und des Sklavenhandels vor allem dank des Großprojektes „Slave Voyages", auf dessen Website https://www.slavevoyages.org informiert, wo man anhand der Schiffsnamen und Logbücher Rhythmus, Umfang und Struktur dieses dunklen Geschäfts nachvollziehen kann. Ein Höhepunkt wurde gegen Ende der 1770er Jahre erreicht – just zu dieser Zeit begann auch die Industrialisierung in vielen Gegenden Nordwestenglands. Wenig später wurde der Sklavenhandel in Großbritannien verboten; englische Freibeuter engagierten sich dann in der Durchführung des Embargos gegen diejenigen verbliebenen Handelsnationen, welche mit dem unsäglichen Geschäft des transatlantischen Sklavenhandels fortfuhren.

Insgesamt sind zwischen 1500 und 1875 mehr als 11.000 Fahrten und mehr als 12 Mio. über den Atlantik transportierte Afrikanerinnen und Afrikaner dokumentiert; der Höhepunkt war im 18. Jh. mit fast 6 Mio. Personen erreicht. Der überwiegende Anteil der Sklaventransporte ging indes nicht in die englisch-britischen (oder französischen oder niederländischen) Plantagen, sondern nach Brasilien, eine portugiesische Kolonie. Portugal war der eigentliche Nutznießer dieses Handelszweigs, verfehlte aber während des 18. und bis in das 20. Jh. hinein die Industrialisierung und Teilnahme am Wirtschaftsaufschwung des Westens, weswegen Argumente, das „Atlantische Dreieck" habe die Industrialisierung Europas und Großbritanniens ursächlich befördert,[25] dahingehend modifiziert werden müssen, dass dies nicht für alle Beteiligten gleichermaßen galt. Der Sklavenhandel stellt also weniger eine *ursächliche* (dann hätte die erste industrielle Revolution ebenso gut in Portugal stattfinden können) als eine (wie im Falle Großbritanniens) *ausschlaggebende* Bedingung für langfristiges Wirtschaftswachstum dar.

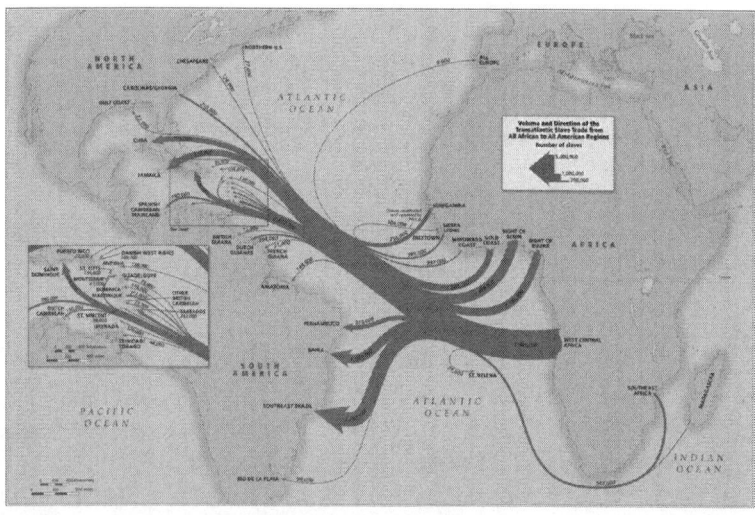

Abb. 6.2: Umfang und Richtung des transatlantischen Sklavenhandels von allen afrikanischen in alle amerikanischen Gebiete.

Bis heute besteht in den Geschichts- und historisch orientierten Wirtschaftswissenschaften Disziplinen daher eine teils lebhafte Debatte, ob und in welchem Umfang etwa Sklaverei, Atlantische Ökonomie und das Plantagensystem maßgeblich zum Wachstum der Wirtschaft und zur Entstehung der industriellen Revolution beigetragen haben.[26] Hier geht es um Wechsel- und Multiplikatorwirkungen, Gewinne und Profite, die von den beteiligten Staaten und Akteuren innerhalb des Atlantischen Handelssystems realisiert wurden und inwiefern – bzw. in welcher Stärke und Intensität – sich diese bei den inländischen Investitionen in Manufakturen und Gewerbe niederschlugen. Es ist zwar bekannt, dass viele in den „Atlantischen Dreieckshandel" involvierte Kaufleute Großbritanniens auch direkt in solche Unternehmungen (engl. *business ventures*) engagiert und involviert gewesen sind, die – wie Eisen- und Schwerindustrie – direkt zur Ausformung der industriellen Revolution beigetragen haben. Anderswo werden die Zusammenhänge indirekter gewirkt haben, v. a. in der Erschließung globaler Märkte und billiger Inputs wie Rohbaumwolle.[27]

6.5 Handelszentren

Bereits seit dem Mittelalter hatten sich bestimmte Handelsstädte gleichermaßen als Zentralorte und natürliche Gravitationspunkte im europäischen Außenhandel ausgebildet. Im 15. Jh. waren v. a. Brügge und Antwerpen führende Umschlagplätze, v. a. für Gewürze aus dem asiatischen Handelsraum, aber auch für englische und flämische Tuche. Brügge und Antwerpen verfügten über die ersten Börsen der Zeit. Wie auch Amsterdam hatten diese Städte ein starkes Element kommunaler Selbstverwaltung. Oftmals stellten die ansässigen Kaufleute auch den jeweiligen Stadtrat, bestimmten also direkt über die Ausgestaltung des Handelsrechts und der kommerziellen Aktivität und damit über die Attraktivität ihrer Handelsstadt mit. Diese konnte dann regelrecht zu einem ‚Magneten' für andere Kaufleute fremder Herkunft avancieren, die es einfacher fanden, an diesem Ort Handel zu treiben. In Brügge und später Antwerpen wurden diese Kaufleute unabhängig von ihrer Herkunft, ihrem Wohlstand, ihrer Religion oder ihrer wirtschaftlichen Spezialisierung durch den Stadtrat gefördert.[28] Diese städtischen Förderungen wurden zunehmend inklusiv und verstetigt. Durch die Herausbildung einer ganzen Klasse von Maklern – für Warengeschäfte wie später auch Wechsel (engl. *bill of exchange*, Finanzpapiere, die im bargeldlosen Zahlungsverkehr zwischen Kaufleuten zur Anwendung kamen) und andere Finanzgeschäfte – wurde eine kommerzielle Infrastruktur geschaffen, welche von inländischen wie auswärtigen Kaufleuten gerne genutzt wurde. Dies galt jedoch nicht für den Asienhandel. Hier mussten Kaufleute Mitglied der *Vereenigden Oostindischen Compagnie* (VOC) sein, einer staatlich lizenzierten privaten Korporation, ähnlich wie die *East India Company* (EIC) in England. Amsterdam verfügte auch über eine der ältesten Wechselbörsen der Zeit, in der sich Kaufleute täglich trafen und Wechsel in fast allen Währungen und auf alle maßgeblichen Finanzplätze der Zeit erwerben konnten. Die Permanenz des Waren- und Finanzmarktgeschehens war ebenfalls ein ausschlaggebender Standortfaktor für aufstrebende Finanzzentren der Zeit. Wann immer es zu Streitigkeiten im Geschäftsleben kamen, akzeptierten die entsprechenden Gerichtshöfe zunehmend Geschäftsunterlagen der beteiligten Kaufleute und Unternehmungen als Beweis. Ein wichtiger Standortfaktor war der politische Rahmen: Kaiser Karl V. (1500–1558) etwa entschied sich für die Protektion von Antwerpen als globalem Handelsentrepôt, doch die Unabhängigkeit der nördlichen Niederlande und die Versandung der Scheldemündung als Zugang zum Antwerpener Hafen mischten die Karten neu. Erster Finanz- und Warenumschlagsplatz der Zeit wurde dann Amsterdam. Im 17. Jh. ging dies einher mit dem Aufbau des niederländischen Plantagen- und Kolonialreiches in Asien, weniger mit der Erschließung des niederländischen Atlantiks.

Während des 18. Jh.s übernahm dann London einen Großteil des Amsterdamer Waren- und Geschäftspotenzials. Dies wiederum erklärt sich weniger aus geographischen und institutionellen Standortvorteilen als aus den Verschiebungen im globalen Handelsgefüge, also dem wirtschaftlichen Aufstieg Englands seit Mitte des 17. Jh.s. Amsterdam lag zwar günstig zwischen Nord- und Südeuropa und wies die genannten geschäftsfreundlichen Vorzüge auf. London wiederum konzentrierte nach der Restoration und dem Aufstieg der *New Merchants* als führende Akteure in der *Atlantic economy* ein zunehmendes Volumen an atlantischen Handelswaren und bargeldlosen Zahlungsverkehrs auf sich. Hier gab es ebenso eine repräsentative Börse wie eine Infrastruktur von Kaffeehäusern, Firmen und Läden, die den Seehandel und das Versicherungswesen entsprechend unterfütterte. Nicht zuletzt wies die Stadt mit einem Zehntel der englischen Bevölkerung eine vergleichsweise dichte geographische Konzentration von Konsumenten auf.

Die freie Reichsstadt Hamburg war seit dem Dreißigjährigen Krieg in praktisch allen kriegerischen Konflikten der Zeit neutral und nutzte diesen Status als Standortfaktor in einem Zeitalter, das von kriegerischen Konflikten nachgerade geprägt war. Eine gute Verwaltung der Kaufleute auf See (Admiralität), aber auch die Frühform einer ‚Handelskammer' moderner Prägung, religiöse Toleranz und ein gut ausgebildetes Bankensystem machten Hamburg zeitweilig zum nordeuropäischen Finanz- und Handelsplatz Nummer eins. Insbesondere im Gefolge der Napoleonischen Kriege und der englischen Kontinentalblockade Napoleons wuchs Hamburgs Handelsvolumen deutlich an, v. a. da große Teile der Warenströme, die vormals über London und andere, weiter südlich gelegene Häfen liefen, zumindest zeitweise umgeleitet wurden. Andere Handelszentren wie das dänische Altona (heute Stadtteil von Hamburg, damals zweitgrößte Hafen- und Handelsstadt Dänemarks nach Kopenhagen) profitierten von der Lage an der unteren Elbe sowie der offenkundigen Nähe zu Hamburg und der Tatsache, dass hier, nur wenige Kilometer entfernt, dänisches Recht angewandt wurde, was sich in Zeiten politischer Konflikte und Rivalität ebenfalls positiv auswirken konnte.

Stockholm, Göteborg, Glasgow und Bordeaux entwickelten sich zu florierenden Handelsplätzen von regionaler Bedeutung, Glasgow vor allem im Tabakhandel. Doch erreichten diese nie die überragende und international führende Stellung, welche Sevilla und Lissabon während des 16. Jh.s, Antwerpen, Amsterdam, London (und in Grundzügen auch Hamburg) während des 17. und 18. Jh.s eingenommen hatten. Für den mittel- und ostmitteleuropäischen Handel waren wiederum Frankfurt a. M., Augsburg und Nürnberg als Wirtschafts- und Finanzzentren wichtig; ab der zweiten Hälfte des 17. Jh.s weiterhin Leipzig als Messestadt.

6.6 Handelsinstitutionen, Akteure und Netzwerke

Träger des Handels im Atlantikraum in der Frühen Neuzeit waren zum einen Kaufleute, die auf eigene Rechnung wirtschafteten. Meist agierten Kaufleute auch im Konsortium bzw. als *partnership* mit einem oder mehreren Partnern, insbesondere in Handelssparten, wo sowohl hohe Kapitalkosten als auch Risiken Einzelunternehmungen unwirtschaftlich oder sogar undurchführbar machten. Insbesondere der Bau und Unterhalt ozeantauglicher Schiffe überstieg die finanziellen Möglichkeiten einzelner Akteure in der Regel um ein Vielfaches; selbst sehr wohlhabende Kaufherren teilten sich üblicherweise ein Schiff (*Partenreederei*).

Als dritte Form der Handelsorganisation treten uns Korporationen und Handelskompanien entgegen; v. a. dort, wo Kaufleute in der Fremde, in anderen Staaten und Jurisdiktionen operierten und Verhandlungen im Kollektiv bessere Bedingungen (*property rights*) für die Einzelkaufleute schufen. Hier tritt uns im Spätmittelalter die Hanse entgegen: ein Städteverbund, unter dessen Schirm gewisse Regeln und Handelsrouten für die beteiligten Städte und ihre Kaufleute verstetigt und kollektiv ökonomisch in Wert gesetzt werden konnten. Die Hanse machte allerdings auch eigenständige Politik, führte Kriege und trat auf der internationalen Bühne bisweilen wie ein souveräner quasi-staatlicher Akteur auf. Nach 1500 kamen dann, v. a. in England, die großen Handelskompanien zum Zuge. Für den Handel mit dem Vorderen Orient waren dies die *Levant Company*, für den Austausch mit Nord- und Kontinentaleuropa die *Merchant Adventurers*, im Baltikum und Nordeuropa die *Eastland/North Sea Company* und die *Russia Company*. Für die sich entfaltende *Atlantic economy* bildeten sich zur Mitte des 17. Jh.s die entsprechenden Westindien-Kompanien. Entsprechende Kompanien gab es in Dänemark-Norwegen mit der *Vestindisk kompagni* (1659–1776), für die Niederlande mit der *Geoctroyeerde Westindische Compagnie* (GWC/WIC, 1621–1792), Frankreich mit der *Compagnie des Indes occidentales* (1664–1674), und Schweden hatte die kurzlebige *Svenska Västindiska Kompaniet* (1787–1805). In England machte die *Virginia Company* 1606 den Anfang, wurde 1624 aber bereits wieder eingestellt.

Im Gegensatz zum Handel mit Asien erwiesen sich gerade im englischen und britischen Atlantikhandel Einzelunternehmungen und *partnerships* langfristig als die erfolgreichere, weil rentablere Form der Handelsorganisation. Ursache war die frühe Herausbildung staatlicher Strukturen in den amerikanischen Gebieten, meist in Form von Kolonien, d. h. nominell unter der Herrschaft der englischen Krone und des englischen Staates stehenden, doch mit umfassenden Kompetenzen der Selbstverwaltung ausgestatteten politischen Gebilden. Auf dem Gebiet einer Kolonie konnte ökonomischer Wettbewerb stattfinden, der nicht an

6.6 Handelsinstitutionen, Akteure und Netzwerke

eine mit Monopolansprüchen und Handlungsrecht ausgestattete Handelskompanie gekoppelt war.

Hier wirkte der politische und ökonomische Aufstieg der nicht-inkorporierten Londoner *New Merchants* mit, die sich gegen die Monopolansprüche der alten *Levant Company*, der *Merchant Adventurers* und der *Virginia Company* wandten. Diese Kompanien wurden alle vom englischen König unterstützt und mit einem Handelsmonopol ausgestattet. Im Gegenzug bildeten sie die politische, finanzielle und logistische Untermauerung der Stuart-Monarchie und ihrer Fiskalinfrastruktur.[29] Diese neue Klasse von Londoner Aufsteigern beförderte nach 1642 in den Wirren der englischen Bürgerkriege nachhaltig nicht nur den Fall der Stuart-Monarchie, die erst 1660 durch die Restauration zurück auf den englischen Thron gekommen war. Sie ermöglichte auch die Entwicklung der *Atlantic economy* als weitgehendes *open access*-Modell und kompetitives Handelssystem.

Open access beschränkte sich freilich nur auf Kaufleute englischer Herkunft und Nationalität und ist im Zusammenhang mit den oben geschilderten Staatsbildungsprozessen zu sehen, oftmals gefasst unter dem wirtschaftspolitischen Problembegriff des Merkantilismus. Das Konzept und Verständnis von ‚Nationalität' bildete sich in simultaner Evolution mit der Entwicklung der *Atlantic economy* im Zeitalter des Merkantilismus erst heraus, war im 16. Jh. noch nicht fixiert und sah gegen Ende der frühmodernen kommerziellen Revolution im Atlantikraum (ca. 1660–1783) bereits ganz anders aus als im späten 16. Jh. Englische Handels- und Wirtschaftsinteressen wurden vom aufstrebenden *fiscal-military state* zunehmend aggressiv und proaktiv (auch militärisch) geschützt. Sie unterlagen aber noch der Ausformung und Ausdefinierung, wie der Erlass der *Navigation Acts* seit 1651 eindrucksvoll belegt (▶ Kap. 6.2).

Im Atlantik begünstigte die frühe Abkehr vom Kompaniesystem neben einer zunehmend dynamischen Handelsentwicklung ganz andere politische, ökonomische und kommerzielle Strukturen als in den anderen globalen Handelsräumen. Im Asienhandel erfolgte erst nach der Schlacht bei Plassey 1757 in Bengalen eine Verstaatlichung bzw. Territorialisierung britischer Machtansprüche auf dem indischen Subkontinent, die allerdings weiterhin von der durch eine Monopolurkunde privilegierten *East India Company* als semi-privatem Akteur mit staatlichen Kompetenzen wahrgenommen wurden, nicht vom Britischen Parlament oder dem

Staat an sich. Die *East India Company* übte umfassende staatliche Funktionen aus, einschließlich Legislative, Exekutive und Judikative sowie militärischer Aktionen, welche es im englisch-britischen Atlantik so nur in der Frühzeit und lediglich in Ansätzen gegeben hatte. Andere Mächte (Frankreich, Niederlande) wandten im Atlantik ebenfalls zunächst das halb privatrechtlich, halb staatlich organisierte Kompanieprinzip einer staatlich sanktionierten und inkorporierten Aktiengesellschaft mit umfassenden Monopolansprüchen an.

Zunächst erfüllten solche Handelskompanien die Funktion des *risk pooling* bzw. *risk sharing*: Staatliche Monopolisierung erfolgte im Gegenzug für umfangreiche Zahlungen an das jeweilige Land (engl. *host state*). Diese Zahlungen sollten es diesem dann in der Theorie ermöglichen, die Monopolansprüche durch Sicherung der Handelsrouten auch zu garantieren und so für die beteiligten Kaufleute und die heimischen Kapitalgeber entsprechende Gewinnchancen zu etablieren. Beides waren durchaus unterschiedliche Gruppen – die meisten Zeichner von Aktien der Handelskompanien Hollands, Frankreichs und Englands sind vermutlich nie selbst auf einem Handelsschiff gefahren.

Doch schon bald ergab sich im Rahmen des triangulären Handels- und Finanzsystems v. a. im britischen Atlantik eine hohe Rentabilität, die nicht nur Einzelunternehmungen oder *partnerships* zwischen wenigen Kaufleuten wirtschaftlich sinnvoll machten, sondern auch eine gewisse Fluidität in den Handelsstrategien und Handelsstrukturen erzeugten. Englische Kaufleute im 18. Jh. hatten wenig Skrupel, offen mit holländischen, französischen oder Kaufleuten anderer Nationen zu handeln oder geschäftliche Projekte aufzuziehen, selbst wenn sich ihre Staaten formell im Kriegszustand miteinander befanden. Und auch die normativen Vorgaben der *Navigation Acts*, die eine Standardisierung der Handelsrouten und Kanalisierung der Profite in englische Kassen erzeugen sollten, wurden ebenso oft von englischen oder britischen Kaufleuten gebrochen, wie sie eingehalten wurden.

Die jeweilige Wahl von Handelsware, Handelsroute und Handelspartnern ergab sich als Teil der jeweiligen größeren Strategie. Dies heißt nicht, dass diese Gesetzgebung im Zeitalter des Merkantilismus erfolglos oder ineffektiv gewesen ist. Im Gegenteil zeugt die Flexibilität und Fluidität des Systems von seinem langfristigen Erfolg. Es profitierten der englische Kaufmann und die englische Staatskasse simultan. Und noch Adam

6.6 Handelsinstitutionen, Akteure und Netzwerke 149

Smith lobte die *Navigation Acts* in seinem *Wealth of Nations*, da sie einen guten Einfluss auf die Stabilisierung und die ökonomische Entwicklung des britischen Staatswesens gehabt hätten. Das zunehmend koloniale Züge annehmende Handelssystem der britischen *Atlantic economy* mit dem englischen Staat als Setzer von Normen, *law and order*, hat massive Nettogewinne für britische Kaufleute erzeugt und auch die britische Manufakturwirtschaft, möglicherweise sogar die britische Industrialisierung entscheidend begünstigt.[30]

Auch wenn Unternehmungen von Kaufleuten oftmals mit relativ kurzem Zeithorizont operierten, so ergaben sich in vielen Fällen doch regelrechte Handelsdynastien. Und auch die Netzwerke und Diasporen, etwa der Schotten im Baltikum, blieben – wenngleich ihre Mitglieder stetig wechselten – in dieser Gestalt jedoch konstant bestehen. Um 1680 waren nach Auswertung der Londoner Hafenzollbücher etwa 1800 von 2.000 aktiven Großhandelskaufleuten in den Austausch mit den Plantagen in der Karibik und Nordamerika involviert. Fast zwei Drittel von ihnen deklarierten importierte Waren mit einem Warenwert von unter £ 50 Sterling; nur 33 von ihnen (etwa 1 %) deklarierten Warenwerte über £ 7.000 Sterling. Etwa 3 % der beteiligten Händler kontrollierten damit knapp ein Drittel des mit der Karibik und den nordamerikanischen Besitzungen anfallenden Handels.[31] D. h., die großen Gewinne, die sich insbesondere über die Masse fahren ließen, wurden von einigen wenigen Einzelkaufleuten und Konsortien realisiert.

In Glasgow, das nach 1740 zum größten Einfuhrhafen für nordamerikanischen Tabak avancierte, verhielt es sich ähnlich. Hier kontrollierten jeweils zwischen einem und zwei Dutzend Individuen nahezu den kompletten Tabakimport- und Re-Export. Diese formierten und rekonfigurierten sich in immer wieder anderer Art und Weise zu neuen *partnerships* und Unternehmungen; in der Summe allerdings verblieben die Vermögen in den Händen bedeutender Takakkaufmannsdynastien wie der *Speirs*, *Buchanan* oder der *Bogle*, welche durch ihre umfassenden Investitionen nicht nur in die heimische Tuchproduktion, sondern v. a. auch in die herrschaftlich-bourgeoise urbane Architektur bekannt geworden sind und ganze Straßenzüge Glasgows bis heute geprägt haben (*Buchanan Street*).

Q 6.2: Kaufmannsbrief, „Baillie" John Steuart an seinen Faktor (Handelsagent) in Hamburg (1716)

„Sir,– By recomendation of My Mr. Alex.[ander] Mackintosh of this pleace I send you inclosed bill of Loadning for one hundred and seventie eight barrels White hering, which you are to dispose of to the best avail for My Account; and from the Nett proceeds You are to shipp for My Acct. 1500 brack pipe staves, the best of there kind, and 6000 barell staves fitt for hering Cask, like those come Comonly from Norway. Norway staves are Comonly bought at 5 to 6 [Rix] Dollars pr. Mill, but if not Gett them about that price, that is for a Dollar or two More pr. Mill, you are not to buy, but in there pleace ship 1500 best pipe staves or Crown Ware, to be kept seperat from the brack in the barks hold. Buy Likeway and ship 12 shipp lb best Midlin iron, if can be hade not exceeding 8 R[ix]. Dollars pr. Ship lb: Item 3 barells black sope in firkins; that is, 12 firkins; and pleace the value of sd. goods to My Acct., and lett the value be insured. And What Ballance remains on the proceeds of the herins you are to Remitt to the hands of Mr. Alexr. Andrew, Mercht. in Rotterdam, and advise me Accordingly."

Kommentar: John Steuart war einer der bekannteren Kaufleute seiner Zeit; noch vor der Zeit des großen Aufschwungs des schottischen Kolonialwarenhandels über Glasgow. Von seiner Geschäftsbasis in Inverness aus handelte Steuart mit kontinentaleuropäischen Häfen, darunter Hamburg. Seefisch war zu der Zeit noch eines der wichtigsten Handelsgüter Schottlands, was auch auf eine relative wirtschaftliche Rückständigkeit hindeutet, die erst zum Ende des 18. Jh.s schrittweise aufgeholt wurde, als sich die erste industrielle Revolution auch in Schottland auszubreiten begann.

Steuart schreibt hier seinem Korrespondenten und Handelsagenten, Bartholomew Bludworth und weist ihn an, auf seine Rechnung 178 Fässer Hering zum bestmöglichen Preis in Hamburg zu verkaufen. Im Gegenzug sollen Pipenstäbe und Fassdauben für Fässer (engl. *barrel*, *firkin*) erworben werden. Eines der beliebtesten Herkunftsländer für diese Holzwaren war Norwegen (damals Teil des Königreiches Dänemark-Norwegen). Weiterhin ordert Steuart Eisenwaren und Seife. Er gibt in seinem Brief genaue Anweisungen, zu welchem Maximalpreis (in Reichsthalern) die Waren gekauft werden sollen und wohin Gewinne und Überschüsse aus dieser Transaktionskette überwiesen werden sollen – (vermutlich) per Wechsel auf Amsterdam, das größte Banken- und Finanzzentrum seiner Zeit und internationale Clearingstelle im bargeldlosen Zahlungsverkehr.

6.6 Handelsinstitutionen, Akteure und Netzwerke

> Anschaulich belegt dieses Quellenbeispiel dass selbst ‚unbedeutendere' einfache Handelszweige wie der Holz- und Fischhandel bereits um 1700 herum multilateral waren und dass sich der Außenhandel und Zahlungsverkehr der Zeit nur in Form von Transaktionsketten und miteinander verknüpften Zahlungszielen über mehrere Ecken und Orte verstehen lässt: Ausschließlich bilaterale Handelsbeziehungen waren eher unbekannt (und hätten in der Form wohl auch in den wenigsten Fällen funktioniert).
> **Zitiert nach:** Mackay 1915, S. 25–26 (19. September 1716).

Nicht alle Geschäftsmodelle waren zwangsläufig oder immerzu profitabel: Die Risiken waren insbesondere im interkontinentalen und Seehandel hoch, besonders auf den Ozeanen. Daher machten Kaufleute sich überall im atlantischen Handelsraum ihre sozialen Netzwerke zunutze, die teils auf Nationalität oder gemeinsame Konfessionszugehörigkeit gründeten, teilweise auf Heirat, Einheirat, Schwiegereltern-, Taufpaten- und Schwagerschaft ruhende Pole darstellten, die natürlich auch zur Schaffung von Vertrauen, Glaubwürdigkeit und Verlässlichkeit im Handel auf lange Distanz beitrugen. Vor allem in Zeiten, in welcher die Kreditwürdigkeit des jeweiligen Geschäftspartners oft nur indirekt und keinesfalls treffsicher festgestellt werden konnte, Gerichtshöfe insbesondere in internationalen Handelssachen nicht immer Transparenz herstellen und Regeln international schwer zu sanktionieren waren, dienten soziale Netzwerke nicht nur als Quelle des in jedem Handelsgeschäft unabdingbaren gegenseitigen Vertrauens. Sie stellten darüber hinaus Vertragssicherheit her, insbesondere dort, wo es entweder kein kodifiziertes Handelsrecht bzw. keine für alle Parteien transparenten und gleichermaßen einklagbare Regeln gab oder keine institutionalisierten Mittler bzw. Makler – wie an den großen Finanzplätzen Amsterdam und London. Reise- und Informationswege waren lang und die Gefahren einer Zahlungsunfähigkeit des Gegenüber hoch.

Sprichwörtliche Berühmtheit erlangten Exilschotten, die bereits seit dem 15. Jh. als wandernde Händler in vielen kontinentaleuropäischen Quellen und Diskursen auftauchten und sich spätestens im 17. Jh. in fast allen maßgeblichen seewärtigen Handelsstädten im Ostseeraums als Diaspora festgesetzt hatten, vor allem im Gebiet des heutigen Lettland

und Litauen sowie im schwedischen Göteborg. Auch in vielen französischen Seestädten spielten sie eine maßgebliche Rolle und genossen teilweise noch nach 1707 Sonderprivilegien, die sie von den Zollabgaben für ‚Engländer' (d. h. britische Untertanen) befreiten.
In manchen Städten in Polen-Litauen wurden z. B. Gottesdienste im späteren 17. Jh. mehrsprachig gehalten bzw. gab es eigene Gottesdienste in deutscher und englischer neben der jeweiligen Landessprache. Auch auf dem nordamerikanischen Festland und in der Karibik setzten sich ganze Kommunen schottischer Expatriates fest. Wenngleich dies seit der Vereinigung der Königreiche 1707 vom britischen Staat teilweise bewusst toleriert und gefördert worden ist – im Sinne des Zusammenwachsens eines ‚britischen' Staatskörpers – bewahrten sich die Schotten auch danach noch eine eigentümliche kollektive Identität als unabhängige Nation. Dies schlug nicht nur bei der Ausgestaltung der Handelsnetzwerke zu Buche, sondern leistete auch der ökonomischen Erschließung des *Old English Empire* im Atlantik Vorschub, wo in vielen Bereichen der ökonomischen Erschließung des ersten britischen Empire – v. a. im Tabakhandel, aber auch bei der *East India Company* und dem Aufbau des britischen Kolonialreiches auf dem indischen Subkontinent – Schotten eine im Vergleich zu ihrem Bevölkerungsanteil überproportional wichtige Rolle einnahmen.

Der Atlantik war eine mehrsprachige und multikulturelle Landschaft und auch die britische *Atlantic economy* ist alles andere als ausschließlich englisch oder britisch gewesen. Sie ist multi-ethnisch und teilweise – trotz der zunehmenden Fokussierung auf die Zentralorte London, Bristol und Glasgow – auch polyzentrisch geblieben. Engländer und Schotten agierten hier neben holländischen, französischen, dänischen und schwedischen Kaufleuten. Auch deutsche Exilnetzwerke sind im britischen Atlantik (und anderswo) gut belegt. Die nach 1650 zunehmend ‚nationalistische' Züge annehmende Handelsgesetzgebung des Merkantilismus bezog sich primär auf die Abschöpfung und Kanalisierung von Handelsrouten und Handelsgewinnen, von Steuerlast und Wirtschaftspotenzial, weniger auf die rechtlich legitimierte Diskriminierung nach unseren modernen Kriterien (Staatsangehörigkeit, Nationalität, Reisepass; Inländerprinzip usw.). Selbst die zeitgenössischen Zollbücher und andere handelsgeschichtlichen Quellen in England nach 1660 sind voll von schillern-

6.6 Handelsinstitutionen, Akteure und Netzwerke

den Namen für Schiffe, Kaufleute und Kapitäne, die alles andere als englisch klingen und die multiethnische Welt der Kaufmannsnetzwerke im Rahmen der *Atlantic economy* belegen.

7 Geldwirtschaft und Kreditwesen

7.1 Münzen, Markt und Kapital – Abriss der Geldgeschichte

Geld ist nicht nur eine der wichtigsten Klammern zwischen verschiedensten historischen Akteurinnen und Akteuren, Wirtschaftssystemen, Wirtschaftsregionen, Zeiten und Räumen gewesen; bei seiner Form als Münzgeld hat es sich auch um eines der am häufigsten verwendeten, gebrauchten und alltäglichsten Gegenstände menschlicher Erfahrung überhaupt gehandelt. Geld verbindet Menschen – und trennt sie (soziale und wirtschaftliche Ungleichheit); es macht bestimmte Relationen zwischen Menschen (Löhne, Preise, Handelsvolumen) messbar und vergleichbar, verleiht bestimmten Aktivitäten und Gegebenheiten einen gemeinsamen Nenner, macht wirtschaftliches Handeln und Strukturen aus historischer Perspektive vielfach erst (er-)fassbar. Dies gilt nicht nur für Europa, sondern auch in Indien und China, den bis ca. 1800 größten Wirtschaftsräumen der Welt, wo es seit dem Mittelalter eine auf Münzen beruhende Monetisierung und Marktwirtschaft gegeben hat, teilweise sogar auf bargeldloser Ebene.[1]

Gleichwohl ist Geld nicht selbsterklärend, sondern bedarf der historischen Kontextualisierung, denn das alteuropäische Währungsverständnis, insbesondere im Kleingeld- und Scheidemünzsegment funktionierte anders als heute: Kleingeld – Pfennige, Heller, Kreuzer – *fluktuierte* stets im Wert gegenüber den höheren Münzen wie Gulden oder Taler. Feste Währungsrelationen existierten nur vom Gesetz und der Theorie her.[2]

Zudem wurde die Annahme, dass sich marktwirtschaftliche Transaktionen – und das gilt für die vorindustrielle Zeit wie die Gegenwart gleichermaßen – stets ausschließlich auf monetäre, d. h. in Geld abzuwickelnde Transaktionen beschränken, inzwischen in den Bereich des Mythos verwiesen.[3] Des Weiteren hat es vor dem 20. Jh. keine im modernen Sinne einheitlichen Währungsräume gegeben.

Seit dem Mittelalter waren Gold und Silber als Währungsmetalle in Europa in Gebrauch. Dabei waren Goldmünzen seltener und von ihrer Kaufkraft her viel wertvoller als die meisten Silbermünzen. Das Wertverhältnis zwischen Silber und Gold schwankte für gewöhnlich meistens um 1 : 12 herum. Schwerere Guldenmünzen wie der Florentiner *Florin* (geprägt in Florenz seit ca. 1252), der Venezianische *Dukat* (oder *Zechine*, geprägt ab 1284) oder der *Rheinische Gulden* (Rfl., fl. rh., geprägt ab 1386 durch die Rheinischen Kurfürsten von Mainz, Köln und Trier sowie den Pfalzgrafen) waren dem Fernhandel bzw. der Verrechnung größerer Bilanzsummen vorbehalten. In Portugal zirkulierten ab 1502 der Silber-*Cruzado* zu 400 *Réis* und der Gold-*Cruzado* zu 750 bis 875 *Réis*.

Seit den 1480er Jahren wurden im Zuge des letzten mittelalterlichen Booms in der zentraleuropäischen Silberförderung in Tirol, ab 1500 in Sachsen und ab 1518 in Böhmen größere Silbermünzen als Äquivalente zu Goldmünzen geprägt. Diese Münzen nannten sich *Guldiner*, „Groschen so ein Gulden gilt" oder nach der Förderstätte im böhmischen Joachimsthal (heute: Jáchymov/Tschechische Republik) *Thaler* – woher der *Dollar* seinen Namen hat. In Spanien kam in der zweiten Hälfte des 16. Jh.s der *Real de a Ocho* als Großsilbermünze und Leitwährung zur Dominanz in der Geldzirkulation, in den Spanischen Niederlanden die *Philippstaler*, in England die silberne Krone (*crown*). Während der Frühen Neuzeit lösten diese Großsilbermünzen das Gold nahezu vollständig im alltäglichen Zahlungsverkehr ab, selbst wenn es sich in der Bezeichnung Gulden bis an das Ende der Frühen Neuzeit in der Wirtschaftssprache des Alltags weiter hielt.

Im Alltag belief sich der Geldumlauf der kleinen Leute auf eine verwirrende Vielzahl von Kleingeld wie Pfennigen, Hellern (Halbpfennigen) oder Mittelmünzen wie Schilling, Batzen, Kreuzer oder Groschen. Um 1500 galt in Mitteldeutschland der Groschen zu 8 bis 12 Pfennigen – je nachdem, um welche Region, Prägung und Groschen bzw. Pfennigtypus es sich handelte. So wurden im alltäglichen Verkehr insbesondere die Pfennige durchaus zu wechselndem Wert tarifiert. Grundsätzlich galt, dass jeder Mann (und jede Frau) Geld in die Münzstätte liefern konnte, sofern man ein Geschäft abschließen wollte und entweder nur altes oder aber fremdes Geld zur Verfügung hatte. Immer wieder pflegten die Münzherren das alte umlaufende Geld einzuziehen und zu einem gesetzlich fixierten Kurs neu auszubringen. Über den Münzfuß – dieser gab an, wie

7.1 Münzen, Markt und Kapital

viele Stücke oder Münzen eines bestimmten Typus aus einer Gewichtsmark (ca. 250g) Silber oder Gold zu prägen waren – setzten sie die Rahmenbedingungen des bargeldlichen Zahlungsverkehrs und damit auch der geltenden Geldpolitik. Eine Kontrolle der Geldmenge war nur insoweit möglich, als man die Menge der neu auszubringenden bzw. geprägten Münzen begrenzen konnte – nicht aber den allgemeinen Umlauf von Edelmetallmünzen an sich.

So kam es, dass insbesondere bei den Mittelgeldern und vielmehr noch den Kleingeldern bald eine schier unübersehbare Menge an Münztypen zirkulierten. Die Esslinger Reichsmünzordnung von 1524 etwa sah vor, dass man in Südwestdeutschland mit 210 Pfennigen auf den Reichsguldiner wechselte; in Württemberg, Baden und Würzburg waren es 168 Pfennige, in Bamberg, Brandenburg, Sachsen und Nürnberg 252 Pfennige, in Straßburg, Ulm und Überlingen galt der Gulden 21 Plappart (regionale Bezeichnung des Groschens) usw. In Tirol und vielen anderen Gebieten im Süden des Reiches galt der Gulden 63 bis 72 Pfennige. Bei den rheinischen Kurfürsten zirkulierte als Groschentyp der sogenannte Weißpfennig (*Albus*) zu je 8 Pfennigen. Davon gingen ursprünglich 24 auf den Gulden, in den 1520er Jahren bereits 26 und Mitte des 16. Jh.s dann 28.

Diese immer wieder changierenden Relationen gaben oftmals Anlass zu sozialen Unruhen. Die Währungsgesetzgebung versuchte der Situation dadurch Herr zu werden, dass man etwa auf dem Gebiet des Heiligen Römischen Reichs Deutscher Nation während des 16. Jh.s mehrfach versuchte, eine Reichswährung zu etablieren, d. h. einen über alle deutschen Lande hin verbindlich gültigen Münzstandard durchzusetzen. Die Etablierung solcher Standards erschwerte sich jedoch, vor allem aufgrund der internationalen Handelsströme und Verflechtungen. So war das Reich etwa bis in die Mitte des 16. Jh.s einer der größten Silberproduzenten der Welt. Vom Silber floss aber ein Großteil in ferne Handelsräume ab, teilweise in die Levante, in den Indischen Ozean und den Gewürzhandel mit dem fernen Osten, wodurch es zu einem konstanten Abwertungsdruck auf die im Reich zirkulierenden Münz- und Geldsorten gab. Galt ein Silbergulden um 1500 – nach der Ausprägung der Leipziger Münzordnung von 1500 – noch 21 Groschen, so stieg diese Relation schnell auf 24 Groschen (1540). Ein hoher Silberpreis sowie ein stetiger Abflussdruck für Silber aus dem Reich aufgrund einer strukturell passiven Zahlungsbilanz führten zu einem permanenten Engpass an Münzmetall. Hinzu kam die territorialpolitische Fragmentierung des Reiches, dessen ca. 500 münzberechtigte Stände ein Münzwirrwarr erzeugten, das weite Kreise der Bevölkerung um Erwartungssicherheit und Stabilität ihrer Transaktionskassen brachte, einigen Angehörigen der höheren Schichten (Geldwechsler, Münzmeister) aber beachtliche Spekulationsgewinne und ökonomische Renten verschaffte.

In einigen Ländern, etwa Spanien und Schweden ging man um 1600 herum zeitweise sogar zur Prägung reiner Kupferwährungen über, um die angeschlagenen Staats- und Fürstenkassen zu füllen. Die kleinen Leute jedoch nahmen diese Münzen ungern an, verweigerten ihre Annahme oder verlangten horrende Sicherheitsprämien. Dies führte fast zwangsläufig zur galoppierenden Inflation, wie sich am Beispiel der sogenannten Kipper- und Wipper-Inflation zeigt, die zwischen 1619 und 1623 weite Teile des Heiligen Römischen Reiches erfasste und eine der ersten belegbaren Hyperinflationen der Geschichte darstellt. Hier stiegen die Werte der Gulden, ausgedrückt in Kreuzern oder Pfennigen, in den Tausenderbereich. Kippen und Wippen meint „sowohl das Auskippen, Aussuchen und Auswechseln von Geldstücken mit Hilfe einer Münzwaage (Geldkippe), d. h. den Vorgang, der ebenfalls mit dem Wort Wippen umschrieben wurde.".[4]

Ermöglicht wurde diese Hyperinflation durch den Umstand, dass man sich auf der Ebene des Reiches lediglich über den Wert der groben Münzsorten einig war, die einzelnen Staaten und Fürsten allerdings freie Hand hatten, was den Edelmetallgehalt der Kleingelder und Kleinmünzen betraf. Hier lockten vielfältige Bereicherungsmöglichkeiten: Alte und abgelegene Münzstätten wurden reaktiviert (sogenannte „Heckenmünzen") und findige Münzhändler und Währungsspekulanten wechselten gute hochwertige Talermünzen gegen minderwertige Pfennige und Groschen ein. Wie wir oben sahen, war die Prägung insbesondere jener kleineren Nominale nur gewinnbringend, je weniger Silber – und desto mehr Kupfer – man zusetzte. Da Klein- und Mittelgelder der ‚kleinen Leute' sich vorzugsweise auf das Pfennig- und Groschensegment erstreckten und hier den Münzmeistern, Münzhändlern und Münzherren praktisch freie Hand gelassen wurde, ergaben sich unzählige Manipulations- und Spekulationsrisiken und damit auch die höchsten Inflationsrisiken. Münzstätten wurden an die meistbietenden Konsortien versteigert. Diese mussten die vorgeschossenen Gelder irgendwie einbringen. So wurden den im deutschsprachigen Raum zirkulierenden Kleingeldwährungen immer mehr Kupfer zugesetzt, was dann schließlich zur Hyperinflation 1619–1623 geführt hat.

Die hier skizzierten Verhältnisse änderten sich während der Frühen Neuzeit nicht grundlegend. Einzig die Münzwechselkurse und Relationen zwischen den in den jeweiligen Umlaufgebieten gültigen und als legale Zahlungsmittel zugelassenen Münzsorten und -typen wurden immer wieder aufs Neue verhandelt und angepasst. Zwar gab es – besonders während des 16. Jh.s – mehrfach Versuche der Einführung einer standardisierten und für alle Stände des Reiches verbindlichen Reichswährung, etwa durch den Augsburger Reichsabschied von 1559, der den sächsischen Taler zu 24 Groschen zum Reichsthaler avancieren ließ. Dieser diente bis ins 18. Jh. als Leitwährung, avancierte aber auch mehr und mehr zu einem virtuellen Rechenstandard – wie im Süden der Gulden (fl.) zu 60 Kreuzern. Das bedeutete jedoch nicht, dass dieser Reichstaler als tatsächliche Münze umlief: Gezahlt wurde *de facto* bis zum Ende der Frühen Neuzeit in einer Vielzahl unterschiedlicher und regional durchaus verschiedener Münztypen. Lediglich offizielle Rechnungen und Buchführungen wiesen die gezahlten und empfangenen Beträge in der jeweils gültigen und fixierten Währung aus. Diese Diskrepanz zwischen offiziellen Relationen und den in den jeweiligen Zahlungen und Transaktion tatsächlich herausgegebenen Münzen und Geldsorten gilt es im Hinterkopf zu behalten, wenn man sich etwa mit Rechnungsbüchern und vergleichbaren Quellen der Frühen Neuzeit befasst.

7.2 Geldformen

Geldgebrauch und Transaktionskassen waren schichtenspezifisch stark differenziert – Bauern nutzten anderes Geld, kleineres Geld, schlechteres Geld als reiche städtische Kaufleute oder deren Agenten. Auch herrschten überall unterschiedliche Verhältnisse – der Fluch der regionalen Umlaufwährungen. Ein böhmischer Pfennig war etwas anderes als ein herzoglich-sächsischer, gräflich Mansfeldischer, Stolbergischer, Frankfurter, Münchner oder Wiener Pfennig. Gleiches galt für die Groschen und Batzen (die Mittelgelder) und Gulden und Silbertaler, die überall unterschiedliche Größen und Münzgewichte aufwiesen und insbesondere beim Klein- und Mittelgeld stark schwankende Mengen an Silber enthielten – so stark, dass diese Währungen nicht direkt vergleichbar waren. Den Zeitgenossen bereitete das manchmal Kopfzerbrechen und gab Raum für umfangreiche Verhandlungsprozesse – und Adam Riese ein Auskommen als Verfasser von Rechenbüchern. Oft waren sie sogar Quelle gesellschaftlicher Konflikte und sozialer Revolten, etwa wenn Grundherren oder Fürsten die landschaftlichen Abgaben und Steuern in besserer Münze einziehen wollten als den Bauern und Untertanen genehm war.

Hier griffen sogar bisweilen alternative Zahlungsformen, etwa mithilfe des Kredits, der im ländlichen Raum seit dem 14. Jh.s genauso ubiquitär wie im städtischen Umfeld war.[5] Englische Bauern wickelten bereits im 13. Jh. einen Großteil ihrer marktwirtschaftlichen Transaktionen in Geld ab, gebrauchten dabei aber nicht zwangsläufig Bargeld. Bisweilen notierten sie z. B. Kleinkredite und ausstehende Forderungen einfach in die Gerichtsakten der Fronhöfe (engl. *manorial rolls*) und generierten so umfangreiche Umsätze und Kreditketten ohne Bargeld.[6] Die Geldwirtschaft blühte in der Frühen Neuzeit also ohne jeden Zweifel. Das bedeutet aber nicht, dass immer oder viel Bargeld die Hände wechselte oder dass man heutige Geldtheorien einfach so – ohne historische Modifizierung – anwenden könnte.

7.3 Monetisierung, Münzpolitik und Kapitalismus

Kein Zweifel besteht daran, dass bereits während der Renaissance der Monetisierungsgrad europäischer Wirtschaftsregionen sehr hoch war. Obwohl sich moderne Geldtheorien nur in Grenzen auf die Analyse vormoderner Marktgesellschaften anwenden lassen, kann man einige grundsätzlichen Rahmenbedingungen oft mithilfe simpler Relationen fassen, etwa dem Gesetz von Angebot und Nachfrage. Hier handelt es sich um relative Größen: Steigt oder sinkt die Nachfrage nach einem bestimmten Typ von Münze (oder Geldsorte), dann sinkt oder steigt im Gegenzug ihr Preis gegenüber anderen Münztypen und Währungen. Grundsätzlich bestimmte sich die Kaufkraft von Münzen – und damit des Geldes – in der

7.3 Monetisierung, Münzpolitik und Kapitalismus

Frühen Neuzeit über den Wert des in ihnen enthaltenen Edelmetalls Gold oder Silber. Sank etwa die zur Verfügung stehende Menge an Silber bei gleichbleibender Nachfrage, stieg der Silberpreis. Dementsprechend musste man (bei Silbermünzen) den Edelmetallgehalt verringern und umgekehrt, wenn man sie nicht aus der Zirkulation verlieren, d. h. den Charakter des Metalls als ‚Münzgeld' (und nicht Edelmetall als Ware) beibehalten wollte. Ansonsten ergab sich ein Übergewicht eines bestimmten Münztypus und andere Münzen werteten auf, was dann wiederum den regionalen oder lokalen Geldmarkt in Unordnung bringen konnte, sodass die Menschen dazu neigten, die allgemeinen Münzedikte und Gesetze – also die offiziell vorgeschriebenen Wertrelationen – zu umgehen.[7] Folgende Quelle verdeutlicht dies anhand eines alltäglichen Beispiels.

> **Q 7.1: Gutachten Leipziger/Naumburger Kaufleute, die Münze betreffend (um 1505)**
> „Uff das erste stugk, wye es kom[m]en ist, das der gulden alzo gestigenn, sagenn eyntregciglichen, das das dye ursache sey, das man dye halben matheyer [Mattier- oder Matthiasgroschen bzw. Mariengroschen, ein Groschentypus aus dem Braunschweiger Gebiet, etwa 4 Pfennige wert] und merckschen groschin uberhandt yn deme landt haben nehmen lassen. Meher haben dye von goßler des gleichen, dye mercker und sachssen dyse m. g. h. muntz auß deme lande g[e]furth und goßler groschen und merckscher dar awß mache[n] lassen und yn dye muntze g[e]anthworth und seyn doch etzliche nicht vi Pfennige ader vii Pfennige werth. Uffs hochste ist eine ursache, das der gulden g[e]stygen ist. [...]
> Uff das Andre stugk, wye man deme vorkomth, das dye fremde muntze Aws den landen kompth und das der gulden nicht meher steigen mochte. Haben uff das stugk drey beschlossen, das man sye zcwuschen hye und michaelis gehen soldth lassenn und yzcundth alhye ym margkth iar mer awß ruffen lassen. Auch yn beyden fursten thwm ynn alle stethe schreiben das man hyn furder dysser muntze keyn meher nehmen solth bey vorlysunge der muntze alls vill sye der einnemen ader awsgeben."
> **Kommentar:** In diesem Absatz geht es um den Kursanstieg des Guldens – der ‚guten Münze' – der durch das (wortwörtliche) Überhandnehmen schlechter auswärtiger Kleinmünzen (u. a. halber Mathiasgroschen bzw. Märkischer Groschen) verursacht wurde. Diese Kleinmünzen waren vom Wert her oft unbestimm-

> bar bzw. vom sächsischen Münzstandard her deutlich unterwertig. Sie wurden im Zahlungsverkehr diskontiert, d. h. wer diese Münzen verwendete, musste mehr von ihnen hergeben als nach dem offiziellen sächsischen Groschenstandard her geboten war. Die Kaufleute – die hier als Währungsexperten von der Obrigkeit herangezogen werden –, berichten von einer üblichen Praxis, einer Art Währungsspekulation: Man exportierte ‚gute' sächsische oder Goslarsche Münze, um diese in fremden Münzstätten umzuschmelzen und in schlechtere Münze umgeprägt wieder nach Mitteldeutschland, also Sachsen einzuführen. Um solcher Praxis Einhalt zu gebieten, wurde empfohlen, die Annahme und Konvertibilität solcher Münzen für eine befristete Zeit zu erlauben (bis Michaelis, den 29. September 1505), danach aber wieder zu verbieten. Generelle Fremdwährungsverbote wurden vermieden, da dies den Geld-, Waren- und Zahlungsverkehr übermäßig stören und der Wirtschaft Schaden zufügen würde.
>
> Man brauchte fremde Geldsorten und Währungen, um einen reibungslosen Wirtschaftskreislauf sicherzustellen. Besser sei es, die fremden Münzen zu tarifieren, d. h. für sie genaue Umrechnungskurse gegenüber sächsischem Geld festzusetzen und die fremden Münzen – hier: Märkische Groschen (aus dem Kurfürstentum Brandenburg) – neben dem eigentlichen sächsischen Geld im Zahlungsverkehr zuzulassen:
>
> **Zitiert nach:** HStA Dresden 10024 Geheimer Rat (Geheimes Archiv), Loc. 4489/1, fol. 15r/v (abgedruckt und kommentiert in Rössner 2015b).

Gerade in der Zeit des frühen 16. Jh.s, als große Mengen an Silber über Lissabon oder Venedig in die Levante und nach Asien gingen, machte sich die Silberknappheit bei einer seit 1470 wachsenden Bevölkerung im Reich, wo eigentlich viel Silber gefördert wurde, deutlich spürbar. Klagen insbesondere über schlechte Kleinmünze und den Mangel an zuverlässigen Pfennigen und Groschen nahmen zu. Insbesondere kleine Münzen wurden stärker *devalviert* (im offiziellen Kurs herabgesetzt); das Publikum versuchte diese schneller loszuwerden als höherwertige Nominale (Münzstufen) vom Groschen- oder Talertyp. Pfennige und Heller besaßen daher eine viel höhere Umlaufgeschwindigkeit als Groschen und Gulden oder Taler (hohe oder sogenannte ‚grobe' Geldsorten), was ebenfalls die höheren Entwertungsraten des Kleingelds im Vergleich zu den höheren

7.3 Monetisierung, Münzpolitik und Kapitalismus

Münzsorten erklärt, die langfristig viel weniger an Edelmetallgehalt und Wert verloren als die kleinen Sorten.

Damit ist der Tatbestand einer *deep monetisation* gegeben: Je mehr Kleingeldumlauf nachweisbar, desto tiefer monetisiert (und damit kommerziell entwickelt) ist eine Region oder Gesellschaft.[8] Die meisten niederländischen und viele deutschen Agrarregionen des 15. und 16. Jh.s waren bis in den Bereich kleinster Transaktionen durchmonetisiert. Mit der Bevölkerungszunahme und dem Wachstum des gesamtwirtschaftlichen Transaktionsvolumens im Zeitalter der Preisrevolution während des 16. Jh.s sowie dem langfristigen Expansionskurs der europäischen Wirtschaft bis über das 18. Jh. hinaus verstärkten und verstetigten sich diese Tendenzen.

Münzpolitik als Geldpolitik erfolgte in diesem Kontext immer im Spannungsfeld diverser Interessenkonflikte. Hier gab es mindestens drei Interessengruppen: (1) die Münzmeister, welche Münzen auf eigene Rechnung und als gewinnorientierte Privatunternehmer prägten bzw. so Geld ‚machten, (2) die fiskalischen Standpunkte der jeweiligen Territorialstaaten und ihrer Herrscher als Münzherren und Obrigkeit: Diese traten v. a. als Beziher von *Seigniorage* auf (Münzgewinn), implementierten aber auch schon seit dem Spätmittelalter hier und dort ‚modern' anmutende Politikziele wie etwa (3) die Preisniveaustabilität. Man verstand, dass Münzverschlechterung zu Inflation führen und somit weitreichende Nachteile für viele Menschen als Akteure auf dem Markt nach sich ziehen konnte. Stieg der Silberpreis oder verknappte sich das zur Ausmünzung zur Verfügung stehende Münzmetall, so griffen viele Münzherren (und ihre Münzmeister) zum Instrument der Münzverschlechterung, was effektiv oft einer Währungsabwertung gleichkam, d. h. sie reduzierten den eigentlich vorgesehenen Edelmetallgehalt der zirkulierenden Münzen (zumeist im Kleingeldsegment).

In einer Zeit, in der viele Einkommen, Abgaben, Renten und Preise für Grundnahrungsmittel fixiert und damit – in der Sprache der Ökonomie – *sticky* waren, die Mehrheit der Transaktionen aber mit oft mehr schlecht als recht geprägten Münzen durchgeführt wurden, führte Münzverschlechterung aber zu empfindlichen Einkommenseinbußen und Vermögenstransfers insbesondere für die schwächeren Gruppen der Gesellschaft, die einfachen Leute, die Armen, Bauern, Handwerker. Schlechtes

Geld begünstigte Inflation, da es sich kaum zur Schatzbildung oder Wertaufbewahrung eignete. Man wollte schlechte Münzen schnell wieder loswerden und ließ sie damit schneller zirkulieren (d. h. sie hatten eine hohe Umlaufsgeschwindigkeit) und im Zeitverlauf auch schneller gegenüber dem allgemeinen Warenangebot abwerten: Solche Münzen wurden im Volksmund dann auch oft als ‚böse' verschrien. Münzen zu verschlechtern konnte indes zumindest vorübergehend die Staatskasse aufbessern, indem der Münzherr die zusätzliche Menge an Silber einbehielt, die eigentlich in die Münzen gehört hätte, ohne den eigentlichen Silberfeingehalt der neuen Münzen zu offenbaren. Das dadurch ‚gewonnene' (d. h. entgegen der Proklamation über den Münzwert einbehaltene) Silber teilte er sich mit dem Münzmeister, in der Regel einem Unternehmer, welcher aufgrund seiner Kapitalkraft und des ihm zur Verfügung stehenden metallurgischen und finanzmarkttechnischen Wissens eine Schlüsselrolle im Prozess der Geldschöpfung einnahm. Solange das Publikum den Münzbetrug nicht entdeckte, konnte die Münze (Münzstätte) laufen und diente – zumindest im Spätmittelalter – als eine der potenziell wichtigste Form der Staatsfinanzierung. (Ökonomen sprechen daher hier von einer „Inflationssteuer").

In späteren Jahrhunderten nahmen die Raten der Geldverschlechterung tendenziell ab, nicht zwangsläufig aber die Bereitschaft der Münzherren und Staaten, sich an der Münze zu bereichern bzw. Fiskaleinnahmen aus ihnen zu generieren. Noch Friedrich der Große griff während des Siebenjährigen Krieges (1755–1763) zum Mittel der Münzverschlechterung, um die steigenden Kosten der Militärkampagnen zu stemmen.

Auf der anderen Seite konnten es die Münzherren auch nicht zu weit treiben. Das Verständnis war – zumindest in der Theorie – da, dass schlechtes Geld gleichermaßen Gift für wirtschaftliche Aktivität ist und auch das Vertrauen in die Marktwirtschaft hemmt. Einige Fürsten, insbesondere die Herrscher Sachsens, entwickelten bereits vor 1500 in ihren Grundlinien ein recht modern anmutendes Währungsverständnis, welches den Stabilitätszielen heutiger Prägung recht nahekam. Um 1490 prägten die Wettiner (Friedrich der Weise und Georg der Bärtige) mehrere Münzrunden ohne Schlagschatz (d. h. ohne Staatsgewinn) – sicher ein Signal an Wirtschaft und Zahlungsverkehr in den sächsischen Landen, dass sich die Obrigkeit hier zu einer stabilen ‚Hartwährung' bekannte.

7.3 Monetisierung, Münzpolitik und Kapitalismus

Dieser Schritt war Teil einer mehrstufigen Währungsreform und Umstellung von einer Gold- auf eine Silberwährung seit den 1490er Jahren, welche ihren krönenden Abschluss in der Einführung des Silberguldens/Talers mit der Leipziger Münzordnung von 1500 fand.

Eines der Ziele dieser Münzordnung war *expressis verbis* die Herstellung stabiler und verlässlicher institutioneller Rahmenbedingungen für Wirtschaft und Handel. Hier haben wir es mit einem bis heute wirksamen Problemkomplex zu tun, nämlich einem klassischen Gleichgewichts- und Stabilitätsziel: Schafft der Staat oder die Obrigkeit den Spagat zwischen Bereicherung bzw. Staatsfinanzierung durch Münzgewinn und einer wirtschaftlich ausgewogenen Entwicklung – dazu gehören auch Währungsstabilität und Inflationssicherheit? Denn es war nun einmal eine lang gehegte Gewohnheit der Obrigkeiten, insbesondere im Mittelalter, durch Geldverschlechterung einen Steuergewinn einzufahren und so gleichermaßen Einkommen und Vermögen umzuverteilen. (Dabei waren die Angehörigen der wohlhabenderen Schichten, die in der Mehrheit über gute hochwertige Gulden und Talermünzen oder gar bargeldlose Formen des Zahlungsverkehrs verfügten, vom Münzabwertungsdruck viel weniger betroffen als der sogenannte „Gemeine Mann").

Münzpolitik war um 1500 also Währungs-, Stabilitäts- und Herrschaftspolitik zugleich. Und je nachdem, welcher dieser Aspekte in der Bestimmung der Zielvorgaben dominierte, ergab sich eine mehr oder weniger stabile Währung. Zuvörderst aber stand bei der Geld- oder Münzpolitik im Reformationszeitalter die profitorientierte Betriebswirtschaft. Diese galt es von staatlicher Seite aus einzuhegen. Es gab etwa im Reich um 1500 gut 500 Münzstätten unabhängiger Fürsten, Städte und Stände, die ein Münzrecht ausübten oder es zumindest der Theorie nach besaßen.[9] All diese Münzen und ihre Herren mussten gegen eine stetige Aufwertung des Silbers kämpfen, hervorgerufen durch die Silberknappheit. Oft reagierten Münzherren auf eine Steigerung des Silberpreises mit einer Verringerung des Feingehalts, damit das Geld überhaupt zirkulierte und nicht eingeschmolzen wurde. Denn die Kaufkraft der umlaufenden Silbermünzen ergab sich aus dem Materialwert. Stieg das Silber im Preis, waren alte Münzen überbewertet. Sie waren nun mehr wert als ihr Nennwert. Es wäre ökonomisch nachgerade irrational gewesen, sie ‚als Geld' im Zahlungsverkehr zu verwenden. Sie wurden nunmehr zur ‚Ware' Silber, also demonetisiert, gehortet, eingeschmolzen oder exportiert. Oder sie wurden erneut in die Münze geliefert, wenn der Münzherr und sein Münzmeister einen entsprechend attraktiven, neu nach oben angepassten Münzfuß boten. Denn stieg der Silberpreis, während der Münzfuß unverändert blieb, wäre niemand mehr gekommen, um Silber in die Münze zu liefern, solange der Münzfuß unter dem Marktpreis für Silber verblieb. Hinzu kamen je nach Münztyp und Geldsorte unterschiedliche Prägekosten – also Geld-Produktionskosten – ins Spiel. Bei Pfennigen, Groschen und Hellern fielen die Münzkosten deutlich schwerer ins Gewicht als bei den hochwertigen Silbergulden.[10] Stieg der Silberpreis zu stark an, dann konnte es durchaus vorkommen, dass sich die Prägung solchen Kleingeldes für den Münzherren oder Münzpächter, der in der Münze auf eigene Rechnung arbeitete, ansonsten nicht mehr lohnte. Vielen Münzherren und Münzmeistern der Zeit war bisweilen also wenig an einer stabilitätspolitischen Grundideologie gelegen. Das galt insbesondere für jene Fürsten, die über kein eigenes Bergsilber verfügten. In diesen Gebieten war Silber teurer als in den Bergwerksgebieten, wo die Münzfüße entsprechend höher waren (d. h. die Münzen besser). Doch es dauerte nicht lange, bis das Publikum erkannte, dass die neuen Münzen weniger Silber enthielten als zuvor. Dann setzten sie diese Münzen im Preis herab; tarifierten sie also gemäß ihrem niedrigeren Silbergehalt niedriger als jene wertstabileren Münzen, welche im Zeitverlauf weniger Silber bzw. Edelmetall verloren (Silber- und Goldgulden). Somit kam es zu einer stetigen Aufwertung des guten hochwertigen Guldengeldes im Vergleich zu den Mittel- (Groschen) und Kleingeldern (Pfennige, Heller usw.). Die sozialen Kosten dieses Geldsystems waren enorm.

7.4 Geldverschlechterung und soziale Konflikte

Schaut man sich Münzfunde an, die z. B. sächsische Groschen enthalten und etwa um 1500 herum vergraben wurden, so streuen diese Funde weit über das ganze Reich, entlang der bekannten Haupthandelsrouten. Münzen flossen dorthin, wo sie gebraucht wurden oder wo sie den Nutzern Gewinn erbrachten. Wer hätte in einer Zeit ohne unsere heutige Vorstellung von Grenzen und Staatlichkeit kontrollieren oder steuern können,

7.4 Geldverschlechterung und soziale Konflikte

wann sich wo ein Sack böhmischer Pfennige auf den Weg an den Niederrhein machte? Wenn es dort einen klugen Geldwechsler gab, der diese Münzen annahm und geschickt weiter versilbern konnte, dann half auch die stringenteste Währungsgesetzgebung nichts, auch wenn Falschmünzer, so man ihrer habhaft werden konnte, strengstens verfolgt wurden.

Und so vermischten sich die Münzen immer und immer wieder neu. Die fürstlichen Kanzleiakten der Reformationszeit stecken voller Verbote, Normierungen, Tarifierungen und Valvationen (offizielle Münzwertvergleiche bzw. Wertfestsetzungen). Seite um Seite geht es hier, in nahezu gleichbleibendem Wortlaut, Jahr für Jahr um Tarifierungen oder Verrufungen von fremden, schlechten und alten Münzen. Für Historiker gibt es keinen besseren Beweis für die Unwirksamkeit dieser Verordnungen als jene ständigen Wiederholungen. Die Zeitgenossen hielten sich nicht daran. Warum auch, wenn Geld – gutes Kleingeld – knapp war? Man nahm zunächst, was man kriegen konnte. Harte Münze war in Zeiten von Geldknappheit und Kreditklemme immer besser angesehen als Kredit auf dem Papier. Und so erfolgte eine zunehmende, wenngleich schleichende Erosion der Transaktionskassen der allgemeinen Bevölkerung, zumindest derjenigen Bevölkerungskreise, welche mehrheitlich Kleingeld wie Pfennige und Groschen zur Hand nahmen. Man muss hier nach sozialen Gruppen und Einkommensklassen bzw. unterschiedlichen ‚Nutzerkreisen' und ‚Tauschsphären' differenzieren.[11]

Tab. 7.1: Beispiele für Jahreseinkommen in oberdeutschen Städten um 1500.

Berufsgruppe	Monetäres Jahreseinkommen
Schneider-, Müllergesellen, um 1500	2,3–8,3 fl. rh (Rheinische Gulden)
Dienstboten, Gesinde (weibl., 1507–1517)	3–5 fl. rh.
Hausknechte, Hauslehrer (1507–1517)	5–8 fl. rh.
Tagelöhner ungelernt, Bauhütten	12–23,5 fl. rh.
Zimmermeister	20–48 fl. rh.
Zimmergesellenlöhne, um 1467	27 fl. rh.

Steinmetzmaurergesellen	27–37 fl. rh.
Fuhrmann, um 1500	28,2–37,5 fl. rh.
Bäcker-, Metzgermeister, um 1500	30–40 fl. rh.
Höchstbezahlter Meister (Baugewerbe, 1. Drittel 16. Jh.)	30–51 fl. rh.
Gehobenes Einkommen, Stadtbürger	45–50 fl. rh.

Quelle: nach Dirlmeier 1978, S. 67–238.

Ein städtischer Handwerksmeister etwa verdiente um 1500 gut und gerne das Zwanzigfache im Jahr wie ein einfacher Geselle, je nachdem, wie hoch die Lohnsätze waren und welcher Teil überhaupt in Geld ausbezahlt wurde. Vielerorts wurden Löhne nur zum Teil in Geld ausbezahlt; den Rest nahmen Kost, Logis, Kleidung und andere nicht-monetär vergoltene Güterleistungen ein. Auffallend sind die niedrigen Geldsätze insbesondere bei den unterbezahlten unterständischen Gesellschaftsschichten. Bei diesen Berufsgruppen nahmen nichtmonetäre Entlohnungskomponenten (Kleidung, Kost, Logis) einen signifikanten Anteil des gesamten ‚Lohnpakets' ein.

Das Kleingeld des 16. Jh.s, also Heller, Pfennige, Groschen, Batzen usw., war das Geld des ‚kleinen Mannes'. Anders als heute traten die hohen Stufen (Gulden, Dukaten, Florin, Taler usw.) im alltäglichen Leben der unteren und Mittelschichten, insbesondere auf dem Dorfe, kaum auf. Deshalb ist auch die Bezeichnung „Kleingeld" für das Pfennig- und Groschensegment der Reformationszeit etwas irreführend. Denn: Die Kaufkraft kleiner Münzen um 1500 war, von ihrem Nominalwert gesehen, noch relativ hoch. Auch verdeutlicht die obige Tabelle, dass das durchschnittliche Gütervolumen, welches in Münzgeld abgegolten worden ist, grundständig anders als heute, schichtenspezifisch und einkommenstechnisch stärker segmentiert war. Probleme ergaben sich aber dort, wo Tauschsphären sich vermischten und rivalisierende Geldtheorien miteinander konkurrierten, wie das folgende Quellenbeispiel zeigt.

7.4 Geldverschlechterung und soziale Konflikte

> **Q 7.2: Bäuerliche Beschwerdeschrift, Klagen über schlechtes Geld (1511)**
> „Noch eins. Ob wir di steur, davon vor meldung beschicht, des wir doch nit glauben, geben müssen, so wellen vitztumb noch die pfleger chain geduld mit uns haben, schreyen, nur gut gelt und chain anders. So isst die munss ersaigert, chain gelt bei dem gemainen armen mann, was der löst aus seinen pfenwerten, ist die bezalung vierer und haller und kain ander münss. Wir müssen durch aufwexl und mit grossem schaden ander münß aufbringen, wir haben auch disen handl steur der münß halben an u.g.h. von Polhaim und vitztomb langen lassen, aber nichtz noch begebung der steur erlangen mugen."
>
> **Kommentar:** Bei der Quelle handelt es sich um eine von vielen Beschwerdeschriften (*Gravamina*), hier der Bauern von Kammer und Kogl (Oberösterreich) aus dem Jahr 1511. Diese Quellengattung lässt sich weder nach Region oder Zeitraum noch behandelter Thematik eingrenzen, trat aber gehäuft in der Bauernkriegszeit (1524–1525) sowie den Vorläuferaufständen und sozialen Bewegungen der frühen Reformationszeit auf, etwa dem „Armen Konrad" (1514). Das grundlegende Problem ist hier der „Aufwexl", also ein *Agio* oder ‚Schlechtwährungszuschlag', der eingefordert wurde, wenn man in minderwertiger, schlechter oder „boser Muntz" bezahlen wollte.
> **Zitiert nach:** Franz 1935, S. 29.

Ähnlich lautende Beschwerdeschriften finden sich bis weit in die Frühe Neuzeit hinein. Schlechtes Geld war einer der Hauptgründe, neben einem umfangreichen Katalog anderer Beschwerden, für die als misslich empfundene Wirtschaftslage der bäuerlichen Bevölkerung am Vorabend des Bauernkriegs. Geldkurse wurden ständig aufs Neue verhandelt; insbesondere Bauern fühlten sich übervorteilt, wenn die gesetzlich vorgesehenen Wechselkurse für ihre Geldmünzen nicht mehr galten bzw. wenn staatliche Stellen bei der Steuereinnahme die Hand weiter aufhielten als nötig, also mehr ‚Vierer' und Heller pro Groschen oder Gulden verlangten als eigentlich vorgesehen.

Martin Luther und mit ihm der zeitgenössische Diskurs bezeichneten die hier skizzierten Praktiken der Neuverhandlungen von Münzwechselkursen als „Ungleiche Hendel", d. h. Wucher. Diese Praktiken schufen zunächst soziale Kosten, aber erhöhten auch das, was Ökonomen als *Transaktionskosten* bezeichnen. Denn die Menschen mussten zusätzliche Kosten und Mühen auf sich nehmen, um Münzwerte verlässlich zu bestimmen.

Danach mussten sie immer und immer wieder darum feilschen. Unterschiedliche Kurse spiegelten oft auch unterschiedliche gesellschaftliche und individuelle Machtpositionen wider. Nur wer gutes Geld hatte, war komplett frei von den sozialen und ökonomischen Folgekosten schlechten Geldes (Wucher, Transaktionskosten, Rentenabschöpfung). Noch Johann Wolfgang Goethe bestand in seiner Eigenschaft als fürstlicher ‚Beamter' des Herzogs von Sachsen-Weimar-Eisenach darauf, dass die Amtsleute bei der Steuereinnahme die (von eben jenen Fürsten selber in Umlauf gebrachte) Kleinmünze verweigern oder alternativ ein Aufgeld (*Agio*) auf in Kleingeld gezahlte Steuern verlangen sollten.

Staat, Markt und Kapitalismus gingen im Geld- und Währungswesen der Frühen Neuzeit also vielfältige Verbindungen und Koalitionen ein – oft genug auf Kosten des kleinen Mannes (und seiner Frau).

7.5 Bargeldloser Zahlungsverkehr und Kreditwesen

Nicht alle Transaktionen indes wurden in der Frühen Neuzeit in Bargeld abgewickelt. Der Transport von barer Münze in hoher Summe war kostspielig, erforderte Frachtraum und Zugpferde. Wenn Münzen in größerer Menge überhaupt über lange Distanz transportiert wurden, dann üblicherweise in Fässern oder Tonnen. Nicht zuletzt war das Risiko hoch, auf dem Weg in abseitigem Gebiet, wo kein Geleitschutz bestand, überfallen zu werden. Schiffe konnten sinken, denn Wetterverhältnisse und Schiffbau ließen oft zu wünschen übrig bzw. stellten manifeste Risiken im innereuropäischen Geldverkehr dar. In den zentraleuropäischen Silberbergbau involvierte und auch sonst sehr breit aufgestellte Kaufmannskonsortien und Handelsfirmen wie die Fugger und Welser schickten um 1500 regelmäßig Barrensilber und Geld in größerem Umfang nach Antwerpen und Lissabon. Manche der Schiffe sanken aber oder wurden gekapert. Zudem erforderte der Handel über weite Wirtschafts- und Währungsräume hinweg auch die Umwechslung von Währungen in die jeweils gültige Währung vor Ort. Kaufleute hatten daher zunehmend Alternativen zur Zahlung in barer Münze entwickelt. Hier bediente sich der

7.5 Bargeldloser Zahlungsverkehr und Kreditwesen 171

Handel vor allem bestimmter Finanzinstrumente, welche seit dem Mittelalter vor allem als *instrumentum ex causa cambii*, später dann als standardmäßiger Wechsel(-brief) bekannt geworden sind. Wechsel(briefe) wurden von Kaufleuten vieler Herren Länder verwendet. Ähnliche aber nicht zwangsläufig vergleichbare Kreditinstrumente gab es auch außerhalb Europas, v. a. im arabischsprachigen Wirtschaftsraum oder im frühneuzeitlichen Indien. Beim Wechsel handelt es sich um den Transfer von Geld zwischen zwei Währungsräumen, meistens über lange Distanz, unter Umwechslung zweier verschiedener Währungen, üblicherweise mit dem Ziel, am jeweiligen Zielort eine Transaktion in lokaler Währung vorzunehmen, etwa Waren einzukaufen. Dies umfasste beim Standardwechsel – viele Modelle und unterschiedliche Praktiken waren bekannt – ein Netz von mindestens drei, meist aber vier Personen, etwa: Kaufmann A als *Zieher* des Wechsels, seinen Korrespondenzbankier am Ausgangsort, an dem das Geld auf einen fremden Bankier angewiesen wurde und den Korrespondenzbankier am Zielort, der den Wechsel entgegennahm (,akzeptierte') und die auf dem Wechsel genannte Summe in der neuen Währung an Kaufmann B als Handelspartner von Kaufmann A auszahlte.[12]

Da die einzelnen Komponenten dieser Transaktion – Einzahlung oder Anweisung des Geldes am Ausgangsort, Transport, geplante Transaktion(en)/Auszahlungen am Zielort, Bezahlen der Waren am Zielort – meistens Wochen oder Monate auseinanderlagen, wohnte dem Wechselbrief immer auch ein Element der Kreditgewährung inne. Einige Formen des Wechsels, etwa der ,Trockenwechsel', wurden auch ganz gezielt zur Kreditaufnahme bzw. Zinsverschleierung (Umgehung des Zinsverbots) entwickelt und genutzt. Der Wechselbrief europäischer Prägung erfüllte vor allem vier Funktionen: Erstens, als sicheres Überweisungsmittel, zweitens als Zahlungsmittel im Handel, drittens als Kreditquelle, viertens zum Ausgleich für Kursdifferenzen (Arbitrage).[13] Viele Wechseltransaktionen wurden von den Kaufleuten dementsprechend konstruiert, etwa durch einen künstlich (über den jeweiligen Marktkurs) angehobenen Wechselkurs, der einen Zins beinhaltete. Dies war v. a. vor dem Hintergrund des Zinsverbots wichtig.[14]

Wechsel und Wechselkursnotierungen bestanden während der Frühen Neuzeit regelmäßig zwischen den großen Handelszentren wie London, Amsterdam, Antwerpen, Hamburg, Köln, Frankfurt a. M., Avignon,

Montpellier, Barcelona, Sevilla, Genua und Bologna und wurden teilweise schon in gedruckter Form wöchentlich oder monatlich publiziert (sogenannte ‚Wechselkuranten').[15] Durch *Indossament*, also Transfer (Verkauf) des Wechsels auf eine dritte Person, was der Inhaber per Unterschrift bestätigen musste, sowie den *Diskont* – im Wortsinne: *discount*, also Abschlag oder Rabatt – wurden diese Papiere als Inhaberschuldscheine handelbar gemacht und damit ihre Teilnehmerkreise und Finanzradien erheblich erweitert. Es entstand während der Frühen Neuzeit ein internationaler Finanzmarkt, zentriert auf die großen Wechselbörsen London und Amsterdam, der weite Teile Europas umspannte und seit dem späteren 17. Jh. auch in außereuropäische Handelsbereiche, etwa die britischen Kolonien, hineinzureichen begann. Wechselbriefe waren börsenmäßig handelbar. Erste Wechselbörsen, die ausschließlich dem Austausch von Wechselbriefen bzw. Inhaberschuldscheinen dienten, also dem bargeldlosen Zahlungsverkehr vorbehalten waren, wurden 1531 in Antwerpen, 1571 in London und um 1608 in Amsterdam eingerichtet. Bald nach Gründung fand an diesen Börsen dann auch der Handel mit anderen Inhaberschuldscheinen statt, etwa Aktien der 1602 gegründeten niederländischen *Vereenigden Oostindischen Compagnie* (VOC) oder der englischen *East India Company* (EIC).

Die Rolle des Wechsels als zunehmend ‚globales' Finanzierungsinstrument und auch in der Begründung einer globalen ökonomischen Hegemonialstellung Europas (*great divergence*) ist nicht zu unterschätzen. „Der bargeldlose Zahlungsverkehr ermöglichte zusammen mit den interkontinentalen Edelmetallströmen den Europäern und Neo-Europäern die Finanzierung des Überseehandels und den Aufbau überseeischer Produktionsstätten, wie zum Beispiel Plantagen. [...] Durch den bargeldlosen Zahlungsverkehr wurden der sich entwickelnde Welthandel und die sich herausbildende Weltwirtschaft gleichsam mit einem finanziellen Netzwerk durchzogen", welches die „weltwirtschaftliche Verflechtung auf der Finanzseite und [...] ihre sukzessive Verdichtung" erst ermöglichte.[16]

7.5 Bargeldloser Zahlungsverkehr und Kreditwesen

Abb. 7.1: Die Amsterdamer Börse, Claes Jansz Visscher, 1612.

Kredit und Schulden waren indes mitnichten ein ausschließlich städtisches Phänomen und auch nicht auf den eng umrissenen Kreis von Großkaufleuten und Handelsherren beschränkt, die sich des Wechsels als Standardwerkzeug im bargeldlosen Zahlungsverkehr bedienten. Das Kreditwesen war gerade auch auf dem Land geradezu omnipräsent, und zwar seit dem Spätmittelalter. Geborgt und finanziert wurde allenthalben, unter Bauern und Städtern gleichsam; freiwillig und manchmal auch nicht, etwa weil schlicht kein Geld (d. h. bare Münze) vorhanden war. In den Formen des Kredits und des bargeldlosen Zahlungsverkehrs – beides nicht immer leicht zu unterscheiden, v. a. in der Frühen Neuzeit – spiegelten und verstetigten sich soziale und ökonomische Abhängigkeitsbeziehungen. Barzahlung war im vormodernen wie im industriellen Zeitalter nicht immer die Regel. In der Vormoderne war sie vielleicht sogar die Ausnahme; ganz gleich ob es dabei um den Konsum des Habenichts im ländlichen Umfeld ging, die Überbrückung bis zur nächsten Ernte oder den demonstrativen Konsum von Adeligen zu Repräsentationszwecken.[17] Dass dabei Kredit auch ein soziales Phänomen war, gleichsam eingebettet in moralische Fragen, soziale Netzwerke und ‚nicht-ökonomische' Logiken, ist trivial. Im mittelalterlichen und frühneuzeitlichen Kreditwesen spiegelten sich die großen Produktions- und Austauschlinien, Bekanntschaften, Vertrauen und soziales Kapital ebenso wider wie handfeste Notlagen und Engpässe. Tagelöhne wurden oft unfreiwillig gestundet, wenn Unternehmer oder Arbeitgeber in finanzielle Not gelangten (weshalb es oft zur Klage kam!). Zahlungsaufschübe auf Weinlieferungen und andere landwirtschaftliche Produkte waren seit dem ausgehenden Mittelalter im ländlichen Umfeld oft die Regel. Die gewerbsmäßig-kapitalistische Produktion (Verlag, ▶ Kap. 6) erfolgte ganz allgemein auf Kreditbasis: Rohmaterialen wurden vorgeschossen; pünktliche Barzahlung, noch dazu zum Zeitpunkt der Leistungserstellung bzw. Verkauf der Ware, scheint wiederum die Ausnahme gewesen zu sein. Die Betroffenen forderten ausstehende Summen oft gerichtlich ein. Dabei verhalf die gerichtliche Behandlung und Niederschrift von Kreditbeziehungen dem ländlichen Kreditmarkt einer gewissen Institutionalisierung und Verstetigung. Kreditverweigerung gab es auch, d. h. es sind Fälle belegt, in denen Gläubiger auf Barzahlung bestanden. Besonders Hausierer und fremde Kunden, denen Bauern ihre Überschussprodukte (Flachs, Wein, Eier, Butter usw.) verkauften, mussten meist in klingender Münze bezahlen.

An der Ubiquität des Kredits änderte sich an der Schwelle zum Industriezeitalter kaum Grundlegendes. *Was sich änderte, waren die Rahmenbedingungen, Techniken, Kreditvolumina und Innovationen* – v. a. im Zuge der Bevölkerungsexpansion und des Aufschwungs von Handel, Technik, Produktion und Wirtschaftsleistung nach 1800. Diese stellten auch die europäische Kreditlandschaft vor ganz neue Herausforderungen. V. a. in den Städten und für die Schwerindustrie (Eisen, Stahl, Eisenbahnen usw.) übernahmen dann die modernen Geschäfts- und Aktienbanken die Rolle als Kredit-Vermittler und -‚Produzenten'; Funktionen, die im vormodernen Umfeld die Kaufleute, Produzenten und Handwerker selbst bedient hatten.

8 Technik und Infrastruktur

8.1 Innovationen, alte und neue Paradigmen: Von Kopernikus bis Newton

Während der Frühen Neuzeit hielt sich der technische Fortschritt in Grenzen. Praktisch alle relevanten Schlüsseltechnologien waren vom Prinzip her seit der Antike und dem Mittelalter bekannt. Ideen und ‚Zukunftstechnologien' wie Flugzeuge oder U-Boote wurden hier und da entworfen, v. a. von Universalgenies wie Leonardo da Vinci (1452–1519) oder Cornelis Drebbel (1573–1633). Da es aber oft bei der Erfindung als revolutionärer Idee verblieb, aber praktisch nie die entscheidenden Schritte zur Innovation gemacht wurden, d. h. Erfindungen fast nie durch Implementation im Alltagsgebrauch verankert wurden und so neuen Produktionsverfahren den Weg bahnten, ergaben sich langfristig weder nachhaltiger technologischer Fortschritt im herkömmlichen Sinne noch radikale Produktivitätsgewinne durch neue Verfahren. Hochwertige Technologieverfahren (engl. *cutting edge technology*), wie sie für den Bergbau und das Hüttenwesen etwa im monumentalen Ingenieurswerk der Spätrenaissance *De re metallica* (1556, dt. *Vom Bergkwerck,* 1557) von Georg Agricola präsentiert wurden, kamen nur selten und nicht in breitem Ausmaß zur Anwendung. Die für diese Technologien benötigten Materialien waren teuer in der Anschaffung, aufwendig in der Realisierung und erforderten einen hohen Kapitalbesatz. *Grosso modo* gilt das Diktum eines führenden Wirtschaftshistorikers, dass es der Frühen Neuzeit zwar nicht an Schlüsselerfindungen gemangelt habe, doch Technologie und Materialwissenschaft noch nicht weit genug entwickelt gewesen seien, diese so umzusetzen, dass dadurch nachhaltiges Wirtschaftswachstum ermöglicht worden wäre.[1]

Schlüsseltechnologien, die zumindest langfristig ausschlaggebend für die wirtschaftliche Entwicklung, insbesondere im Zeitalter der Industrialisierung waren, fanden sich v. a. in der Metallbearbeitung. Die Uhrmacherei lieferte hier seit der Frühen Neuzeit Grundwissen, das sich auch in vielen anderen Produktionsbereichen einsetzen ließ, in denen Messverfahren gefragt waren (etwa: Setzwaage, Kompass). Kanonen, Musketen und Flintschloss waren militärische Technologien, die neben bestimmten taktischen Neuentwicklungen während des 16. und 17. Jh.s zu einer „militärischen Revolution" und möglicherweise auch zum Aufschwung Europas als Beherrscher der Welt beitrugen.[2] Gleiches gilt für Winkel- und Entfernungsberechnung und Feldmesstechnik: Die Rolle des Militärs und des Krieges als ‚Fortschrittsmotor' sind hier nicht von der Hand zu weisen, zumindest im Bereich der Technologie – wenngleich Krieg *an sich* niemals Fortschritt generieren kann.

Manufakturen (▶ Kap. 6) waren ebefalls oft auf ‚moderne' Technologie angewiesen. Oft vom Staat gefördert oder sogar betrieben, vereinigten sie viele Kernelemente moderner Industrieproduktion wie zentralisierte Arbeits- und Produktionsabläufe unter einem Dach. Vor allem aber stellten sie Maschinen und Technik bereit, welche die serielle Anfertigung standardisierten und es ermöglichten, der Massennachfrage der Herrscher nach Gewerbeprodukten wie Uniformen und Waffen (Gewehre, Pistolen, Säbel, Bajonette) zu genügen. Manche Manufakturen bewältigten bis zu 10.000 Stücke pro Jahr, wobei man hier noch nicht von einer ‚Massenproduktion' im heutigen Sinne sprechen kann. Zumal jedes Gewehr von seiner Detailgenauigkeit her noch ein Unikat darstellte und Ersatzteile nicht einfach so ausgetauscht werden konnten, wie das bei industriell gefertigten Produkten heute der Fall ist. Nichtsdestotrotz wurden in der vorindustriellen Zeit vor allem durch die Nachfrage für Militär und Waffen oft entscheidende wirtschaftsfördernde und entwicklungsbegünstigende Impulse gesetzt. Dies gilt indes nicht für alle Bereiche. Im zivilen Schiffbau ermöglichte die Fleute (dreimastiges Handelsschiff) den Niederländern einen entscheidenden Vorsprung in der Beherrschung der Ozeane und globalen Handelswege, da dieser Schiffstyp ein größeres Volumen an Waren mit einer im Durchschnitt vergleichsweise niedrigen Besatzung bewältigen konnte.[3]

Nikolaus Kopernikus (1473–1543), Domherr des Fürstentums Ermland in Preußen zu Thorn (Toruń), war einer der ersten, der eine wissenschaftliche Begründung für Inflation geliefert hat;[4] bekannter ist er heute jedoch für die Formulierung eines heliozentrischen Weltbildes. Auch der Physiker und Astronom Galileo Galilei (1564–1642) reüssierte u. a. mit

8.1 Innovationen, alte und neue Paradigmen

dem Nachbau und der Weiterentwicklung eines aus militärischem Kontext stammenden Fernrohrs, das er in Holland kennengelernt hatte. Er entdeckte mithilfe dieser Innovation die vier Jupitermonde. Später ermöglichte die Technologie das Studium vieler anderer ferner Himmelskörper. Fernrohre, Linsen, Spiegelteleskope, Schleifgeräte, Barometer und Thermometer wurden ebenfalls im 17. Jh. weiterentwickelt. Dieses eigentlich krisenhaft kriegerisch und kalte, ‚dunkle' Jahrhundert erscheint aus Sicht der Technologie- und Innovationsgeschichte also als doch nicht ganz so finster.

Während des 18. Jh.s wurde die „Erfindung des Erfindens"[5] durch die Begründung weiterer Bildung und Wissenschaft fördernder Institutionen zunehmend verstetigt. Hier spielte der Staat eine entscheidende Rolle – nicht nur aus militärischer Sicht (war die Frühe Neuzeit doch ein Zeitalter andauernder Kriege und kriegerischer Konflikte). In Frankreich wurde das Ingenieurswesen im 18. Jh. staatlich geregelt. Es gab Akademien und Fachschulen für Straßen- und Brückenbau wie für das Artilleriewesen, vor allem die 1748 gegründete *École du Génie Militaire*. Der Jurist Otto von Guericke (1602–1686) erfand um 1650 die Kolbenvakuumluftpumpe und Luftwaage und experimentierte mit Sphären und Unterdruck. Mithilfe seines Experiments mit den „Magdeburger Halbkugeln" 1656 bewies er die schiere Kraft des Vakuums. Dabei versuchte ein Gespann von je acht Pferden links und rechts zwei große kupferne Halbkugeln auseinanderzuziehen, die mit einer Dichtung versehen waren und aus denen zuvor mithilfe von Pumpen die Luft gelassen worden war. Auch Luftpumpe, Dampfmaschine, Mikroskop und Barometer sind Technologien, die von Guericke durch Experimente weiter zu verstehen versuchte.

Im Textilwesen stellten das fußgetriebene Flügelspinnrad – vom Prinzip her seit dem Mittelalter bekannt – sowie der 1589 von William Lee in Nottingham entwickelte Strumpfwirkstuhl (*stocking frame*), welcher die Handbewegungen der Strumpfstricker imitierte, wichtige Basisinnovationen dar. Diese kamen während der Industrialisierung zwei Jahrhunderte später weiterhin zum Zuge.

Abb. 8.1: Otto von Guerickes Halbkugelexperiment, 1672.

Man kann Innovationen oder Technologien, aber auch die beteiligten Akteure in den Blick nehmen, einzelne Universalgenies wie den Schweden Carl von Linné (Linnaeus), der sich als Chemiker, Botaniker, Biologe, Kameralist und Nationalökonom hervortat (und dessen Klassifikationen teilweise bis heute in der modernen Biologie zur Anwendung kommen),[6] oder die betreffenden *Gelehrtennetzwerke* und *Wissenschaftszirkel*.[7] Hier ist besonders die Rolle der Aufklärung während des 18. Jh.s zu nennen, die gemeinhin als intellektuelle Grundlage für Europas Aufbruch in die moderne Industrie- und Wirtschaftswelt gilt.[8] 1660/1662 erfolgte die Gründung der *Royal Society* in London; der 1666 *Académie Royale des Sciences* in Paris. Acht Jahre zuvor war ein Anfang in Halle mit der *Leopoldina* (*Academia Naturae Curiosorum*) erfolgt, welche 1677 zur nationalen Akademie des Heiligen Römischen Reichs (*Sacri Romani Imperii Academia Caesareo-Leopoldina Naturae Curiosorum*) deklariert wurde und als nationale Akademie der Bundesrepublik Deutschland bis heute weiterbesteht. ‚Projektemacher' und Kameralisten wie Wilhelm von Schröder (1640–1688) waren teilweise

8.1 Innovationen, alte und neue Paradigmen

in ganz Europa unterwegs und vernetzt. Schröder, dessen nationalökonomisches Werk *Fürstliche Schatz- und Rentkammer* (1686) zu einem Wirtschaftsklassiker der Frühen Neuzeit avancierte, tourte in den 1640er Jahren im Gefolge von Prinz Ruprecht von der Pfalz durch England und Schottland, wo er u. a. Bergwerke erkundete und Fakten und empirische Belege für seine ökonomischen Theorien sammelte.

Abb. 8.2: Älteste Darstellung eines Flügelspinnrads aus dem Mittelalterlichen Hausbuch von Schloss Wolfegg 1480, fol. 34r.

Wirtschaftliche Innovation und technischer Fortschritt waren mithin nicht nur ‚nationale' Vorhaben, sondern oft im Prinzip ein gesamteuropäisches Projekt; die Akteure und ihre Netzwerke erstreckten sich während der Frühen Neuzeit über ganz Nordwesteuropa und oft noch darüber hinaus.

8.2 Fortschrittsglaube und Projektemacherei

An der Schnittstelle zwischen Technik und Wirtschaftsentwicklung liegt das Konzept des *Fortschritts*: der Glaube an Fortschritt bzw. die Überzeugung, dass solcher prinzipiell möglich sei, wenn man nur die richtigen Mittel zur Hand nimmt. Die damit verbundenen Konnotationen sind Fundamentalbedingungen (und auch Begleiterscheinungen) des Kapitalismus und Wirtschaftswachstums nicht nur in der Frühen Neuzeit gewesen. Ganz wichtig für entsprechende Stimuli und Bewegungen waren hier Zirkel, Netzwerke und Individuen, welche in der historischen Literatur als „Projektemacher" bekannt geworden sind. Diese waren oft exzentrisch. Ihre Projekte basierten gelegentlich auf weitgehend utopischen Grundannahmen. Daneben ging es prominenten Projektemachern - vom Kameralwissenschaftler, Chemiker und Wirtschaftsbestseller Johann Joachim Becher (1635–1682) bis hin zum besser bekannten englischen Schriftsteller Daniel Defoe (1660–1731) - oft um nicht mehr (oder weniger) als das eigene Vorankommen, Effekthascherei und Profit. Und doch gibt es einen Zusammenhang zwischen Erfindergenies und Wissenschaftszirkeln, ruhm- und gewinnsüchtigen Projektierern, öffentlich vorgetragenen Diskursen über Fortschritt sowie der allgemeinen technologischen und wirtschaftlichen Entwicklung während der Frühen Neuzeit.

In Großbritannien etwa gab es bereits zu Beginn des 18. Jh.s einen regelrechten Hype, was Projekte und Fortschrittsglaube betraf. Aber vielfach herrschte auch Skepsis. Allzu oft ging die Öffentlichkeit davon aus, dass das Gemeinwohl durch neue Projekte negativ beeinflusst würde, etwa wenn es um die Erteilung von Patenten oder Privilegien für bestimmte Technologien oder Verfahren oder Zugriffsrechte auf potenziell öffentliche Ländereien und Ressourcen ging, die durch die ‚Projektema-

8.2 Fortschrittsglaube und Projektemacherei

cherei' dem Gemeinwohl entzogen und dem Profitstreben einzelner Individuen unterworfen, Gewinne dadurch gleichsam ‚privatisiert' worden wären. Es bestand die Befürchtung, dass Erlöse aus der betreffenden Innovation in die Taschen der Patentinhaber flossen oder dass sich das ‚Projekt', falls sich die vorgeschlagenen Innovationen nicht als finanziell rentabel erwiesen, negativ auf den Wohlstand der Nation auswirken würde.

Aber im Laufe der Zeit gab es Veränderungen und eine Entwicklung hin zu einer wohlwollenderen Haltung gegenüber Patenten und Projekten. Was Fortschritt war und was er mit sich brachte, wurde im Laufe der Zeit und von verschiedenen sozialen Akteuren offensichtlich sehr unterschiedlich definiert. Eine der wichtigsten Änderungen war der schrittweise Übergang von Projekten, die ‚gebrochene Versprechen' darstellten (Projekte, die letztendlich scheiterten oder auf Nettokosten der Öffentlichkeit gingen, bisweilen einfach auch betrügerisch waren), zu Projekten, die in breitem Maße als nützlich für die wirtschaftliche Entwicklung anerkannt wurden.[9] Seit dem Ende des 16. Jh.s war es nicht mehr so, dass Patente aus rein fiskalischen Erwägungen von der Krone erteilt wurden. (Wer immer ein Patent anmelden wollte, musste eine Gebühr entrichten.) Doch selbst noch in der Zeit nach 1600 wurden Projektemacher im öffentlichen Diskurs als lächerliche Glücksritter und potenziell böswillige Monopolisten angesehen, die in das Gemeinwohl eingriffen, dieses verletzten.

Hier waren es vor allem informelle Zirkel und Netzwerke wie der Hartlib-Kreis, gegründet von Samuel Hartli(e)b (1600–1662), der von Preußen nach England emigriert war, aber auch religiös Andersdenkende wie Francis Bacon oder William Petty, die verschiedene Programme für religiöse und soziale Reformen vorantrieben und in ihren Schriften, Briefen und Diskursen verschiedenste Themen und Wissensgebiete bearbeiteten, von der Ökonomik, über Physik, Chemie und Biologie – oft unter dem Dachkonzept technisch-gesellschaftlichen *Fortschritts*. Eine wichtige These war, dass nützliches Wissen geteilt und nicht monopolisiert werden, d. h. für alle da sein sollte. Diese Idee der ‚Demokratisierung' von Wissen scheint nachgerade modern.

Anhand von praktischen Vorhaben wie Flussbegradigungen und Kanalisierungen lässt sich zeigen, wie Projekte in der Zeit nach 1660 diskutiert, verhandelt und *in situ* umgesetzt wurden. Ein Beispiel dafür ist Andrew Yarrantons Plan, den englischen Fluss Stour schiffbar zu machen, was 1661 durch einen ersten Gesetzentwurf des englischen Parlaments eingeleitet wurde. Die Flussschifffahrt wurde als wesentlich für die Erleichterung des Verkehrs und der kommerziellen Entwicklung betrachtet. Dies führte jedoch zu endlosen Konflikten mit den Besitzern und Inhabern von Eigentums- und Zugangsrechten entlang der Flüsse. So wurde im ganzen Land, sowohl im Parlament als auch im öffentlichen Diskurs, Unmut geäußert. Viele Projekte, die nach den 1660er Jahren eingereicht wurden, wurden von der *Royal Society* – also den wissenschaftlichen ‚Profis' ihrer Zeit – prüfend begleitet. Die Wiederbelebung der Projektemacherei mündete seit den 1690er Jahren allmählich in eine ‚finanzielle Revolution'. Für Projekte, die über die Börse bzw. den aufkommenden Aktienmarkt gestartet wurden, mussten positive Narrative entwickelt werden und Unternehmer, Korporationen (wie die *South Sea Company*) waren gehalten, *stories* zu entwickeln, die den sozialen Nutzen dieser Unternehmen betonten. Heute ist uns dieses Phänomen vielleicht am ehesten als *corporate responsibility* ein Begriff.

Insgesamt machte das Projektwesen aber auch einen wesentlichen Bestandteil der intellektuellen bzw. diskursiven Neukonzeptualisierung von Fortschritt und Wachstum und der Gestaltung eines zukunftsbezogenen Optimismus während der Frühen Neuzeit aus, der einen wichtigen Beitrag zur wirtschaftlichen Entwicklung Europas bis hinein in das Zeitalter der Industrialisierung nach 1800 geleistet hat.

8.3 Aufklärung, Wissenschaftliche Revolution(en) und die Genese der modernen Ökonomie

Im Zuge der Aufklärung setzte sich dann der bereits seit der Renaissance immer wieder durchscheinende Gedanke der Inwertsetzung der Natur durch den Menschen mithilfe (natur-)wissenschaftlicher Mittel und Erkenntnismethoden durch. Damit verbunden war die Entdeckung einer offenen Zukunft, d. h. ein sich immer weiter Bahn brechender Optimismus, dass der Mensch – bei rationaler Betrachtung und Wahl seiner Mittel – prinzipiell in der Lage sei, seine ökonomische Zukunft selber produktiv zu gestalten, diese also nicht mehr komplett (etwa von Gott) vor- und

8.3 Aufklärung, Wissenschaftliche Revolution(en)

durchbestimmt war.[10] Bereits seit der zweiten Hälfte des 17. Jh.s gab es in Schweden, England und auch den deutschsprachigen Landen vielfältige Diskurse und Debatten an der Schnittstelle verschiedener Disziplinen, die wir heute als Natur- (v. a. Biologie, Physik, Chemie), Ingenieurs- und Wirtschaftswissenschaften kennen (und scharf voneinander abgrenzen), die damals von den Zeitgenossen aber noch als logisch ineinander verzahnt bzw. als miteinander verschränkt betrachtet wurden (▶ Kap. 9).

Grundbedingung dieses oft als Kameralismus bezeichneten Denkens der Aufklärung war, dass man der Natur durch wissenschaftliches Studium und zweckrationalen Einsatz der Mittel prinzipiell unbegrenztes Wachstum entlocken konnte (Natur als unbegrenztes Füllhorn, lat. *cornucopia*). Solches Denken war der mittelalterlichen Utopie vom Schlaraffenland zwar nicht ganz fremd, unterschied sich indes von früheren Entwürfen dadurch, dass einem die gebratenen Tauben nicht kostenlos und von Geisterhand ins Maul geflogen kamen, sondern der Mensch dazu gewisse intellektuelle, physische und auch investive Mittel einsetzen, Aufwand ‚im Schweiße seines Angesichts' betreiben musste. Wiederum ist dies eine intellektuell-ideengeschichtliche Grundnote des modernen Kapitalismus, welche sich zumindest in der intellektuellen Begründung etwa der freien Marktwirtschaft bis heute gehalten hat.

Nach dem Dreißigjährigen Krieg stieg Schweden, dessen protestantischer König Gustav Adolf (reg. 1611–1632) sich bereits während des Krieges zum Verteidiger des protestantischen Glaubens erklärt hatte, zur regionalen Hegemonialmacht im Baltikum und Nordeuropa auf. Diese Stellung ging mit einem Grundvertrauen in die intellektuelle Überlegenheit schwedischer natur-wirtschaftswissenschaftlicher Theorien einher und dem Gedanken des schier unbeschränkten Wachstums, der sich insbesondere in schwedischen Köpfen und dem schwedischen Wirtschaftsdenken zwischen dem Ende des Dreißigjährigen Kriegs und dem Großen Nordischen Krieg (1700–1721) manifestierte (*Swedish improvement discourse*).[11] In diesem geistigen Klima wirkte Carl von Linné in Uppsala als einer der führenden Köpfe seiner Zeit. Er tat sich v. a. in der Biologie (Botanik, Klassifikation der Arten) hervor, aber auch in der politischen Ökonomik. Seine Reputation reichte weit über die Grenzen Schwedens hinaus.

Aufklärung und Entzauberung der Natur begünstigten die Ausformung des modernen Kapitalismus ganz entscheidend; ausschlaggebend waren vor allem revolutionäre Ideen von der intellektuellen Mündigkeit des Individuums, welche sich nur durch die der Aufklärung vorangegangenen Wissenschaftsrevolutionen und Entdeckungen Isaac Newtons, Carl von Linnés und vieler mehr hinreichend erklären lassen. 1784 beantwortete der preußische Philosoph Immanuel Kant (1724–1804) in einem zeitlosen Aufsatz die damalige Frage, was Aufklärung sei, mit dem bekannten Ausspruch, diese sei der „Ausgang des Menschen aus seiner selbstverschuldeten Unmündigkeit".

Diese technik- und ideengeschichtlichen Tendenzen erwiesen sich als ganz zentral für den Gang der ökonomischen Entwicklung in Europa und anderswo. Insbesondere während des 18. Jh.s war der wissenschaftliche Fortschritt zu ungekannten Höhen vorangekommen. Neben dem *Wohlstand der Nationen* oder der Taxonomie in der Biologie befasste man sich u. a. mit Nachweis und Erklärung der Elektrizität, im technischen Bereich waren es v. a. deutschsprachige Forscher, in den Sozialwissenschaften aber meist schottische Denker – Frances Hutcheson (1694–1746), David Hume (1711–1776), Sir James Steuart und nicht zuletzt Adam Smith –, die für eine grundsätzliche Neukonzeption des menschlichen Individuums und eine unabhängige Leistungs-, Schaffens- und Willenskraft im Gesamtkosmos eintraten. Man könnte hier geradezu von einer Neu-Schöpfung des Individuums sprechen, welche die Aufklärung maßgeblich hervorgebracht hat. Als *homo oeconomicus* steht dieses Individuum auch – oft als groteske Karikatur – im Zentrum der modernen Wirtschaftswissenschaften

Der französische Philosoph René Descartes (1596–1650) hatte auf das *Prinzip des Zweifels* als Anfang der Erkenntnis hingewiesen und diese Einsicht war allen weiter oben diskutierten ‚akademischen' Fortschrittsprojekten mehr oder weniger eigentümlich. Daneben waren Vernunft und Rationalität wichtig zur Aufdeckung der oft verborgenen Wirkungszusammenhänge und Mechanismen der Natur. Indes war der Gedanke des Diskurses, des intellektuellen Wettbewerbs, des Verhandelns, Bewertens, der stetigen Um- und Neubewertung gewonnener Erkenntnisse zentral sowie die Idee einer *community of letters*, einer den Kontinent umspannenden Gemeinschaft intellektueller Denker, Fortschrittsgläubiger, welche potenziell den Gesamtraum der bekannten Christenheit umfasste, definitiv aber sich in Form vielfältiger Netzwerke über viele europäische Staaten und Wissenskulturen erstreckte.

8.3 Aufklärung, Wissenschaftliche Revolution(en)

Doch ein wichtiges Detail scheint nicht in diese Mastererzählung zu passen. Nach Auffassung von Joel Mokyr wurden die *maßgeblichen* Innovationen und Technologien, welche das moderne Wirtschaftswachstum während der Industrialisierung sowohl im Gewerbe als auch der Landwirtschaft betrafen, *nicht* von Wissenschaftlern und Mitgliedern der Akademien und intellektuell-elitären Zirkeln begründet, sondern praktisch ausschließlich von technisch versierten Laien, die nie das Innere einer Universität gesehen hatten, geschweige denn Mitglieder einer der exklusiven Akademien waren. Nützliches ökonomisches Wissen war hier ausschlaggebend, nicht akademische Meriten. Vielleicht lag der Journalist und Politökonom Daniel Defoe also gar nicht so falsch mit der Behauptung, dass die Engländer eher dafür bekannt seien zu verbessern als zu erfinden. Die Bevölkerung Schottlands und Englands war bereits um 1700 weitgehend durchalphabetisiert; technisches Wissen, mechanisches Gespür und Praxiserfahrung waren vergleichsweise weit verbreitet. Durch schrittweise Verbesserung simpler Maschinen und Produktionsverfahren ließ sich Fortschritt verstetigen, fundiert durch die Überzeugung, dass sich die Natur produktiv erschließen ließ, und zwar durch die Abfolge von Beobachten, Systematisieren, Zählen, Klassifizieren und Katalogisieren. Dies war rationale Weltbetrachtung und Welterklärung, verknüpft mit Aus- und Herumprobieren oder manchmal auch wissenschaftlichem Experimentieren.

Diese These ist zwar nicht ganz abwegig und im Grundtenor wohl zutreffend. Doch übergeht sie die Existenz ganz ähnlicher Gegebenheiten fast überall anderswo in Europa auch. Sie ist nicht geeignet, hier ein Alleinstellungsmerkmal Großbritanniens in der Begründung des modernen Wirtschaftswachstums zu identifizieren bzw. eine Antwort auf die (weitgehend ahistorische) Frage zu geben, warum es zuerst in England zu einer industriellen Revolution gekommen ist. Genauso wie in England gab es etwa im Heiligen Römischen Reich eine Volksaufklärung, erfreuten sich teils wöchentlich und monatlich erscheinende Zeitschriften zum ‚nützlichen Wissen' höchster Beliebtheit in breiten Leserkreisen; auch anderswo konnten Alphabetisierungsraten hoch sein; viele *key innovations* für spätere industrielle Technologien wurden z. B. von deutschsprachigen Erfindern entwickelt. Die intellektuellen Grundsteine des ‚industriellen Wunders' wurden in einem pan-europäischen Diskursraum gelegt.[12]

Dies zeigt wieder einmal, wie problematisch ein Fokus auf bestimmte Länder oder Staaten ist, wenn es um größere Entwicklungen und historische Meta-Narrative wie Industrialisierung, modernes Wachstum oder auch globale ökonomische Divergenzen in Einkommen und Wirtschaftskraft geht: Diese Thematiken erschließen sich besser in der vergleichenden oder transnationalen Betrachtung.

9 Wirtschaftspolitik, Wirtschaftstheorie und Wirtschaftsethik

9.1 Staat und ökonomische Entwicklung

Die wirtschaftstheoretische Literatur der Frühen Neuzeit hat sich stets im Spannungsfeld zwischenwirtschaftlichen Akteuren und den jeweils vorgefundenen staatlichen Rahmenbedingungen für ökonomisches Handeln vollzogen. Deshalb ist es angeraten, das Kapitel mit den wirtschaftspolitischen Rahmenbedingungen zu beginnen, durch welche sich dann auch das ökonomische Denken der Frühen Neuzeit besser erschließen lässt.[1]

Das frühneuzeitliche Staatensystem Europas war polyzentrisch. Es bildete sich während des 18. Jh.s allerdings langsam der Gedanke einer *balance of power* und die Idee europäischer Politik als *Theater*, gewissen Inszenierungen und Choreographien gehorchend heraus, mit einsprechendem Zeremoniell und ‚theatralischen' Regeln. Nicht von ungefähr ist das im Gefolge des Dreißigjährigen Krieges sich entfaltende Zeitalter das höfische genannt worden. Von dem Absolutismusbegriff ist die moderne Forschung zwar abgekommen,[2] allerdings definierte die frühneuzeitliche Staatstheorie den Monarchen als weitgehend von anderen Mächten und Partikulargewalten freien Herrscher, dessen erste Aufgabe die Wahrung des Staates und dann des „Gemeinen Nutzens" war. Entsprechend avancierte langsam aber sicher die Diplomatie neben dem Krieg zum zweiten Mittel der Politik *par excellence*. Dominierend waren zunächst Frankreich als ‚absolutistische' Monarchie (unter Ludwig XIV. mehr Schein als Sein in der politischen Realität) und England mit seinem sich seit 1620 im Wachsen befindlichen atlantischen und später indischen Kolonialreich (Old British Empire). Spanien und Portugal, meist in Personalunion regiert und als Teile der Habsburgischen Krone organisiert, bauten zwar umfangreiche Stützpunkte und Imperien in Amerika und dem Indischen Ozean auf, doch sank ihr Stern im europäischen Macht- und Wirtschaftsgeschehen. Schweden avancierte für eine begrenzte Zeit zwischen dem

Beginn des Dreißigjährigen Kriegs und dem Ende des Großen Nordischen Kriegs, also zwischen 1618 und 1721, zu einer regionalen Großmacht im Norden, was zu einem zeitweiligen nahezu kompletten Einschluss der Ostsee quasi als ‚schwedisches Binnenmeer' führte, verblieb aber wie Brandenburg-Preußen und Dänemark-Norwegen meistenteils europäische Mittelmacht.

Wenngleich die französischen und schwedischen Könige bisweilen ohne Herbeiziehen ihrer Parlamente regierten und vor allem die außenpolitische Gestaltung wahrnahmen, fungierte auf der lokalen-regionalen Ebene der jeweilige Adel als hauptsächlicher Träger mittel- und unmittelbarer Herrschaft: Als Gerichts- und Grundherr war er Rechtsprecher in der niederen Gerichtsbarkeit und Eigentümer des wichtigsten Produktionsfaktors (Land) und übte oft auch unmittelbare Kontrolle über das Wirtschafts- und Handelsleben *in situ* aus. Auf der Ebene des Außenhandels bestimmten allerdings – aufgrund der Tatsache, dass der Außenhandel in der Regel der Verzollung unterlag – Könige, Fürsten und Räte und ihre Parlamente bzw. die administrativen Gremien der unabhängigen Handels- und freie Reichsstädte die jeweilige Zoll- und Handelspolitik.

Diese Faktoren hatten auch einen Einfluss auf die Ausformung der jeweils vorherrschenden ökonomischen Theorien und Diskurse; zunächst aber zur Politik. Wenngleich gerade in Frankreich, aber auch im Heiligen Römischen Reich die Monarchie im Verhältnis zu ihrem staatstheoretischen Anspruch vergleichsweise schwach geblieben ist, England als konstitutionelle Monarchie nach 1688 monarchische Regierungsformen im klassischen Sinne gar nicht mehr kannte, bestimmten doch während der Frühen Neuzeit immer noch die Herrscher die grundsätzlichen Rahmenbedingungen für Produktion und Handel. Im Fall des Heiligen Römischen Reiches betrieben Wirtschaftspolitik daneben noch die freien Reichsstädte wie Augsburg, Nürnberg oder (wie auch in anderen Teilen Europas) größere teilautonom regierte Handelsstädte wie Bordeaux, Rouen usw. Vor allem die freien Reichsstädte konnten durch eine wirtschafts- und handelsfreundliche Abgaben-, Zoll-, Handels- und Privilegienpolitik im Wettbewerb um Steuern und Abgaben zahlende Kaufleute Akzente setzen, Warenströme und Investitionen im institutionellen Wettbewerb an sich ziehen oder durch Privilegien und Freiheiten Vergünstigungen bereitstellen. Dies geschah, indem man etwa fremde Gewerbetreibende

9.1 Staat und ökonomische Entwicklung

ins Land holte oder Wechselbörsen und andere für die kommerzielle Entwicklung wichtige Institutionen für Kaufleute errichtete.[3] In Zeiten politisch-religiöser Glaubenskriege und damit verbundener Verfolgungen zogen protestantische Staaten wie Preußen die aus Frankreich emigrierten Hugenotten ins Land, gewährten Religionsflüchtlingen Asyl.

Politische Neutralität im Zeitalter fortwährender dynastischer Konflikte verschafften so u. a. der freien Reichsstadt Hamburg durchaus Vorteile. Städte und Fürsten genossen oft weitreichende Autonomie in der Münzpolitik und Gestaltung ihres Geldwesens. Eine gut bzw. sauber austarierte Geld- und Währungspolitik konnte Stabilität im Handel und Finanzwesen gewährleisten und so zu verbesserten Steuereinnahmen und Wirtschaftswachstum beitragen (▶ Kap. 7). In Zeiten der Napoleonischen Kontinentalsperre konnte Hamburg mit seiner liberalen Wirtschaftsordnung sogar einen Großteil des vormals über britische Häfen abgewickelten Handels mit Nordamerika auf sich ziehen und avancierte zumindest für eine kurze Zeit um 1800 zum führenden Handels-, Bank- und Finanzzentrum Nordeuropas.[4]

Bereits seit dem Mittelalter waren handels- und fiskalpolitisch motivierte Zoll- und Handelsgesetzgebungen bekannt, die in Richtung dessen gehen, was die heutige Volkswirtschaftslehre als *industrial policy* bwz. *developmental state* kennt: Viel mehr noch als Handelshemmnisse oder reines Mittel zum Zweck der Aufbesserung der Staatskasse konnten Zölle auch weitere entwicklungspolitische Motive abbilden, etwa Importsubstitution und den Aufbau wettbewerbsfähiger Gewerbelandschaften.[5] Grenzen zwischen Fiskal- und Entwicklungszoll konnten fließend sein.

Im Nachhinein lässt sich nicht immer genau sagen, wann ein bestimmter Zoll sich nicht mehr nur fiskalisch auswirkte, sondern – etwa durch die Erhöhung des allgemeinen Preises für die betreffende Ware – als Entwicklungszoll im Sinne des volkswirtschaftlichen Denkers Friedrich List diente, der mit *Das nationale System der politischen Ökonomie* (1841) einen Klassiker zur modernen Industriepolitik und Entwicklungstheorie vorgelegt hat.[6] Lists Grundidee, dass Freihandel in der Theorie gut, in der Praxis jedoch für viele nachteilig sei und der Staat durch Unterstützung bestimmter und klar identifizierter Wertschöpfungsbereiche die wirtschaftliche Entwicklung eines Landes proaktiv vorantreiben könne, war aus der Geschichte abgeleitet. Eine historische Betrachtung ermöglichte List die Erkenntnis, dass seine Theorie von vielen Stadtstaaten bereits seit dem Mittelalter praktiziert worden war, allen voran von den italienischen Handelsrepubliken wie Genua, Florenz und Venedig oder von der Hanse.[7] Seit dem 14. Jh. finden wir in den italienischen Stadtstaaten z. B. wiederholt Ausfuhrverbote für Rohwolle und andere Rohstoffe, verbunden mit dem Gebot, die gewerbliche Erzeugung des Fertigprodukts – Tuch – tunlichst selber vorzunehmen, um die Wertschöpfung zu optimieren und das heimische Gewerbe zu fördern. Diesen Versuch, Mehrwertschöpfung nicht Fremden zu überlassen, nennt man auch Protektionismus.

In England ist derartige Industriepolitik seit den 1480er Jahren zunehmend praktiziert worden. Spätestens seit den 1530er Jahren sind ähnliche Gesetzgebungen im Heiligen Römischen Reich bekannt. Martin Luther bezog sich in seinen Tischreden u. a. auf italienische Tuche, die man besser selber im Inland herstelle solle, um den Geldabfluss an Fremde zu verhindern. Im 17. Jh. gab es ein Wiedererstarken industriepolitisch motivierter Zoll- und Handelsgesetzgebungen. Am bekanntesten sind vielleicht die Schifffahrtsgesetze (*Navigation Acts*) Englands (1651, 1660) und Schottlands (1661). Der erste englische *Navigation Act*, 1651 vom Rumpfparlament unter Oliver Cromwell erlassen, beschränkte die Einfuhr amerikanischer, asiatischer und afrikanischer Handelswaren auf englische Schiffer und Schiffe. Zudem durften innerhalb Europas erzeugte und erworbene Waren ausschließlich auf englischen Schiffen oder den jeweiligen Schiffen des Ursprungslands eingeführt werden. Ein weiterer *Navigation Act* 1660 (und 1663) im Gefolge der Restoration der Stuart-Monarchie unter Karl II. bestätigte die grobe Stoßrichtung der Cromwell'schen Akte, fügte aber noch einige wichtige Details hinzu. So wurde ein Schiff als ‚englisch' definiert, wenn es in einem englischen Seehafen registriert und der Kapitän, der Eigentümer sowie mindestens drei Viertel der Schiffsbesatzung englischer Nationalität waren. Güter, die in den karibischen und nordamerikanischen Plantagen und Besitzungen erworben und erzeugt worden waren (▶ Kap. 6), mussten direkt von dort in einen englischen Hafen ausgeführt werden, selbst wenn – und dies galt für einen Großteil des eingeführten Kaffees, Zuckers, Tabaks und Rums – das meiste davon danach wieder weiter ausgeführt, also re-exportiert wurde.

Die *Navigation Acts* und die dazugehörigen Erlasse dienten einmal der Regulierung der Schifffahrtsrouten, zum anderen der Sicherstellung, dass die erhöhten Einfuhrzölle in Großbritannien gezahlt wurden. Ein im Wortlaut ähnlicher und in der Stoßrichtung gleichartiger *Navigation Act*

9.1 Staat und ökonomische Entwicklung

wurde 1661 in Schottland vom schottischen Parlament verabschiedet. Andere Staaten folgten, etwa Schweden 1664, und in den Jahrzehnten zwischen 1660 und 1680 gab es in vielen Territorien des Heiligen Römischen Reiches protektionistische Maßnahmen ähnlichen Musters, die vor allem auf die dort heimischen Textilindustrien abzielten sowie auf eine koordinierte Wirtschafts- und Handelspolitik für das gesamte Reich.[8]

Über das gesamte 18. Jh. wurden solche protektionistischen Zoll- und Handelsmaßnahmen wiederholt, modifiziert, angepasst und durch neue Erlasse verstetigt und erweitert. Industrielle Revolution und modernes Wirtschaftswachstum in England sind ohne die begleitende Wirtschafts-, Industrie- und Handelspolitik undenkbar; staatliche Politik hat nachgerade das Fundament der modernen Wirtschaftsweise erst begründet.[9]

> **Q 9.1:** Sir James Steuart über die Rolle des Staates in Wirtschaft und ökonomischer Entwicklung
>
> „The statesman who resolves to improve this infant trade into foreign commerce, must examine the wants of other nations, and consider the productions of his own country. He must then determine, what kinds of manufactures are best adapted for supplying the first, and for consuming the latter. He must introduce the use of such manufactures among his subjects; and endeavour to extend his population, and his agriculture, by encouragements given to these new branches of consumption. He must provide his people with the best masters; he must supply them with every useful machine; and above all, he must relieve them of their work, when home-demand is not sufficient for the consumption of it. A considerable time must of necessity be required to bring a people to a dexterity in manufactures. The branches of these are many; and every one requires a particular flight of hand, and a particular master, to point out the rudiments of the art. People do not perceive this inconveniency, in countries where they are already introduced; and many a projector has been ruined for want of attention to it. [...]
>
> The ruling principle, therefore, which ought to direct a statesman in this first species of trade, is to encourage the manufacturing of every branch of natural productions, by extending the home-consumption of them; by excluding all competition with strangers; by permitting the rise of profits, so far as to promote dexterity and emulation in invention and improvement; by relieving the industrious of their work, as often as demand for it falls short. And until it can

be exported to advantage, it may be exported with loss, at the expense of the public."

Kommentar: (Sir) James Steuart (1712–1780), Jurist, Politökonom und Jakobiter (Unterstützer der schottischen Stewart-Dynastie) war einer der bekanntesten ökonomischen Schriftsteller der Frühen Neuzeit. Mit seinem 1767 erschienenen Werk *An Inquiry into the Principles of Political Oeconomy* legte Steuart eines der umfangreichsten und gründlichsten Werke der modernen Ökonomik seiner Zeit vor, das Karl Marx in Das Kapital wohlwollend zitierte. Oft neben dem anderen Klassiker der ökonomischen Aufklärung in Vergessenheit geraten – Adam Smiths *Wealth of Nations* (1776) –, ist Steuarts Buch eines der beeindruckendsten Zeugnisse aufgeklärter wissenschaftlicher Ökonomik.

Steuart begründet darin umfassend die Grundfragen und Grundlagen moderner Markt- und Wettbewerbswirtschaft, einschließlich einer eigenständigen Preis-, Wachstums-, Außenhandels- und Geldtheorie. Durch seine Verwicklung in die letzte Jakobitische Revolutionsbewegung 1745–1746 war er – nach der erfolgreichen Niederschlagung der Rebellion 1746 – gezwungen, Schottland und Großbritannien zu verlassen und sich ins Exil zu begeben. Dies verbrachte er während der 1750er Jahre v. a. in Frankreich und Südwestdeutschland. In Tübingen, wo er 1755–1757 seine Zelte aufschlug, vollendete er die ersten beiden Bände seiner Principles. Hier wird er auch mit dem Kameralismus in Berührung gekommen sein. In Tübingen wurde sein Werk erstmals auf Deutsch publiziert (1769), nur zwei Jahre nach dem Erscheinen der englischen Originalausgabe (1767).

Im obigen Ausschnitt konturiert Steuart die Rolle eines – abstrakt gedachten – *Staatsmannes* bzw. einer Regierung als ‚Staatswirt', ähnlich der Tradition der Merkantilisten wie Thomas Mun (▶ Q 9.3), als ‚Manager' des Wohlstands der Nationen. Der Staat soll die wirtschaftlichen Aktivitäten der einzelnen Bürger genau beobachten und durch eine wohltarierte Handels-, Wirtschafts-, Zoll- und Entwicklungspolitik in die richtigen Bahnen lenken, um wirtschaftliche Dynamik zu generieren. Die Formulierung „Dexterity and emulation in invention and improvement" erinnert an Adam Smiths *Wealth of Nations*, wo ganz ähnliche Terminologien verwendet werden. Wie viele anderen Autoren vor und nach ihm, einschließlich aus dem deutschen Sprachraum, bezeichnet Steuart Handwerk und Gewebe (Industrie) als ‚Kunst' (*art*).

9.1 Staat und ökonomische Entwicklung

> **Zitiert nach:** James Steuart, An Inquiry into the Principles of Political Oeconomy. Being an Essay on the Science of Domestic Policy in Free Nations ..., Bd. 2, London 1767, S. 302–304.

Ohne die proaktive Einwirkung des britischen *fiscal military state* hätte sich nicht in dem Umfang und der Schnelligkeit eine kompetitive und nach 1760 weltweit führende Textilindustrie in Schottland und England etablieren können. Durch eine gezielt die indische Tuchproduktion behindernde Zoll- und Steuerpolitik, welche in Indien gefertigte Baumwolltuche erst drastisch verteuerte, später deren Import komplett verbot, erwirkte der Staat ein Monopol für britische Tucherzeuger auf dem heimischen Markt, welches nach 1760 durch Ausbau industriell-mechanisierter Produktionsverfahren (Dampfmaschine, mechanische Spindel, engl. *spinning jenny* usw.) verstetigt worden ist.[10]

Ähnliche Strategien wurden in anderen *fiscal-military states* des Zeitalters *emuliert* (d. h. bestehende Produktionsverfahren unter Anpassung an lokale Verhältnisse imitiert). So erließ der Schwedische Reichsrat 1724 das sogenannte *Produktplakatet*, eine klassische merkantilistische Zoll- und Handelsgesetzgebung. Auf der Ebene des Heiligen Römischen Reiches gab es sogar Koordinationsbemühungen um eine reichseinheitliche Wirtschafts- und Handelspolitik als sogenannten Reichsmerkantilismus. Hier ist vor allem ein 1673 erlassenes Dekret zu nennen, das sich gegen französische Manufakturimporte wendete. Solche Gesetzgebungsvorstöße waren an sich nichts Neues. Auf Reichsebene hatte es entsprechende Erlasse seit den 1530er und 1540er Jahren gegeben. Wie andere Bereiche vormoderner Ordnungspolitik und Sozialnormierung, etwa der „Guten Policey", verblieben auch diese Initiativen eher ein Diskurs, d. h. sie waren Postulat einer normativen Ordnung, deren faktische Implementierung flächenmäßig weder zu leisten noch zu kontrollieren oder zu sanktionieren war. Ebenso wenig war dies unbedingt intendiert. Nichtsdestotrotz darf man zwei Dinge festhalten:

1. Die oben genannten Formen von Wirtschaftspolitik basierten auf Praktiken und Ideen bzw. Wirtschaftsdiskursen mit ihrerseits langer Vorgeschichte und Tradition, waren also in der Frühen Neuzeit nicht

neu, sondern wurden bestenfalls immer wieder aufs Neue modifiziert.

2. Vor allem aber schärfte sich während der Frühen Neuzeit die Idee des proaktiv schöpferischen Menschen, unterstützt von einem proaktiv-schöpferisch intervenierenden Staat oder einer Regierung (Kameralismus).

Beides hatte entscheidenden Einfluss auf die Ausgestaltung der ökonomischen Theorien der Frühen Neuzeit (wie auch der Genese des modernen Wirtschaftswachstums und des modernen Kapitalismus).

9.2 Wirtschaftstheorie im Wandel der Zeiten

Das wirtschaftliche Denken der Frühen Neuzeit lässt sich nicht unbedingt als zeitliche Abfolge bestimmter Schulen denken; besser wäre hier von einer bunten Palette oder einem Angebot verschiedener Theorien und Diskurse zu sprechen, einer Palette, deren Farben im Laufe der Jahrhunderte immer wieder neu gemischt worden sind. Bisweilen hielten sich Spuren alten Denkens, wurden im Zeitverlauf immer wieder mit neuen Einflüssen neu vermischt. Auch ergaben sich neue Konturen und spezifische Eigentümlichkeiten, je nachdem ob man sich im Wirtschaftsdiskursraum Spanien, dem Heiligen Römischen Reich oder Schweden befand. Viele Wirtschaftsdiskurse wie etwa der Kameralismus entfalteten sich während der Frühen Neuzeit *transnational*, also über territoriale Grenzen und Diskursnetzwerke hinweg. Netzwerke von Akteuren entstanden, die überregional agierten, reisten und sich Briefe schrieben.[11]

Sodann kann man die Geschichte des ökonomischen Denkens anhand der maßgeblichen diskursiven Akteure festmachen, die zur Genese, Ausformung, Modifikation – und ganz wichtig: *Kommunikation* – von ökonomischem Denken beigetragen haben, also gewissermaßen ‚Träger' ökonomischen Wissens waren. Dies waren im Spätmittelalter und bis ins 16. Jh. hinein während der Blüte der sogenannten *Schule von Salamanca* v. a. studierte Theologen, welche sich qua Berufs wegen ständig mit ökonomischen Fragestellungen auseinandersetzten, v. a. hinsichtlich der

9.2 Wirtschaftstheorie im Wandel der Zeiten

übergeordneten Frage der Erlösung bzw. des menschlichen Heilsgeschehens. Die von den Scholastikern produzierten Wirtschaftstraktate sind in Folge zunächst einmal nichts anderes als ökonomische Buß- und Betmanuale, die reumütigen Sündern wie Kaufleuten, Geldhaien, Wechselspekulanten die Möglichkeit and die Hand gaben, ein mit den Gesetzen Gottes in Einklang befindliches (Wirtschafts-)Leben zu führen oder entsprechend – falls dies nicht der Fall war – für ihre ökonomischen Sünden Buße zu tun.

Während des 16. Jh.s traten zunehmend weitere Träger ökonomischen Wissens auf die Bühne. Im Bereich des Geldwesens und der Geldtheorie waren dies Kaufleute, Münzmeister und Geldwechsler, welche oft im Vorfeld von geldpolitisch wichtigen Entscheidungsprozessen zu Rate gezogen wurden und Gutachten für die entsprechenden Fürsten erstellten. Im 17./18. Jh. kamen wiederum neue Gruppen und Träger ökonomischen Wissens zum Zug. Wir würden heute von ‚Beamten' sprechen, handelte es sich doch um Staatsdiener und Akteure, die als Berater, Juristen, Diplomaten und Wirtschaftsattachés aktiv für die immer stärker werdenden *fiscal-military states* waren – wie der Bestsellerautor Philip Wilhelm von Hörnigk. Diese *consultant administrators* waren häufig wiederum auch selber praktizierende Kaufleute, deren Expertise hinsichtlich von Märkten, Handel und Wirtschaft vom Staat beigezogen wurde und die wichtige ökonomische Schriften verfassten, die bis heute zum ‚alteuropäischen Kanon' des ökonomischen Denkens gehören.[12] ‚Lehrbuchwissen' reflektierte und reflektiert also immer auch zumindest in Teilen spezifische Eigeninteressen bestimmter Gruppen und Akteure, selbst wenn allgemein gültige Axiome, Modelle und Prinzipien herausgearbeitet wurden.

Das Denken über Wirtschaft, das ‚Be-Werten' ökonomischer Tatbestände und Handlungen änderte sich also im Zeitverlauf immer wieder (und war auch regionalen Variationen unterworfen). Während Martin Luther (1483–1546) und den Denkern der Renaissance – ebenso wie den mittelalterlichen Theologen und Ökonomen der sogenannten Scholastik – ein übermäßiger Unternehmensgewinn ebenso spinnefeind war wie die Zinsnahme gegen Geld in bestimmten Kredit- und Darlehensformen, v. a. des Konsumtivkredits, erscheint die Sichtweise merkantilistischer und kameralistischer Ökonomen des 17.–19. Jh.s demgegenüber viel entspannter. Sie anerkannten die Notwendigkeit privatwirtschaftlichen Unternehmertums als nachgerade fundamental für eine ausgewogene Wirtschaft, welche dem Staat die notwendigen Steuern und Abgaben in die Kasse spülte, aber auch für Arbeit, Einkommen und volle Teller auf den Tischen zufriedener Bürger sorgte. Man sprach sich für vergleichsweise liberale und mäßige Zoll- und Steuersätze für heimische Unternehmer aus, um sie ja nicht aus dem Land zu vertreiben.[13] Mit Luther gemein war den Kameralisten und Merkantilismen eine dezidierte ‚Sparfurcht': Geld, das ungenutzt im Säckel und in den Kellern lag, war nicht nur der Wirtschaft schädlich – es wurde nämlich weder investiert noch ausgegeben. Hortung wurde sogar als moralisch verwerfliche ökonomische Handlung interpretiert.[14]

Seit Luther und Calvin galten ein fast schon asketischer Betriebs- und Gewerbefleiß nunmehr als nachgerade konstitutiv für den abendländischen Wirtschaftsgeist, wie der Soziologe Max Weber in seiner bekannten Schrift *Die protestantische Ethik und der Geist des Kapitalismus* (1904/1905) behauptete. Die Aufwertung der menschlichen Arbeit führte zweifelsohne auch zu einer Ausdehnung des volkswirtschaftlichen Arbeitspools, d. h. der pro Person und Jahr tatsächlich geleisteten Arbeitsstunden, und damit sowohl zum ökonomischen Aufschwung in den Niederlanden im 16./17. Jh. als auch der Industrialisierung in England.

Auch der Gedanke von Eigennutz oder Eigeninteresse in einer arbeitsteilig organisierten Wirtschaft als Grundbedingung des modernen Kapitalismus wurde während der Frühen Neuzeit intensiv durchdacht, wie die nachfolgende Quelle veranschaulicht.[15]

9.2 Wirtschaftstheorie im Wandel der Zeiten

Q 9.2: Leonhard Fronspergers *Von dem Lob deß Eigen Nutzen* (1564): Eine frühe Apologie des Kapitalismus?

Abb. 9.1: Frontispiz von Leonhard Fronsperger, Von dem Lob deß Eigen Nutzen Frankfurt a. M. 1564.

„Das Feld wirdt nit um gemeines / sondern umb deß Eigen Nutzen wegen gebauwet. Das IX Kapitel
Und anfenglich so frag ich also: ob man auch könne anzeigen oder sagen / daß je ein Pauers Mann erfunden sey worden / oder noch zu erfinden sey / der umb gemeins Nutz willen / fürnemlich / und inn betrachtung desselben die Ecker gebawt / oder welcher einen Pflug in das Feld gefüret würd haben / wenn in nicht Eigner Nutz darzu gedrungen oder verursacht hette. Fürwar / ir müsset alle Hungers sterben / wenn ir kein Brot essen solt / welches also nur von gemeines Nutz wegen erbauwet würd / wann man aber wolt sagen / es würde alle Stend durch deß Pauren arbeit unterhalten / so könnt man aber dennoch nit sagen / daß er nit auch gemeinem Nutz zu gut bauwete.
[...] so würd die Welt auch nicht können bestehen oder erhalten werden / einen augenplick / denn es wirt weder in dem Himmel noch auff Erden einiche gleicheit nicht erfunden werden / sondern / werden alle geschöpff in ungleichheit gepfüret / und seyn gegen einander inn streit gesetzt / aber durch die ungleichheit unnd streitende gegensatzung erscheint die aller gröst gleich-

heit / und aller lieblichest Harmoney und einigkeit / die kein zung genug außsprechen oder voll loben / noch kein hertz sich gnugsam verwundern kann / gleichsam als in einer Orgel vil und mancherley Pfeiffen sind / kurz und / lang / groß und klein / deren keine auch in irem gethön einander gleich / aber auß solchen ungleichen stimmen die aller süssest Harmoney der Music entspringt."

Kommentar: Eine eigenwillige und weder der Scholastik noch dem Merkantilismus oder Kameralismus zuzurechnende Schrift wurde 1564 auf der Frankfurter Buchmesse präsentiert: Leonhard Fronspergers *Von dem Lob des Eigen Nutzen*. Fronsperger war Renaissancemensch, Universalgelehrter und Militärarzt. Er trat mit umfänglichen Werken u. a. zur Kriegskunst und zum Militärwesen hervor. Am interessantesten und sicher auch rätselhaftesten scheint indes sein kleineres Buch zum Eigennutzen zu sein. In Form eines Enkomiums (Satire), mit vielfältigen Zitaten, Anlehnungen und Anspielungen auf gelehrte Werke der Renaissancezeit – allen voran Erasmus von Rotterdam (ca. 1466–1536) – entwirft Fronsperger hier ein für seine Zeit eigentlich unmögliches Szenario: Er argumentiert, dass Eigennutz im Kern etwas Positives sei, zumindest zum Wohle der Menschen und ihrer Gesellschaft genutzt werden könne. Der Ackermann, welcher seinen Acker bebaut, tue dies nicht aus Nächstenliebe, sondern aus Eigen- nutz, ebenso wie Kaufleute, Regenten oder andere Politiker ihr Handeln zunächst aus Eigenliebe entfalteten. Gottes gesamter Kosmos, das gesamte gesellschaftliche Gebäude der Zeit – nach der Drei-Ständelehre: Kirche, Adel und Dritter Stand – entfalte seine Pracht und Dynamik letztendlich aus der Kraft des Eigennutzes. Das Titelblatt bringt es auf den Punkt:
„Der Eigen Nutzen bin ich genannt/
Hoch und Nidren Stenden wol bekant
Doch nicht so böß als man mich macht/
Wo man die Sachen recht betracht
Manchem viel gut durch mich beschicht/
Hergegn man mir kein lob vergicht"
Im Rahmen der noch während des 16. Jh.s allenthalben gültigen Soteriologie und Soziallehre, v. a. dominiert durch die kirchliche Auslegung (Wucherverbot, Ideal des Gemeinnutzens als höchstes Gut für Gemeinwesen, Zusammenleben und Politik usw.) mussten Fronspergers Thesen geradezu ketzerisch anmuten.

9.2 Wirtschaftstheorie im Wandel der Zeiten

Erst etwa 150 Jahre später findet sich – ebenfalls mit vielfachen Anleihen bei Erasmus – eine ähnliche und dem Eigennutz dezidiert positiv gegenüberstehende Schrift: die Bienenfabel (*Fable of the Bees* (1714) des niederländisch-englischen Bernard de Mandeville). Wie Fronsperger war Mandeville Arzt. In Mandevilles vielbeachteter Schrift findet sich auch eine Allegorie auf den unkoordinierten Eigennutz der Individuen, welcher in der Summe das Gemeinwohl fördere, in der Gestalt der Orgel mit ihren Pfeifen. Diese Allegorie wurde von Fronsperger auch verwendet: in der hier betrachteten Schrift von 1564 argumentiert er, dass individuell für sich jede einzelne Orgelpfeife möglicherweise sehr schauderhaft klinge; in Summe jedoch ergebe sich wie durch ein Wunder die „aller lieblichest Harmoney".

Fronsperger erhebt hier den Eigennutzen zum wirkmächtigsten Antrieb der Menschen, der gleichsam die ganze Welt in ihren Fugen erhalte. Jeder strebe individuell für sich, verfolge seinen eigenen Nutzen – etwas, das die Kirche seinerzeit noch als grobe Missachtung von Gottes Heilsplan und dem „Gemeinen Nutzen" verachtete. Doch: Durch die unkoordinierte Verfolgung hunderter und tausendfacher individueller Eigennutzen werde die Welt angetrieben, würden materielle Gaben produziert. In der Summe werde die unkoordinierte Verfolgung der Eigeninteressen, Zusammenhang, „Harmoney" ermöglicht, modern gesprochen: Kapitalismus und sogar wirtschaftliche Entwicklung. Hier scheint Adam Smiths „unsichtbare Hand" zwar nicht weit, doch muss man Fronspergers Text v. a. als Produkt seiner Zeit verstehen. Bereits in der Renaissance war man sich grundsätzlicher ökonomischer Zusammenhänge zwischen Arbeitsteilung, Marktverflechtung, ‚Privatinteressen' und – in frühen Grundzügen – wirtschaftlicher Entwicklung durchaus bewusst bzw. begann mit solchen Modellen und größeren ökonomischen Analyserahmen zu experimentieren.

Zitiert nach: Leonhard Fronsperger, Von dem Lob deß Eigen Nutzen, Frankfurt a. M. 1564, fol. 28.

9.3 Von Hausvätern, Kameralisten und Merkantilisten. Ökonomie an der Schwelle zum modernen Wirtschaftsdenken

Während der Frühen Neuzeit bildeten sich vergleichsweise moderne Methoden der rationalen Betriebsführung heraus, markiert etwa um die um 1600 boomende sogenannte „Hausväterliteratur" oder einfach Ökonomik. Teilweise zurückgehend auf antike griechische Vorbilder wie Aristoteles, erschien eine wachsende Zahl v. a. landbauwissenschaftlicher Schriften, die eine Anleitung zur rationalen Betriebsführung in der Landwirtschaft geben sollten, von der Zucht von Gänsen bis hin zur Anlage von Zäunen, der Viehhaltung, der richtigen Einschätzung von Wetter, Witterung und Klima, Teichfischerei und der strengen Haushaltung des Hausvaters, eines zwangsläufig männlichen Hausvorstands als (Land-)Betriebswirt.[16] (▶ Kap. 1) Die „Hausväterliteratur" scheint vor allem im deutschsprachigen Raum große Verbreitung gefunden zu haben, doch sind ähnliche Traktate auch aus England und Schweden bekannt. Zwar legte diese Literatur wenig (bzw. keinen) Fokus auf Fragen, die wir heute als ‚makroökonomisch' bezeichnen würden – weder der Staat noch ein größerer Wirtschaftskörper als Analyseeinheit werden hier unter die Lupe genommen. Doch darf das Prinzip des rationalen Wirtschaftens und Mitteleinsatzes, der rationalen Betriebsführung im Zeitalter des beginnenden Anthropozäns (▶ Kap. 1) als werkleitendes Merkmal bezeichnet werden. Auch ist diese Literaturgattung bereits durch einen hohen Grad an Empirie gekennzeichnet; ähnliches gilt für nachfolgende Strömungen wie Merkantilismus und Kameralismus, in welche die Traktate der *Hausväter-* oder *Oikonomie-Literatur* um 1700 mit einflossen, oft durch Übernahme wortwörtlicher Passagen.

Etwas zeitversetzt bildete sich eine Tradition heraus, die gemeinhin als ‚Merkantilismus' bezeichnet wird.[17] Wie alle ‚-ismen' der modernen Forschung handelt es sich beim Merkantilismus weniger um Realität als um ein ‚reales' Konstrukt, welches dennoch die soziale und ökonomische Realität der Menschen Europas nachhaltig beeinflusst hat. Wie auch bei der „Hausväterliteratur" sind ältere vorneuzeitliche bzw. mittelalterliche

9.3 Von Hausvätern, Kameralisten und Merkantilisten

Einflüsse unübersehbar, wobei der Merkantilismus parallel zu anderen wirtschaftlichen Lehren existierte. Vermittelt durch französische Autoren um 1750 sowie Adam Smith wurde der Begriff *mercantile system* in die Welt gesetzt, allerdings wurde hierbei auch die Beiträge frühneuzeitlicher Denker der ‚merkantilen' Schule in Essenz und Stoßrichtung grotesk verzerrt. So schuf Smith etwa den Mythos, die Merkantilisten hätten Gold und Silber (Edelmetalle) mit dem tatsächlichen Reichtum einer Nation verwechselt (engl. *Midas fallacy*). Dabei betonten Merkantilisten wie auch Kameralisten wie Philipp Wilhelm von Hörnigk, Antonio Serra, Johann Heinrich Gottlob von Justi oder James Steuart stets, dass es sich bei Gold und Silber (Geld) lediglich um Wertmesser handelte – für die Gewerbekraft, Produktivität und Wettbewerbsfähigkeit einer Nation, ausgewiesen etwa in einer insgesamt positiven Handels- und Zahlungsbilanz waren, nicht aber Werte an sich, d. h. Ausdruck des realen Wohlstands der Nationen. Die Merkantilisten betonten den positiven Mehrwert und die Beschäftigungseffekte, die eine dynamische Gewerbeentwicklung durch Skaleneffekte (engl. *economies of scale*) in der Gewerbeproduktion – unmöglich in der Primärproduktion – mit sich brachte.

Q 9.3: **Thomas Mun, England's Treasure by Foreign Trade (1620/1664)**
„CHAP. III. The particular ways and means to encrease the exportation of our commodities, and to decrease the Consumption of forraign wares.
The revenue or stock of a Kingdom, by which it is provided of forraign wares is either *Natural* or *Artificial*. The Natural wealth is so much only as can be spared from our own use and necessities to be exported unto strangers. The Artificial consists in our manufactures and industrious trading with forraign commodities, concerning which I will set down such particulars as may serve for the cause we have in hand. [...] For Iron oar in the Mines is of no great worth, when it is compared with the employment and advantage it yields being digged, tried, transported, bought, sold, cast into Ordnance, Muskets, and many other instruments of war for offence and defence, wrought into Anchors, bolts, spikes, nayles and the like, for the use of Ship, Houses, Carts, Coaches, Ploughs, and other instruments for Tillage. Compare our Fleece-wools with our Cloth, which requires shearing, washing, carding, spinning, Weaving, sulling, dying, dressing, and other trimmings, and we shall find these Art more profitable than the natural wealth, whereof I might instance other examples [...]."

Kommentar: Bei Muns Text handelt es sich um einen Klassiker des sogenannten Merkantilismus. Vielfach neu aufgelegt, gehört er nicht nur zu den Bestsellern seiner Zeit, sondern wird bis heute auch in der Fachliteratur als Paradebeispiel protektionistischer Wirtschaftstheorie der Frühen Neuzeit referiert. Titel und Eingangssatz des 3. Kapitels lesen sich gleichermaßen wie das ‚Glaubensbekenntnis' des Merkantilismus. Man müsse stets mehr an das Ausland verkaufen als von dort her (wertmäßig) importieren. Freilich beließ das merkantilistische Denken es nicht bei solch vulgärprotektionistischer Argumentation, sondern ging argumentativ in die Tiefe und kam erstaunlich nahe an die moderne Entwicklungsökonomik heran. Mun sprach sich zwar für Einfuhrzölle und staatliche Gewerbeförderung aus, beschrieb aber auch in bemerkenswerter Klarheit den Unterschied zwischen Agrarwirtschaft und Manufakturen bzw. Industrie und deren unterschiedlichen Beitrag zu Sozialprodukt, Beschäftigung und Produktivität (▶ Kap.4, 5). Der Wohlstand (engl. *revenue; stock*) der Nation bestehe, so Mun aus „natural" und „artificial stock". Die Terminologie war aus der Handelswissenschaft abgeleitet; Mun zog die Analogie zwischen dem Staatsmann, welcher den Wohlstand der Nation so verwalten solle wie ein Kaufmann sein Betriebskapital. Mit „natural stock" meint Mun Rohstoffe bzw. Waren in ihrer ursprünglichen, unverarbeiteten Form. Verarbeitete Produkte, Gewerbeprodukte, Manufakturwaren bezeichnete er als „artificial", d. h. ‚kunstvoll' (nicht ‚künstlich'), genau wie auch das Wirtschaftsdeutsch im 17. und 18. Jh. das produzierende Gewerbe oft als ‚Kunst' bezeichnete. Nur im produzierenden Gewerbe (*artificial stock/revenue*) ergeben sich die für wirtschaftliches Wachstum und Entwicklung entscheidenden Einkommens-, Beschäftigungs- und Synergieeffekte für weitere Wirtschaftsbereiche. Gewerbeprodukte seien mit einem höheren Aufwand in der Produktion verbunden, sie erzeugten einen höheren Mehrwert als Landwirtschaft und Urproduktion, aber auch höhere Beschäftigungsniveaus. Mun argumentiert hier – insbesondere in der Aufzählung praktischer Beispiele, wie sich aus Rohstoffen durch manufaktorielle Verarbeitung in konkrete „Industrieprodukte" Mehrwert erzeugen lässt – sehr eng angelehnt an Giovanni Botero. Dessen Buch über die Staatsräson und den Ursprung von Städten (1588/89), wo derselbe Sachverhalt mit fast identischer Argumentation skizziert ist, wird er gekannt haben (▶ Q 9.4).

Interessant ist auch, wie Mun im 1. Kapitel seines Werks die Legitimation von Handlung und Kaufmannswirtschaft begründet. Der Kaufmannsberuf sei einer

9.3 Von Hausvätern, Kameralisten und Merkantilisten

> der nobelsten und höchsten überhaupt. Als achtsam wirtschaftender, umfassend in Schreiben, Literatur, Mathematik, Navigation, Sprachen und vielen anderen Fähigkeiten gebildeter Mensch handele der Kaufmann gleichsam im Interesse der gesamten Nation, indem er für die Nation essenzielle Waren im- und exportiere und damit auch direkt etwa zum Wachstum der heimischen Gewerbe und Wirtschaftsbereiche beitrage (durch Setzen auf die ‚richtigen' Wirtschaftszweige und Austausch mit dem Ausland, wodurch die Staatskasse durch Zölle, die heimischen Gewerbe durch positive Nachfrageimpulse gefördert werde). Der Kaufmann sei somit gleichsam der ‚Schaffner' (Verwalter, engl. *steward*) des Nationalreichtums. Mun nahm damit Bezug auf eine ältere Tradition der Ökonomik, die teilweise bis auf Aristoteles, Xenophon (und dessen Werk zum *Oeconomus*) und sogar die Bibel zurückreicht, wo Gott bisweilen als Schaffner oder Verwalter des himmlischen und Seelenschatzes bezeichnet wird. Wir haben es also bei Muns Text auch mit einem frühen Beispiel neoliberaler Ideologie zu tun, welche Kaufmanns- und Unternehmertum als die wichtigste Stütze allen wirtschaftlichen und gesellschaftlichen Lebens und Primat der Politik konstituiert und die jeweilige Steuer-, Wirtschafts- und Beschäftigungspolitik entsprechend legitimatorisch-diskursiv untermauert.
>
> **Zitiert nach:** Thomas Mun, England's treasure by forraign trade, or, The ballance of our forraign trade is the rule of our treasure, London 1664, S. 15, 32–33.

Wie wir im obigen Abschnitt zur Wirtschaftspolitik gesehen haben, hat es Ansätze merkantilistischer (protektionistischer, gezielt auf Gewerbeförderung gerichteter) Handels- und Wirtschaftspolitik schon in England im 14. Jh. gegeben, dazu in Flandern und in den mittelalterlichen italienischen Stadtstaaten wohl noch früher. Merkantilismus ist also kein Kind der Frühen Neuzeit oder des absolutistischen Zeitalters. Die Industrialisierung Deutschlands, Frankreichs, Belgiens, Italiens, Österreichs, Schwedens usw. fand im Zuge der zweiten oder Hochindustrialisierung während des 19. Jh.s ebenso unter merkantilistischen Gesichtspunkten statt[18] wie die ökonomischen Transformationsprozesse im kapitalistischen ‚Westen' während des 20. und 21. Jh.s. Weder ‚verschwand' der Merkantilismus also mit dem Ende der Frühen Neuzeit noch machte er nach ca. 1800 – ein weiterer populärer Irrglaube – dem ‚Liberalismus' Raum. Merkantilistische Fragestellungen – etwa nach Geldmengenregulierung, Wechselkurs, Umlaufgeschwindigkeit, Preis- und Marktlehre oder ganz allgemein: Analyse volkswirtschaftlich relevanter Zusammenhänge in einem der modernen Makroökonomik nahekommenden Modellverständnis – sind in die Genese der modernen Volkswirtschaftslehre und Ökonomik, insbesondere der Keynesianischen Makroökonomik, ebenso eingeflossen wie in die moderne Wirtschaftspolitik.

Merkantilismus wird in der modernen Literatur bisweilen mit dem Protektionismus gleichgesetzt. Angesichts der Tatsache, dass die meisten Merkantilisten aber keinem generellen Protektionismus das Wort redeten und auch die kapitalistischen freien Marktwirtschaften des 19. und 20. Jh.s in zentralen Bereichen der Handels-, Zoll- und Wirtschaftspolitik bis heute protektionistische Züge aufgewiesen haben – also der Protektionismus integraler Bestandteil des Kapitalismus europäischer Prägung gewesen ist – sollte man die protektionistischen Charakterzüge des Merkantilismus also nicht überbetonen. Man sollte aber andere Länder auch nicht anklagend beschuldigen, dieselben marktbeschränkenden merkantilistischen (und oft auch umweltschädigenden) Technologien und wirtschaftspolitischen Maßnahmenbündel anzuwenden, welche die Europäer seit etwa 600 Jahren selber als Kernstrategien kannten, um wirtschaftliches Wachstum zu erzeugen.

Merkantilistisch-kameralistische Autoren wie Philipp Wilhelm von Hörnigk sprachen sich für eine aktive Gewerbeförderung aus, innerhalb derer marktwirtschaftliche (*laissez-faire*) mit protektionistischen Stilmitteln zu kombinieren waren. Diese basierte auf der Annahme, dass nur *Gewerbe* und Industrie im eigentlichen Sinne produktiv seien, also nur Gewerbeproduktion Skalenerträge (engl. *economies of scale*) erlaubte bzw. zur Generierung eines Mehrwerts fähig sei. Dies geschah durch die Transformation von Rohstoffen in Fertigwaren durch Herbeiziehung der menschlichen Produktionsfaktoren Arbeit und Humankapital und dem Einsatz von Kapital in dem der Zeit üblichen begrenzten Rahmen. Hier stellten sich (proto-)merkantilistische Autoren der politischen Staatsräson-Tradition wie Giovanni Botero (Hauptwerk: *Ragion di Stato*, 1589) oder Antonio Serra (*Breve trattato delle cause che possono far abbondare li regni d'oro e d'argento*, 1613), John Cary (1754–1835), Johann Heinrich Gottlob von Justi oder Sir James Steuart dezidiert anders auf als die späteren ‚Physiokraten', die behaupteten, nur die landwirtschaftliche Erzeugung sei wertschöpfend. Da in der Geschichte des abendländischen Kapitalismus bis zum Zeitalter des

9.3 Von Hausvätern, Kameralisten und Merkantilisten

Erdöls kein Land ausschließlich oder auch nur primär durch einen Rohstoff oder mithilfe der Urproduktion reich geworden ist, sondern Kapitalismus und modernes Wirtschaftswachstum auf mindestens einem Industriezweig bzw. einer technologischen Revolution aufgebaut haben (England: Baumwolltextilien, Dampfmaschinen; Deutschland: Eisenbahn-, Eisen und Schwerindustrie, später Chemie- und Elektrizität; im Zeitalter nach 1945 ebenfalls Schwerindustrie, dann IT, Kommunikation und Feinmechanik), darf das Physiokratische Paradigma der Ökonomik als überholt und empirisch widerlegt, der Merkantilismus aber als mentaler ‚Ursprungsort' des modernen Kapitalismus gelten.[19]

Q 9.4:   Der Jesuitenpater Giovanni Botero (ca. 1544-1617) über Gewerbe und den Wohlstand der Nationen
„Nothing is of greater importance for increasing the power of a state and gaining for it more inhabitants and wealth of every kind than the industry of its people and the number of crafts they exercise. [...] These crafts cause a conflux of money and of people, some of whom work, some trade in the finished products, some provide raw materials and others buy, sell and transport from one place to another the fruits of man's ingenuity and skill. [...] Since art is the rival of nature I must consider which is of more importance to make a state great and populous, the fertility of the soil or the industry of man. Without hesitation I shall say industry. Firstly, the products of the manual skill of man are more in number and of greater worth than the produce of nature, for nature provides the material and the object but the infinite variations of form are the result of the ingenuity and skill of man. [...] The revenues derived from iron mines are not very large, but the processing of iron and trade in that metal support an infinite number of persons, some engaged in excavating, refining or casting it, some selling it wholesale or retail, making of it engines of war, defensive and offensive weapons, innumerable instruments for agriculture, architecture and every other art, and for the everyday necessities of life, for which iron is as essential as bread. So that comparing the gain which the owners derive from the iron-mines with the profit which craftsmen and merchants make from the iron industry and the wealth which accrues also to the ruler by way of taxes, it is clear that industry is far in advance of nature. [...]
And how many people depend for their livelihood upon their skills rather than directly upon nature. Such is the power of industry that no mine of silver or

gold in New Spain or in Peru can compare with it, and the duties from the merchandise of Milan are worth more to the Catholic King than the mines of Zacatecas or Jalisco. [...] A prince, therefore, who wishes to make his cities populous must introduce every kind of industry and craft by attracting good workmen from other countries and providing them with accommodation and everything convenient for their craft, by encouraging new techniques and singular and rare works, and rewarding perfection and excellence. But above all he must not permit raw materials, wool, silk, timber, metals and so on, to leave his state, for with the materials will go the craftsmen. Trade in goods made from these materials will provide a livelihood for a far larger number of people than will the raw materials; and the export of the finished manufactured article will provide the ruler with greater revenues than will the material alone."

Kommentar: Der Jesuitenpater und Vertreter der Staatsräson-Theorie Giovanni Botero gehört zu den am meisten gelesenen und in viele europäische Sprachen übersetzten Autoren der Frühen Neuzeit. Sein Werk *Della ragione di stato libri dieci* wurde 1589 publiziert und ist hier in einer frühen und an das moderne Englisch angepassten Übersetzung von 1606 wiedergegeben. Boteros Oeuvre lässt sich teils aus der Renaissancetradition der Fürstenspiegel – gelehrte Anweisungen für den besonnenen Fürsten zur Lenkung und Förderung von Staat und Gemeinwohl – herleiten, aber auch als Teil einer während des 16. und 17. Jh.s starke Verbreitung findenden Literaturgattung der post-machiavellistischen Staatsräson (ital. ragion di stato, engl. reason of state) begreifen. Seine hier wiedergegebenen Ausführungen zu Wirtschaft, Stadt und Gewerbe können sogar dem Merkantilismus oder Kameralismus zugerechnet werden, entwickelt Botero hier doch einen theoretischen Zusammenhang zwischen Gewerbe, Mehrwert und einer positiven Entwicklung von Staat, Gemeinwesen und Wirtschaft (heute würde man von ‚ökonomischer Entwicklung' sprechen). Botero zieht hier dieselbe Unterscheidung zwischen Primär-/Urproduktion (*natural*) und von Mehrwert veredelter Gewerbeproduktion (*artificial*) wie viele spätere Schriftsteller, etwa Thomas Mun (▶ Q 9.3). Deshalb wird man auch davon ausgehen können, dass spätere Autoren der merkantilistischen und kameralwissenschaftlichen Tradition Boteros Traktat gelesen hatten oder zumindest mit seinem Modell vertraut waren. Botero sieht einen streitbaren Gegensatz zwischen Urproduktion und verarbeitendem Gewerbe („art is the rival of nature"). Er begründet die herausragende Rolle des Gewerbes („industry") bei der Schaffung von positiven Wachstums- und Synergieeffekten

9.3 Von Hausvätern, Kameralisten und Merkantilisten

> mit den höheren Beschäftigungsmöglichkeiten im Gewerbe sowie dem generell höheren Qualifikationsniveau handwerklich-gewerblich tätiger Menschen. Die Kenntnisse und Kreativität, welche mit der Erzeugung von gewerblichen Gütern einhergehen, übersteigen die nötigen Kenntnisse, Techniken und Wachstumsmöglichkeiten der primären oder Urproduktion bei weitem. Interessant scheint auch – v. a. hinsichtlich einer oft zitierten These Max Webers über den Zusammenhang zwischen Protestantismus, Kapitalismus und dem modernen Wirtschaftswachstum –, dass eines der wichtigsten Modelle des späteren Kapitalismus und der modernen Entwicklungstheorie hier von einem Jesuiten begründet werden, also einem Katholiken und, mit Weber gesprochen, Anhänger einer vergleichsweise ‚fortschrittsfeindlichen' Religionslehre. Dies zeigt, dass man sich stets eine gesunde Skepsis bewahren muss, insbesondere hinsichtlich einiger der großen Meta-Erzählungen der modernen Sozialwissenschaft.
>
> **Zitiert nach:** Waley 1956, S. 150–153.

In der Forschung weniger berücksichtigt, doch im Zeitalter des Merkantilismus ebenso prominent, und mehr noch als jener den Mainstream des polit-ökonomischen Denkens reflektierend ist der Kameralismus zu nennen. In der Forschung oft fehlerhaft als „deutsche Variante des Merkantilismus" bezeichnet, hat es nach neuerem Kenntnisstand kameralistische Theoriediskurse in fast allen europäischen Wissenskulturen der Frühen Neuzeit zwischen 1500 und 1800 gegeben, neben dem Heiligen Römischen Reich vor allem in Schweden, aber auch in Dänemark, Finnland, Russland, Italien, Spanien und Portugal; sogar übergangsweise in Brasilien.[20] Der Merkantilismus kann damit ebenso gut als regionale, d. h. angelsächsische Sonderform eines kameralistischen europäischen Diskurs gelten, nicht umgekehrt.[21] Wie der Merkantilismus ist Kameralismus aus heutiger Sicht ein problematischer Begriff; im Gegensatz zum Merkantilismus ist er aber zumindest zeitgenössisch: Man sprach seit dem 18. Jh. in der Tat von den „Cameralwissenschaften". Diese wurden seit 1727 auch als universitäre Lehrfächer angeboten (s. u.), während Merkantilismus keine akademische Disziplin war und der Merkantilismusbegriff eine Schöpfung der gelehrten Nachwelt darstellt.

Der Kameralismus war, entgegen seines Namens, nicht primär auf die fürstliche Schatzkammer oder die staatliche Verwaltung zentriert, obgleich viele Kameralschriften die für dieses Genre charakteristische Dreigliederung in ‚Kameralwissenschaften' (öffentliche Finanzen), ‚Oeconomie' (Haushaltungswissenschaft) und ‚Policey' (Wirtschafts- und Sozialpolitik) als Grundschema beibehielten.[22] Vielmehr ging es Kameralisten wie Veit Ludwig von Seckendorff (Hauptwerk: *Teutscher Fürsten-Stat*, 1656) oder Johann Heinrich Gottlob von Justi um die Schaffung eines produktiven, florierenden und maximale „Glückseligkeit" erreichenden Gemeinwesens. Darüber hinaus entwickelten Kameralisten eine dynamische Theorie, die ökonomisches Wachstum zumindest als theoretische Proposition kannte.[23] Kameralistisches Denken, Diskurs und Theorie beinhalteten daneben auch Elemente dessen, was heute als Finanzwissenschaft, Finanzsoziologie und Verwaltungswissenschaften (engl. *public administration*) im universitären Lehrbetrieb verankert ist. Es schloss darüber hinaus aber auch Elemente von Haushaltslehre (Betriebswirtschaftslehre), Agrarökonomie, makroökonomischer Analyse, Volkswirtschafts- und Entwicklungspolitik mit ein.

Viele Kameralisten waren von ihrer Fachausbildung her Juristen, was sich ebenfalls in der Gestaltung und Sprache der kameralistischen Lehrbücher reflektierte. Die neuere Ideen- und Umweltgeschichte betont zudem die naturwissenschaftliche Dimension des Kameralismus: Kameralisten teilten die Vision einer Decodierbarkeit der biologischen, chemischen und physikalischen Gesetze der Natur (▶ Kap. 8).[24] Damit ordnet sich der Kameralismus in das als europäische Aufklärung bekannte Paradigma ein.

Kameralistisches Denken etablierte sich auch als Lehrfach an den Universitäten, zuerst 1727 in Frankfurt (Oder) und Halle (Saale). 1741 erfolgte die erste Lehrstuhlgründung in Kameralistik in Schweden an der Universität Uppsala unter dem bekannten schwedischen Ökonomen Anders Berch (1711–1774). Gegen Ende des Jahrhunderts bestanden kameralistische Lehrstühle in vielen anderen Universitäten Europas: von Lautern in der Pfalz über Kiel in Holstein bis ins schwedische Lund oder das finnische Turku. Anders Berch verfasste ein Lehrbuch, welches ins Deutsche übertragen wurde und sich in den deutschen Landen hoher Beliebtheit erfreute (*Anleitung zur allgemeinen Haushaltung in sich fassend die Grundsätze der Policey-, Oeconomie-, und Cameralwissenschaften* (1763). Es wurde über-

9.3 Von Hausvätern, Kameralisten und Merkantilisten

setzt von Daniel Gottfried Schreber, Professor für Kameralistik an der Universität Leipzig. Ebenso wurden einige der deutschen Kameralschriften, etwa von Johann Heinrich von Justi ins Italienische, Französische und sogar Russische übertragen.

Ähnlich wie bei beim Merkantilismus ist es also schwierig zu definieren, was Kameralismus eigentlich gewesen ist. Seine ontologische Bedeutung erschließt sich aus der Kombination von kameralistischem Denken (Theorie), kameralistischer Praxis (Wirtschafts- und Fiskalpolitik) sowie seiner Rezeption unter Historikern. Die kameralistischen Schriftsteller waren (entgegen landläufiger Ansicht) nicht auf den Ordnungsgedanken fixiert. Sie redeten *nicht* einer umfassenden Sozialnormierung oder Durchnormierung des ökonomischen oder gesellschaftlichen Lebens das Wort. Vielmehr sprachen sie sich für freie Märkte und eine weitgehend sich selbst überlassene und – in gewissen Grenzen – frei entfaltende Wirtschaft aus, etwas, das man wiederum wie beim Merkantilismus mit dem Stichwort *laissez-faire* umschreiben könnte, allerdings unter den seiner Zeit typischen Rahmenbedingungen.[25]

Kameralistische Schriften und ihre Schriftsteller befassten sich aber auch mit Fragen von Enten- und Schafzucht – hier Parallelen zu bzw. Anleihen bei der oben genannten „Hausväterliteratur", mit welcher die Periode des Kameralismus teilweise überlappte – bis hin zu den Bergwerken, der Münz-, Geld- und Währungspolitik, dem Straßenbau, Postwesen und der Einhaltung einer guten Ordnung, eines guten christlichen Gottesdienstwesens. Der produktive christliche Staat war gleichermaßen ein holistisches Gesamtkunstwerk, welches die „Glückseligkeit" – in den Quellen explizit so bezeichnet – der Menschen insgesamt fördern sollte, als Strategie der Wohlfahrtsmaximierung und des Lebensstandards in einem sehr allgemeinen und umfassenden Sinne. Ökonomisches Wachstum war den Kameralisten der Theorie nach bekannt; in der Realität ließ es vielerorts auf sich warten, da die institutionellen, d. h. sozial-rechtlichen Rahmenbedingungen, die niedrige Produktivität der Landwirtschaft, der allumfassende Würgegriff des Adels auf Eigentumsverteilung, Wirtschaftslust und Ressourcen, ‚guten Theorien' vielerorts einen Strich durch die Rechnung machten. Denker wie Justi legten ihren Fokus dabei vor allem auf die gezielte Förderung exportorientierter Gewerbe mit der Möglichkeit der Konstruktion eines komparativen Handelsvorteils.

Solche konventionellen Methoden der Exportförderung sind bis heute in der modernen Entwicklungstheorie ein Begriff und fungieren u. a. unter dem Label *Importsubstituierende Industrialisierung* (ISI). In der simultanen Betonung freier Wettbewerbsmärkte mit dem Staat als oberster Regulierungsinstanz ist kameralistisches Gedankengut auch in moderne neo- und ordoliberale Konzeptionen von Marktwirtschaft und Kapitalismus mit eingeflossen.

10 Perspektiven und Tendenzen der Forschung

Im Zentrum wirtschaftsgeschichtlicher Analysen steht heute oft die Frage nach den Ursachen, Gründen und Bedingungen für modernes Wachstum und moderne Entwicklung. Besonders intensiv wird diskutiert, *warum* die industrielle Revolution zuerst in England bzw. Großbritannien stattgefunden hat und nicht in Indien, China, Frankreich oder dem Heiligen Römischen Reich. Warum kam es erstmals in Europa und nicht anderswo zum modernen Wirtschaftswachstum (*great divergence*)? Warum sind die einen Länder arm, andere wiederum reich? Und seit wann setzte der Prozess globaler Unterentwicklung und Ungleichverteilung der wirtschaftlichen Leistungskraft ein? Diese Frage gehört bis heute zu den drängendsten Fragen der Ökonomen – und einer der spannendsten Frage der Wirtschaftshistoriker.[1] Sie lässt sich nur zeitlich und nach bestimmten Regionen differenziert beantworten. So haben Historiker u. a. auf den Nutzen des Vergleichs bestimmter ‚Welt-Regionen' hingewiesen und dafür plädiert, sich z. B. statt auf ‚China' oder ‚Asien' auf das Yangtse-Delta zu fokussieren und für ‚Europa' nur auf England, da bis heute Wirtschaftsregionen oder *cluster* wirtschaftlicher Aktivitäten nicht notwendigerweise deckungsgleich mit politisch definierten geographischen Regionen sind bzw. erhebliche regionale Unterschiede in der Verteilung von Einkommen und. wirtschaftlicher Leistungskraft bestanden.[2]

Am bekanntesten ist vielleicht das Buch *The Great Divergence* von dem Sinologen Kenneth Pomeranz.[3] In einer vergleichenden Perspektive erhebt Pomeranz umfassende Daten zu Lebenserwartung, Löhnen, Formen der Arbeitsorganisation und Arbeitsteilung, Urbanisierung u. a. in China und verglich diese mit europäischen Referenzdaten. Er kommt zu dem Schluss, dass noch mindestens bis um 1750, wenn nicht später, Einkommen, Lebensstandard und Ausgereiftheit der chinesischen Wirtschaft mit der Europas vergleichbar gewesen seien. Dabei wählt Pomeranz jeweils die am weitestentwickelten, also reichsten Regionen des jeweiligen Kontinents. Für Europa fällt seine Wahl auf England, für China das Yangtse-

Delta. Da sowohl von den Institutionen – Handelsrecht und gesellschaftliche Organisation waren in China nicht ‚wirtschaftsfeindlicher' als in Europa – als auch vom Stand der Arbeitsteilung, Technik und Produktivität China (bzw. das Yangtse-Delta) den fortschrittlicheren Regionen Europas in nichts nachstand, erklärt Pomeranz die sich nach 1750/1800 abzeichnende deutliche Wachstums- und Entwicklungsschere durch das Fehlen bzw. Vorhandensein von *coal and colonies*.

England und andere europäische Mächte konnten, so Pomeranz, in der Frühen Neuzeit v. a. außereuropäische *ghost acres* erschließen, also koloniale Territorien und Landflächen zum forcierten Anbau äußerst gewinnträchtiger Rohstoffe und *cash crops* wie Zucker (und die aus Zucker gewonnenen Produkte wie Rum und Melasse), Tabak, Kaffee, Kakao usw. nutzen und damit Handelsgewinne und Handelsspannen erzielen, welche traditionelle Produkte aus der heimischen, d. h. kerneuropäischen Produktion nicht erreichten. Die Europäer hatten überdies die Wirtschaft der Kolonien steuerungstechnisch den Bedürfnissen der europäischen Heimländer unterworfen. Den Kolonien war es verwehrt, eigene Industrien und Gewerbe zu entwickeln. Sie produzierten (mit einigen Ausnahmen) einzig und allein die von den Europäern als Handelsware begehrten Nahrungs- und Genussmittel. Damit konnten die Europäer eine größere Fläche gewinnbringend nutzen als ihnen von Haus aus zur Verfügung stand (engl. *ghost acreages*). Die Gewinne aus dem Atlantikhandel (▶ Kap. 6) waren zwar nicht durchgehend hoch und die Quellen sind fragmentarisch überliefert; sie lassen keine umfassenden Gewinn-Verlustrechnungen für koloniale Unternehmungen zu. Doch haben Studien aus anderer Feder zu Plantagenwirtschaft und karibischer Sklaverei tendenziell die hohe Profitabilität dieser Wirtschaftszweige betont, die v. a. den kolonialen Mächten der Zeit, also England, Frankreich und den Niederlanden zukam.[4]

Hinzu kam die vergleichsweise gute Ausstattung der Europäer mit dem Rohstoff, der in der folgenden Zeit der Industrialisierung eine zentrale Rolle spielen sollte – Steinkohle. Steinkohlevorkommen waren relativ umfangreich in Europa, weniger umfangreich aber in China vorhanden. Sie stellten gewissermaßen einen großen ‚unterirdischen Wald' dar. In Europa, wo die Wälder seit dem 14./15. Jh. stetig zurückgegangen waren – nur die ‚Krise des 17. Jh.s' hatte diesen Prozess etwas gebremst – und wo Holz als Bau- und Brennstoff immer knapper wurde, insbesondere weil die europäische Bevölkerung seit etwa 1470 stetig wuchs, stellte

10 Perspektiven und Tendenzen der Forschung

Steinkohle eine Alternative dar, um diesen Engpass zu beheben. Seit dem 16. Jh. wurde praktisch ganz London – eine Großstadt, welche um 1700 bereits eine halbe Million Einwohner zählte und um 1800 die Schwelle zur Million überschritt – mit Steinkohle beheizt. Der gesundheitsschädliche Londoner Smog und immerwährende Nebel rührten von eben jener Beheizungsform auch bei privaten Wohnstätten her.

Das Argument wurde von dem britisch-australischen Wirtschaftshistoriker Robert C. Allen weiterentwickelt, indem er die langfristige Bewegung von Löhnen und Kapitalkosten in Großbritannien im Vergleich mit Asien (China) untersuchte. Während sich aufgrund der bereits weiter oben vergleichsweise positiven Entwicklung der Einkommen eine Verteuerung des Faktors Arbeit ergab, entwickelten sich die Preise für Kohle und damit auch für den Brennstoff der Dampfmaschinen und häuslichen Beheizung viel weniger dynamisch. In anderen Worten: Seit dem 16./17. Jh. wurde der Faktor Kapital relativ gesehen zum Faktor Arbeit in England immer billiger.

Wir sahen oben (▶ Kap. 1) bereits die Spreizungen der Reallöhne in England und Amsterdam im Vergleich zu Deutschland, Österreich, Spanien usw. (▶ Tab. 1.1): Mit Ausnahme der Niederlande waren Löhne, d. h. der Produktionsfaktor Arbeit, fast überall niedriger als in England, auch in Relation zum Produktionsfaktor Kapital (Maschinen und Technik). Gleiches gilt für die anderen wichtigen Weltregionen Indien und China, wo nach den Berechnungen Allens Arbeit relativ zu Kapital ebenfalls viel billiger gewesen ist als in England. Für England ergab sich damit, so Allen, die logische Konsequenz, dass Produzenten versuchten, den Produktionsfaktor Arbeit (relativ teuer) durch den Produktionsfaktor Kapital (relativ billiger) zu substituieren. Das Zeitalter der Dampfmaschine und der mechanischen Spindel (engl. *spinning jenny*), später des mechanischen Webstuhls war geboren.[5] Allens Modell ist indes unvollständig, weil es nicht erklärt, warum es in England zunächst zur Mechanisierung der Garnspinnerei kam, nicht aber des Verarbeitens (Weberei). Viele andere Faktoren spielten beim Technologietransfer zwischen Asien und Europa eine Rolle, v. a. das richtige Bleichen, Drucken und Einfärben der Tuche.

Prasannan Parthasarathi hat dieses Argument weitergeführt. Die Baumwolltuche, welche seit der Frühen Neuzeit auf dem indischen Subkontinent erzeugt wurden, gehörten zu den besten und gefragtesten Tuchen ihrer Zeit. Seit etwa den 1680er oder 1690er Jahren erfreuten sie sich einer wachsenden Begeisterung und großen Nachfrage bei den Frauen und Männern der Oberschichten in Nordwesteuropa. Die indischen Tuchweber produzierten und bedruckten Baumwollstoffe in einer Farbechtheit und Qualität, mit welchen sich die Tuchweber Mitteleuropas, Englands oder Irland noch nicht messen konnten. Die Folge war eine regelrechte Überflutung des englischen Marktes mit Baumwollstoffen und Batiktuchen (engl. *calico craze*). Um dieser neuen Konsumstrukturen Herr zu werden, v. a. der Überflutung mit Importen, welche durch Edelmetall- und Geldabfluss die Handels- und Zahlungsbilanz Englands verschlechterten, entwickelte das englische Parlament eine Reihe protektionistischer und zollpolitischer Maßnahmen, welche sukzessive zu einer Verdrängung indischer Baumwolltuche aus dem englisch-britischen Markt, letztendlich sogar der Verdrängung indischer Produzenten vom Weltmarkt führten.[6] Zunächst wurden zwischen ca. 1670 und 1690 die Einfuhrzölle auf indische Baumwolltuche von 7,5 % des Werts (Wertzoll, lat. *ad valorem*) auf 37,5 % erhöht. Dann ergingen Verbote des Tragens indischer Baumwolltuche, unter anderem 1696 und 1698, die sich aber als relativ erfolglos erwiesen – die neumodischen Tuche erfreuten sich steigender Beliebtheit bei den urbanen Mittel- und Oberschichten, welcher auch eine Vervierfachung des Zolls kaum etwas anhaben konnte.

Um 1700 erfolgte wiederum ein Verbot des Konsums und Verkaufs indischer Baumwolltuche in England; Importe durften nur noch mit dem Ziel des Re-Exports, d. h. des Wiederverkaufs in andere Länder erfolgen. Im Gegenzug wurde die Einfuhrgebühr auf unverarbeitete Baumwolltuche reduziert – die Veredelungsstufe innerhalb dieser als profitabel anerkannten Gewerbes sollte nun nach England geholt werden. 1721 ging man weiter und verbot jegliche indische Fertigprodukte auf dem britischen Markt und erlaubte nur noch den Import von Baumwollgarn, welches man noch nicht zur gewünschten Qualität in Großbritannien selber herstellen konnte. In der Zwischenzeit hatte sich der Baumwoll-Hype der oberen Schichten der Bevölkerung als Mode auch in die unteren Mittelschichten durchgesetzt, die sich freilich pure oder reine Baumwolltuche indischen Vorbilds kaum leisten konnten.

So kam es zur Erweiterung der Produktion von Barchent, also der Baumwoll-Leinen-Mischgewebe. Diese Form der Barchentweberei und -druckerei gewann seit den 1750er Jahren zunehmend an Fahrt, v. a. in der südwestschottischen Textilregion um Paisley (südwestlich von Glasgow)

10 Perspektiven und Tendenzen der Forschung

und um das nordwestenglische Manchester. Dort entwickelte sich mit der Einführung der Dampfmaschine, der dampfgetriebenen mechanischen Webstühle und schließlich auch der Dampfspindeln seit ca. 1770 das, was wir als industrielle Revolution kennen. Überlieferte Kaufmannsbücher und Unternehmensbilanzen aus den 1770er Jahren bestätigen, dass seit etwa 1770 Tuchproduzenten in und um Manchester erstmals Tuche produzierten, die sich sowohl in der Qualität als auch im Preis mit den indischen Baumwolltuchen, die in Handarbeit gefertigt wurden, messen konnten.[7]

Die Folge war eine sukzessive und um 1830 abgeschlossene Verdrängung der indischen Produzenten vom Weltmarkt. Zwar fehlte es nicht an Versuchen, die in England bekannten Maschinen auch in Indien einzuführen. Doch da die indische Wirtschaft (unter britischer Kontrolle) von ihrer Kosten-, Kapital- und Lohnstruktur deutlich anders gestaltet war als die englische, machte die Einführung dieser Maschinen auf großer Ebene keinen Sinn; ökonomisch rentierte sich diese Form der kapitalintensiven Produktion in Indien zu diesem Zeitpunkt nicht. Damit hatte die natürliche Ausstattung mit Ressourcen, die vergleichsweise billige Kapitalkostenstruktur im Vergleich zum hohen Lohnniveau in England hier einen komparativen Vorteil geschaffen. Doch darf man dabei nicht die Rolle des britischen Staates vergessen: Ohne die seit dem Ende des 17. Jh.s zielgerichtet protektionistische und auf den Schutz und die Förderung des heimischen britischen Gewerbes zielende Handels- und Zollpolitik des britischen Unterhauses hätte dieser Importsubstitutionsprozess in dieser Form sicher nicht stattgefunden. Der Staat spielte hier eine zentrale Rolle in dem Prozess – etwas das ein Jahrhundert später der deutsche Nationalökonom Friedrich List als grundlegend für die moderne Wirtschaftsentwicklung postuliert hat (► Kap. 9.1). Freihandel war zwar grundsätzlich etwas Positives, von dem alle profitieren konnten. Doch wenn nicht alle Partner auf der gleichen wirtschaftlichen Entwicklungsstufe standen, dann konnte der Staat für ein paar Jahre oder Jahrzehnte durchaus nachhelfen, nämlich so lange bis sich an den grundsätzlichen heimischen Produktivitätsstrukturen etwas zum Positiven geändert hatte.[8]

Hieran lässt sich erkennen, dass die oben skizzierten Entwicklungstheorien der Merkantilisten und Kameralisten (► Kap. 9.3) während der Frühen Neuzeit durchaus auch zur praktischen Anwendung kamen und somit direkten Einfluss auf die (unterschiedliche) Wirtschaftsentwicklung Europas und anderer Welregionen ausübten. Der Entwicklungsvorsprung Englands (implizit sogar Europas) seit der Frühen Neuzeit, v. a. aber im Zeitalter der Industrialisierung und Globalisierung des 19./20. Jh.s wurde durch einen entscheidenden Unterschied geprägt: die Größe und Rolle des Staates.

Seit der Frühen Neuzeit investierten die europäischen Staaten, v. a. England, mehr Geld in die Stärkung der staatlichen (Militär) und wirtschaftlichen Infrastruktur.[9] Nirgendwo sonst gab es ein ähnlich hohes Pro-Kopf-Besteuerungsniveau, gaben Staaten mehr Geld für die Wirtschaft aus, etwa durch den protektionistischen Schutz der heimischen Exportgewerbe durch ein stehendes Heer und eine der größten Handels- und Kriegsmarinen ihrer Zeit. Durch diese wurde nicht nur das steigende englische Import- und Exportvolumen abgewickelt, sondern auch englische Handelsschiffe geschützt und das britische Königreich von fremden Aggressoren und Invasionen geschützt. Der Staat darf also als nachgerade zentral bei der Entwicklung der Wirtschaft Europas gelten.[10]

Aber auch innerhalb der weltgeschichtlich bedeutsamen Makroregionen gab es Divergenzen in der ökonomischen Entwicklung. So scheint sich während der Frühen Neuzeit insbesondere in Südwest- und Ostmitteleuropa, aber auch einigen Bereichen Spaniens (Kastilien, Andalusien) so etwas wie eine ‚Kleine Divergenz' ergeben zu haben.[11] In manchen Städten Polens, Österreichs oder auch Spaniens sanken zwischen dem 16. und 18. Jh. die in Geld gemessenen (und hinsichtlich der schwankenden regionalen Kaufkraft bereinigten) Arbeitslöhne bis auf die Hälfte der für Amsterdam und London berichteten Löhne ab. Auch die Reallöhne und der Lebensstandard differierten zwischen dem ruralen Süden und Ostmitteleuropa und der urbanisierten Nordseeregion um London und Amsterdam.

Im Nordwesten Europas herrschte ein höheres Lohn- und Kaufkraftniveau als im Süden und Südosten Europas. Mehr Menschen fanden in den Niederlanden des 17./18. Jh.s in außerlandwirtschaftlichen Wirtschaftsbereichen Arbeit und Nahrung, etwa im Schiffbau und Manufakturwesen als anderswo, was auf grundsätzlich höhere Produktivitäts-, Einkommens- und Entwicklungsniveaus deutet.[12] Der Lebensstandard, gemessen daran, wie viele Lebensmittel (Kalorien) ein durchschnittlicher

10 Perspektiven und Tendenzen der Forschung

Arbeitslohn am jeweiligen Ort erzielen konnte – alles hypothetische Berechnungen aufgrund von Streubelegen zu Löhnen und Preisen am jeweiligen Ort aus den historischen Quellen – war in London und Amsterdam um 1750 etwa doppelt so hoch wie in Valencia. Die Unterschiede waren noch um 1500 viel geringer und reflektieren zwei Aspekte: erstens die innereuropäische Dynamik und Expansionsmöglichkeiten, die es auch in der vorindustriellen Zeit gegeben hat, zweitens die regionalen Unterschiede innerhalb Europas. Die ‚europäische Ökonomie' hat es nicht gegeben, sondern es gab viele ‚Europas', d. h. landes- und regionaltypische Unterschiede in Wachstum und Entwicklung.

Als Spezialfall oder Metanarrativ solcher großen und kleinen Divergenzen kann das Fallbeispiel der *ökonomischen Modernität* der Niederlande während der Frühen Neuzeit dienen. Diese entwickelten sich zwischen 1600 und 1750 zur ‚ersten modernen Volkswirtschaft', indem sie folgende Strategie(n) anwandten: Durchlässigkeit und Freiheit der Faktormärkte (Arbeit, Boden, Kapital), hohe landwirtschaftliche Produktivitätsniveaus, welche es erlaubten, einen hohen Anteil von Nicht-Landwirten und eine stark arbeitsteilig organisierte Wirtschaft zu ernähren. Dazu die Existenz einer Staatsgewalt, welche Eigentumsrechte schützte, Bewegungsfreiheit und freie Berufswahl garantierte, kapitalistischem Erwerbsstreben und Wirtschaftswachstum positiv gegenüberstand und die entsprechenden marktwirtschaftlichen Rahmenbedingungen schaffte. Zuletzt war die Existenz von technologischem und arbeitsorganisatorischem Know-how ausschlaggebend, welches nachhaltiges Wirtschaftswachstum förderte, ebenso wie eine breit gefächerte Landschaft von Waren und Konsumgütern (materielle Kultur), welche entsprechende marktwirtschaftliche Anreize (Konsum, Produktion) schuf.[13]

Großen Anteil an Wachstum und wirtschaftlicher Entwicklung hatte hier die (seit 1500) stark arbeitsteilig organisierte Struktur der niederländischen Wirtschaft, die Spezialisierung auf komparative Vorteile und Schlüsselsektoren (Hochseefischerei, Schiffbau, Außenhandel bzw. Transportdienstleistungen, Banken- und Finanzwesen im Weltfinanzzentrum Amsterdam), die dynamisch miteinander verknüpft waren und jeweils positive Vorwärts-, Rückwärts- und Seitwärtskoppelungen auf die anderen Sektoren der Wirtschaft ausübten. Die vorhandenen Ressourcen wurden in den Niederlanden so optimal genutzt wie unter den technologischen Parametern der Zeit überhaupt möglich. Diese wirtschaftliche

Vorrangstellung der Niederlande in Europa und der Welt manifestierte sich darin, dass zwischen 1600 und 1750 die Niederlande erstens das höchste Pro-Kopf-Einkommen Europas (sicher auch der Welt) aufwiesen, zweitens das höchste Handelsvolumen der Welt umsetzten (Entrepôthandel, internationale Arbeitsteilung etwa durch Getreidehandel mit dem Baltikum/Danzig) und drittens den niedrigsten Anteil der Erwerbsbevölkerung im landwirtschaftlichen Sektor hatten.

Die einkommenstechnisch reichsten Länder der heutigen Zeit (Norwegen, Schweden, die Bundesrepublik Deutschland) beziehen häufig industrielle Produkte oder zur gewerblichen Manufaktur benötigte Rohstoffe und Vorprodukte aus ärmeren Ländern oder sind handelstechnisch eng mit ärmeren Ländern verwoben. Gleiches gilt für Handel und globale Arbeitsteilung während der Frühen Neuzeit, sodass sich nicht nur die Frage nach übergeordneten Zusammenhängen und Formen international-globaler Arbeitsteilung geradezu aufdrängt, sondern auch, ob internationale ökonomische Ungleichheiten gleichsam so etwas wie ein ‚Gesetz' des Kapitalismus sind und ob die Segnungen des Wirtschaftswachstums für die einkommensstärkeren Länder der Welt und globale Warenketten (engl. *commodity chains*) nicht auch auf dem Rücken der einkommensschwächeren Länder entstanden sind (Dependenztheorie).[14]

Letztere Frage lässt sich kaum abschließend beantworten, obgleich einige Studien hier ursächliche Zusammenhänge behaupten, etwa zwischen Sklavenhandel, Plantagenwirtschaft, der Industrialisierung Englands und der Unterentwicklung Afrikas.[15] Es lässt sich aber auch nicht abstreiten, dass der Wohlstand Europas parallel zu einem vergleichsweise stabilen oder gar wachsenden Armutsniveau in anderen Weltgegenden verläuft und verlief. Die spannende Frage ist nun, ob solche Asymmetrien strukturell bedingt gewesen sind, kausale Zusammenhänge und Gesetzmäßigkeiten darstellen und ob der moderne Kapitalismus solche globalen Einkommens-, Wachstums- und Produktionsgefälle nicht schlussendlich sogar bedingt, befördert oder zementiert hat. Oder handelt es sich hier lediglich um Zufälle (Kontingenz), lagen die Gründe für das ‚Scheitern' anderer Weltregionen hinsichtlich der Generierung ‚moderner' Wachstumsmuster woanders begründet?[16]

Hier gibt es einschlägige Zeitschriften wie das *Journal for Economic Growth*, welches in der Mehrzahl moderne gegenwartsbezogene Fragen

10 Perspektiven und Tendenzen der Forschung

zu den Ursachen wirtschaftlicher Entwicklung publiziert, aber auch regelmäßig Artikel mit historischem Bezug veröffentlicht, soweit sie aktuelle Fragestellungen (mit-)abdecken. (Meist werden indes gegenwärtige Probleme und Fragestellungen mit ‚historischem' Datenmaterial zu lösen versucht.) Dabei werden neben klassischen Fragen – wie etwa zu Religion und wirtschaftlicher Entwicklung – oft auch Nischenthemen in den Blick genommen, etwa Linkshändigkeit (Sinistralität), intergenerationale soziale Mobilität, anthropometrische Faktoren (Körpergewicht, -größe usw.), semantischer Wandel, aber auch Kreativität oder größere Themen, die ebenso dringend und drängend wie die Frage nach Wachstum sind: etwa soziale Ungleichheit u. a., welche sich oft über viele Jahrhunderte hinweg aus den Quellen fassen und in Langzeitnarrative von wirtschaftlichem Wachstum und Entwicklung integrieren lassen. Neben den beiden bahnbrechenden Monographien des französischen Ökonomen Thomas Piketty, *Capital in the Twenty-First Century* (2014) und *Capital and Ideology* (2020) wären die Studien Guido Alfanis zu nennen, welche durch komparativen Blick auf Oberitalien und die Niederlande Trends und Entwicklungen in der sozialen Ungleichheit vom Mittelalter bis in die Neuzeit rekonstruiert haben.[17] Noch bis in jüngere Zeit war es die Regel, die Industrialisierung als Beginn einer großen Ungleichheit anzunehmen, also einer säkularen Auseinanderentwicklung von Lohn- und Kapitaleinkommen bzw. Vermögen im Vergleich zur Vormoderne, wo häufig die Annahme einer vergleichsweise engeren Schere zwischen Arm und Reich galt.

Dies gründete sich v. a. auf eine These des Einkommensstatistikers und Ökonomen Simon Kuznets (1901–1985), welcher behauptete, es sei erst mit der Einführung industrieller Techniken und Produktionswelten zu einem nachhaltigen Anstieg der Ungleichverteilung von Einkommen und Kapital gekommen. Diese Hypothese von Kuznets ist allerdings von der neueren Forschung modifiziert worden. Man geht heute davon aus, dass der Anstieg der Ungleichverteilung historischer Einkommen und Vermögen in Europa bereits lange vor der Industrialisierung anzusetzen ist, die Industrialisierung Ungleichverteilung von Einkommen und Vermögen zwar verstärkt bzw. gefördert hat, aber nicht als der Urbeginn moderner Ungleichheit zu sehen ist. Der Beginn dieses Trends fällt wohl in das Mittelalter, in die Zeit unmittelbar nach dem Schwarzen Tod (Pest, ca. 1350).[18]

Viele der genannten Studien erscheinen indes mehr als historische Volkswirtschaftslehre denn Wirtschaftsgeschichte im ursprünglichen bzw. Wortsinne, da es oft nicht primär um das Verständnis historischer Gesellschaften und ihrer Akteure in ihren jeweiligen historischen Zeiten zu gehen scheint, sondern eher um die Lösung moderner Fragestellungen und Probleme mithilfe ‚historischer' Daten. Diese werden dann zwar als *economic history* verkauft, doch Vorsicht: nicht überall wo ‚Wirtschaftsgeschichte' draufsteht, ist auch auch Geschichte drin. Aufsehen erregt haben etwa die oben genannten Studien von Daron Acemoğlu und James Robinson, welche ökonomische Entwicklung vor allem durch Rückgriff auf Institutionen und die Qualität von *economic governance*, Recht und Gesetz festmachen wollen. Dabei wird bisweilen bis ins Frühmittelalter zurückgegriffen oder es werden außereuropäische Gesellschaften wie das präkolumbianische Amerika oder Mexiko zur Zeit der Azteken als Kronzeugen für steile Hypothesen verwendet.[19] Doch keine der betrachteten Gesellschaften hat in der Regel bewusst die Wahl – oder zwangsläufig geeignete politische Anführer gehabt, diesen oder jenen Entwicklungspfad einzuschlagen, wie die moderne Theorie dies oft suggeriert. Zudem hat man sich weder im präkolumbianischen Mexiko noch Europa während des 15./16. Jh.s Gedanken über Wachstum im heutigen Sinn gemacht, da dies als Begriffskategorie noch nicht existierte. Indes, man begann in die Richtung zu denken, siehe die schwedischen Diskurse über unbegrenztes Wachstum des 17./18. Jh.s (▶ Kap. 8, 9).

Weitere ‚große' Fragestellungen in der Wirtschaftsgeschichte haben folgende Aspekte thematisiert:

- *Preise, Löhne und Einkommen.* Was haben Menschen verdient? Wie hoch waren ihre (Tages-)Löhne, ihre jährlichen Entgelte für bezahlte Lohnarbeit? Wie lange mussten sie arbeiten, was und wieviel konnten sie sich von ihrem Lohn kaufen? Wie haben sich Realeinkommen und Lebensstandard der Menschen im Zeitverlauf entwickelt oder geändert (gemeinhin, aber nicht ausschließlich definiert als Reallohn W/P (Verhältnis von Lohnsatz W zu Preisniveau P); die neuere Forschung kennt aber auch sogenannte anthropometrische Messgrößen wie Ernährungsstandard und Körpergröße)? Wie sah die Verteilung der Einkommen und des Lebensstandards im internationalen Vergleich aus? Gab es wichtige Unterschiede, warum waren einige Länder und Weltregionen wohlhabender als andere?

10 Perspektiven und Tendenzen der Forschung

- *Produktion ökonomischer Ressourcen, Waren und Dienstleistungen.* Angefangen mit der mittelalterlichen Agrargesellschaft und Landwirtschaft bis hin zu den seit dem Hochmittelalter sich in Oberitalien (Genua, Florenz, Bologna, Venedig etc.), Flandern, Südengland, Kastilien, Oberdeutschland (Nürnberg, Augsburg, Bodenseeraum) entwickelnden Manufakturregionen oder den frühindustrialisierten Gewerbelandschaften, die sich überall auf dem europäischen Kontinent während der Frühen Neuzeit (1500–1800) ausbreiteten, noch bevor es zur eigentlichen Industrialisierung und der Einführung von Dampfmaschinen, Kohle und Stahl in moderne Produktionsprozesse kam.
- *Konsum.* Auch der Konsum von Gütern, der teilweise der oben genannten Problematik zugehörig ist, hat die Wirtschaftshistoriker bewegt, v. a. der erwachsende Massenkonsum zunehmend billigerer ‚Luxuswaren' wie Tabak, Tabakpfeifen, Zucker, Baumwolltuche und anderer nicht unbedingt dem Überleben notwendiger Güter – quasi als Ursprung der modernen Konsumgesellschaft. Massenkonsum ist kein Kind des 20. Jh.s; er hat eine lange Vorgeschichte. Vielerorts hat die Forschung mit Jan de Vries eine *Fleißrevolution* (engl. *industrious revolution*) ab ca. 1650 konstatiert, v. a. in den Niederlanden, England, aber neuerdings auch dem Heiligen Römischen Reich Deutscher Nation. Die Menschen dehnten ihren Arbeitsinput und marktmäßigen Aktivitäten aus, um mehr Güter zu konsumieren. Neue Konsumgüter, vorranging Überseeprodukte und Kolonialwaren wie Zucker, Tee, Kaffee wurden zunehmend den Mittelschichten zugänglich und die dazugehörigen Gerätschaften und Konsum-Techniken entstanden.
- *Weitere ‚Revolutionen'.* Daneben gab es eine (nach der des 12. Jh.s zweite) *kommerzielle Revolution* (engl. *commercial revolution*). Insbesondere im Falle der Niederlande und Englands expandierte seit 1600/1650 der Außenhandel, insbesondere der Interkontinentalhandel. Importsubstitution konnte als ‚Strategie' implementiert werden, durch die schrittweise Substitution indischer Baumwollstoffe durch Tuche europäischer Produktion (vgl. dieses Kap. weiter oben). Als weitere ‚Revolution' ist die *finanzielle Revolution* (engl. *financial revolution*) in England nach 1660 zu identifizieren: Sie beinhaltete ein Wachstum des Steuerstaates, insbesondere die Gegenfinanzierung von Kriegen durch Steuern sowie die Ausweitung der Finanz- und Ka-

pitalmärkte in die Tiefe durch niedrige Zinsen und sichere – vom Parlament gewährte und verwaltete – Steuereinnahmen. Die *demographische Revolution* ist demgegenüber weniger als bewusste ökonomische Strategie denn als exogen determinierte Größe zu verstehen: Ein teilweise verändertes Heirats- und Zeugungsverhalten ließ die europäischen Bevölkerungen nach einer längeren Phase der Stagnation (ca. 1600–1740) erstmals wieder nachhaltig ansteigen, trotz der vielfältigen Anspannungen im Nahrungsmittelsektor. Begünstigt wurde diese Entwicklung auch durch sinkende Sterberaten. Unterfüttert wurde diese Entwicklung stellenweise durch eine *Agrarrevolution*, bestehend hauptsächlich aus Neuerungen organisatorisch-betriebswirtschaftlicher Natur, z. B. Einhegungen/Schaffung größerer Betriebseinheiten/*economies of scale*; daneben: Reduzierung der Brachfläche durch Einführung nitrogenfixierender Futterpflanzen usw. Neuere Forschungen haben eine weitere ‚technische' Revolution identifiziert. Die Verwendung von Steinkohle als Brennstoff im Vergleich zur Holzkohle/Holz verschaffte England, in Kombination mit der Einführung der Dampfmaschine als Reaktion auf ein hohes Reallohnniveau, den entscheidenden Vorsprung in Wachstum und wirtschaftlicher Entwicklung. In dieser Hinsicht unterschied sich das englische Erfolgsmuster vom niederländischen, ebenso wie in zwei weiteren Aspekten: Erstens gab es vermutlich eine Art ‚kulturelle Revolution'. Die systematische Entwicklung bestimmter kultureller Praktiken und Techniken, welche wirtschaftlichen und technischen Fortschritt besonders effektiv begünstigen, wurde unlängst von Joel Mokyr als *enlightened economy* formuliert. Ihr Kulminationspunkt, der sich vor allem in England lokalisieren lässt, ist die – altbekannte – *industrielle (R-)Evolution* gewesen. Zwischen 1760 und 1840 stieg der Anteil der im sekundären Sektor beschäftigten Menschen in England von 24 % auf 47 % an. Gleichzeitig änderten sich in den Schlüsselsektoren der Wirtschaft die technischen Produktionsbedingungen grundsätzlich. Gewerbliche – wenn auch nicht unbedingt vorrangig fabrikmäßige – Produktion nahm einen immer wichtigeren Platz im Produktionsgefüge ein, obwohl die Wachstumsraten des Gesamtprodukts für einige Forscher enttäuschend negativ ausfielen.

10 Perspektiven und Tendenzen der Forschung

- *Produktivität*. Die Entwicklung der Produktivität – also der Relation zwischen Input (eines oder einer Kombination mehrerer Produktionsfaktoren) und dem Output im jeweiligen Produktionsprozess hat die Wirtschaftshistoriker beschäftigt, v. a. wenn es um die Leistungskapazität der Landwirtschaft ging, welche die wachsenden Bevölkerungszahlen ernähren musste oder aber um das Wachstum und die Transformation industrieller Produktionsverfahren. Wenn man die Produktivitätsentwicklung eines bestimmten Wirtschaftssektors im Zeitverlauf einigermaßen verlässlich bestimmen kann, so gibt sie uns Auskunft über die internationale Wettbewerbsfähigkeit und die Leistungskraft dieses Produktionssektors allgemein, also die Fähigkeit, mit den bestehenden Ressourcen ‚mehr' als zuvor zu gewinnen, erzeugen – und schlussendlich zu verkaufen, d. h. auf dem internationalen oder Weltmarkt zu bestehen.
- Des Weiteren hat die Wirtschaftsgeschichte einzelne Akteure, Akteursgruppen bzw. Netzwerke in den Blick genommen; Träger des Handels, die regelbasierten kommerziellen oder kapitalistischen Austausch auch außerhalb staatlicher Netzwerke bzw. ohne Schutz des Staates pflegten, sich als Korporationen organisierten oder in ihren jeweiligen sozialen Netzwerken ökonomisch tätig waren.

Insgesamt also gilt es festzuhalten, dass Wirtschaftsgeschichte als ‚Bindestrichdisziplin' – im Sinne des Klassikers von Carlo Cipolla[20] – zwischen Ökonomik, Geschichte und politischer Ökonomie anzusiedeln und alles andere als eine ‚Nischendisziplin' ist. Vielmehr beschäftigt sie sich mit den grundlegenden Fragestellungen über Gründe, Ursachen und Bedingungen der modernen Welt, steht also gleichsam im Zentrum geistes- und sozialwissenschaftlicher Analyse. Auch und gerade die Frühe Neuzeit kann hier wichtige Erkenntnisse und Einsichten liefern – durch die *longue durée* vieler auch die industrielle ökonomische Moderne betreffender Entwicklungen und Einflussfaktoren.

Ein Studium der Wirtschaftsgeschichte der Frühen Neuzeit kann somit auch ein Schlüssel zum modernen Weltverständnis sein.

Anhang

Anmerkungen

1 Die wirtschaftsgeschichtlichen Besonderheiten der Epoche

[1] Neuerdings im internationalen Vergleich, aber mit für einen Ökonomen erstaunlich gutem historischen Bezug: Piketty 2020; Piketty 2022.
[2] Tuchman 2010 (hier bezogen auf das 14. Jh.); engl. Originaltitel *A Distant Mirror*.
[3] Leshem 2016; Singh 2018.
[4] Burkhard & Priddat 2000; Burkhardt 1992.
[5] Zur Geschichte des Staats allgemein: Reinhard 2000; für das Heilige Römische Reich: Wilson 2017.
[6] Vgl. neuerdings aus Ökonomensicht: Koyama & Rubin 2022.
[7] Bateman 2019; Marçal 2016; Wunder 1992; Wiesner 2019.
[8] Coyle 2015; Philipsen 2015.
[9] Kishtainy 2017.
[10] Esping-Andersen 1999.
[11] Scott 2019; Graeber & Wengrow 2022.
[12] Wrightson 2002.
[13] Van Zanden et al. 2019.
[14] Burnette 2011.
[15] Brunner 1980.
[16] Brunner 1949; Tribe 1978.
[17] Hohberg 1701 [1682]. Vgl. auch Priddat & Burkhardt 2000.
[18] Justi 1760, S. 210–211.
[19] Bateman 2016; Persson 1999.
[20] Stevens 2018; Stevens 2006.
[21] Le Goff 2016.
[22] Reinhard 2021; Pomeranz 2000; Wong 1997; Vries 2013.
[23] Hont & Ignatieff 1986.
[24] Koselleck 1979.
[25] Rössner 2018.
[26] Prak 2003; Prak & van Zanden 2023.
[27] Köbler 2019.
[28] Rössner 2019a; Rössner 2019b.
[29] Scholz 2020.
[30] A. Westermann 2009; E. Westermann 1997.
[31] De Pleijt & van Zanden 2016.

[32] Riello & Roy 2019.
[33] Rosenthal & Wong 2012; Scheidel 2021.

2 Klima und Umwelt

[1] Das grundlegende und vielzitierte Werk ist Abel 1978; ein anderer Klassiker Hamilton 1934; vgl. Pieper 1985.
[2] Parker 2013.
[3] Abel 1971; Abel 1981.
[4] De Vries & van der Woude 1997.
[5] Clark 2007.
[6] Vgl. etwa Craig & Fisher 2000.
[7] Mieck 1991, S. 114.
[8] Mathis 1992.
[9] Etwa: Buchheim 1997, insb. S. 17–56; Pierenkemper 2005, S. 32–41; Pierenkemper 2009, insb. S. 25–29.
[1] Le Roy Ladurie 1972; Reith 2011; Siemann 2003; Brüggemeier 2014; Sörlin & Warde 2009.
[2] Warde 2019; Albritton Jonsson & Wennerlind 2023; Headrick 2020.
[3] Grundlegend zu Umwelt, Knappheit und Geschichte des Kapitalismus: Albritton Jonsson & Wennerlind 2023.
[4] Schama 1997; North 2001.
[5] Chakrabarty 2022.
[6] Warde 2017; Radkau 2012; Kehnel 2021.
[7] Reith 2011, S. 51–55.
[8] A. Westermann 2009; E. Westermann 1997.
[9] Wennerlind 2016.
[10] Moore 2015; Bayerl 2001, S. 33–35.
[11] Warde 2017.
[12] Líndal 2011; Karlsson 2001.
[13] Pfister & Wanner 2021.
[14] Behringer 2007.
[15] Grundlegend etwa Pfister & Wanner 2021 oder Mauelshagen 2010.
[16] Mauelshagen 2010, S. 67.
[17] Radkau 2000; Radkau 2007; Williams 2003.
[18] Landes 2009; Parker 2013.
[19] Mauelshagen 2010, S. 44.
[20] Malanima 2009.
[21] De Vries 1984; Schilling 2010.
[22] Kugler et al. 2017; Krüger et al. 2015.
[23] Jäger 1994, S. 133–134.
[24] Malanima 2009; Kander et al. 2015.
[25] Jäger 1994, S. 98–99.

Anmerkungen

[26] Ebd., S. 93–94.
[27] Vgl. die Beiträge in Bayerl et al. 1996.
[28] Zitiert nach Suhling 1996, S. 91.
[29] Radkau 1986.
[30] Newman 1985.
[31] Wittfogel 1957; Smith 2022.
[32] Scott 1999; Blackbourn 2007, Kap. 1.
[33] Vgl. diverse Beiträge in Bayerl et al. 1996.
[34] Ash 2017; Yamamoto 2018.
[35] List 1841.
[36] Albritton Jonsson & Wennerlind 2023; Scott 1999.
[37] Blickle 2004; Blickle 2017.
[38] Pfister & Wanner 2021; Mauelshagen 2010; Glaser 2016.
[39] Glaser 2016.
[40] Mauelshagen 2010, S. 71.
[41] Buszello 1982 S. 27–30.
[42] Mauelshagen 2010, S. 66.
[43] Cullen 2010; Post 1985.
[44] Westermann 2004.
[45] Parker 2013.
[46] Ebd.; vgl. Collet 2019.
[47] Rössner 2011.
[48] Gallegati & Mignacca 1994.
[49] Ljungqvist et al. 2021, S. 60.
[50] Rössner 2016a.
[51] Abel 1976.
[52] Diamond 2011.

3 Bevölkerungsentwicklung und Bevölkerungsstruktur

[1] Livi Bacci 1999; Livi Bacci 2017.
[2] Malanima 2009, S. 27.
[3] Eine malthusianische Interpretation der Weltwirtschaftsgeschichte der letzten Jahrtausende findet sich in Clark 2007.
[4] Galor 2022; Koyama & Rubin 2022.
[5] Mokyr 2017.
[6] Galor 2022, Kap. 3.
[7] Mitterauer 2003; Clark 2007.
[8] Konkrete Beispiele: Galor 2022, S. 53.
[9] Rössner 2011.
[10] Mączak & Smout 1991; Schilling 2010.
[11] De Vries 1984, S. 59, Tabelle 4.4.
[12] Acemoğlu et al. 2011.

[13] Friedrich 2000, S. 137; Schui 2013.
[14] Wrigley et al. 1997.
[15] Imhof 1977; Imhof 1983; Imhof 1988.
[16] Imhof 1984, S. 176.
[17] Livi Bacci 1999, S. 119–120.
[18] Imhof 1979, 355, Tab. 1.
[19] Malanima 2009, S. 52.
[20] Ebd., S. 50.
[21] Imhof 1979, S. 356–357.
[22] Mitterauer 2003.
[23] Koyama & Rubin 2022.
[24] Berghoff & Vogel 2004.
[25] Imhof 1984, S. 184.

4 Landwirtschaft und Agrarverfassung

[1] Etwa Nubola & Würgler 2004; Nubola & Würgler 2005.
[2] Dyer 2012.
[3] Lorenzen-Schmidt 2000.
[4] Dieser und der folgende Absatz sind stellenweise entlehnt aus Rössner 2017.
[5] Montanari 1993, S. 88–95.
[6] Abel 1981.
[7] Cullen 2010; Rössner 2011.
[8] Gute Überblickswerke und Darstellungen sind: Achilles 1991; Abel 1978; Henning 1985; Overton 1996; Braudel 2002; Münch 1996; van Dülmen 2005.
[9] Van Zanden 2009; Malanima 2009.
[10] Overton 1996.
[11] Grundlegend: Lütge 1967; Cerman 2012.
[12] Piketty 2020.
[13] Allen 2001.
[14] De Vries & van der Woude 1997.
[15] Prak & van Zanden 2023.
[16] Blickle 1980; Blickle 2008.
[17] Eine exemplarische Studie ist Kießling 1989.
[18] Rössner 2016a.
[19] Scott 2002.
[20] Tschajanow [1923] 1987.
[21] Auf die britische Wirtschaftsgeschichte der Frühen Neuzeit angewandt: Daunton 1995.
[22] Henning 1994, S. 14.
[23] Kießling 1989, S. 161.
[24] Kriedte et al. 1977.

5 Handwerk und Gewerbe

[1] Schui 2005.
[2] Marperger 1721, S. 7, 9.
[3] Genaue Zahlenangaben und weiterführende Literatur in Rössner 2012, S. 408–435.
[4] Reininghaus 1990, S. 4–5. Eine weitere gute Übersicht ist Goodman & Honeyman 1989.
[5] Grundlegend: Stromer 1986; Kaufhold 1986.
[6] Sandl 1997.
[7] Popplow 2010.
[8] Vgl. Epstein & Prak 2009; Ogilvie 2019; Kluge 2009.
[9] Kriedte et al. 1977.
[10] Rössner 2008.
[11] Reininghaus 1990, S. 28.
[12] Kriedte et al. 1977.
[13] Ambrosius 1987, S. 235.
[14] Kaufhold 1978, S. 230–236; Kaufhold 1984, S. 243; Kaufhold 2006; Straubel 1995, Kap. V.
[15] Mathis 1992.
[16] Clark 2007.
[17] Vries 2002; Vries 2015; E. Reinert 2007; E. Reinert 2019.
[18] FdG, KO 15.06.1779, zitiert nach Baumgart 1998, S. 79.
[19] Parthasarathi 2011.
[20] De Vries 2008.
[21] Van Zanden et al. 2019.

6 Handel und Verkehr

[1] Reinert 2007.
[2] Allen 2009. Kritisch bzgl. Allen 2009: Parthasarathi 2011.
[3] Reinert 2007; Reinert 2019.
[4] Aus ökonomischer bzw. spieltheoretischer Sicht: Greif 2006. Beispiele für eine Anwendung des Netzwerkkonzepts auf den Atlantikhandel in der Frühen Neuzeit in sozialgeschichtlicher Perspektive: Hancock 1997; Weber 2004; Antunes 2004.
[5] E. Reinert 2008; S. Reinert 2011, Kap. 1.
[6] Inikori 2002 zum Handel als Wirtschaftsmotor im Verlauf der britischen Industrialisierung.
[7] Glete 2002; Bonney 2004; Yun-Casalilla & O'Brien 2012.
[8] S. Reinert 2011.
[9] Hont 2005.
[10] Scheidel 2019; Rosenthal & Wong 2019.

[11] Neuerdings Scheltjens 2021; Ormrod 2003 ist ein Klassiker zur englischen Handelsgeschichte und Politik in der Frühen Neuzeit.
[12] Reinert 2007.
[13] Straube 2015.
[14] De Vries 1978.
[15] Uhlemann 1987, S. 18, 34–38.
[16] De Vries & van der Woude 1996.
[17] Veluwenkamp & Scheltjens 2018.
[18] Ebd.; Scheltjens 2021.
[19] Newman 1985; Schneider et al. 2001.
[20] Findlay & O'Rourke 2007, Kap. 7.
[21] Eine zugängliche Übersicht findet sich in Menninger 2004; daneben die Essays in Cavaciocchi 1998.
[22] Price 1973 ist eine klassische Studie zu diesem Handelszweig.
[23] Dazu einschlägig: Devine 1973.
[24] Inikori 2002.
[25] Etwa Inikori 2002.
[26] Williams 1944 als Initialzündung zur Debatte um den Zusammenhang zwischen Sklaverei und Industrialisierung bzw. Wirtschaftswachstum; neuere Übersichten: Inikori 2002; Solow & Engerman 1987; Austin 2014.
[27] Beckert 2015.
[28] Gelderblom 2013, S. 1.
[29] Brenner 2003.
[30] Williams 1944; Inikori 2002; Parthasarathi 2011.
[31] Zahedieh 2010.

7 Geldwirtschaft und Kreditwesen

[1] Etwa Leonard & Theobald 2015.
[2] Rössner 2012, Kap. I und III.
[3] Zuletzt etwa Hart et al. 2010; Hart & Hann 2014; Hart & Hann 2011.
[4] North 1994, S. 101.
[5] Andermann & Fouquet 2016.
[6] Schofield 2012.
[7] Rössner 2012, Kap. II.
[8] Lucassen 2014.
[9] Schremmer 1993.
[10] Munro 1995.
[11] Rössner 2012, Kap. IV.
[12] Details in Denzel 2008.
[13] Denzel 2003.
[14] Le Goff 1984; Geisst 2013; Poley 2017.
[15] Denzel 2008.

Anmerkungen

[16] Denzel 2003, S. 52.
[17] Vgl. Andermann & Fouquet 2015.
[1] Mokyr 1992, S. 59.
[2] Parker 1996; Hoffman 2015.
[3] De Vries & van der Woude 1997.
[4] Sommerfeld [1978] 2003; Volckart 1997.
[5] Mokyr 1992.
[6] Koerner 2011.
[7] Füssel et al. 2019.
[8] Mokyr 2011.
[9] Yamamoto 2018.
[10] Rössner 2021.
[11] Wennerlind 2016.
[12] Mokyr 2017.

8 Technik und Infrastruktur

[1] Vgl. Rössner 2016b.
[2] Asch & Duchardt 1996.
[3] Gelderblom 2013; Scott 2012; Lindberg 2009.
[4] North 2000.
[5] Reinert 2019; Conca Messina 2019; Vries 2002; Vries 2015; Blaich 1970; Bog 1959.
[6] List 1841.
[7] Hierzu zuletzt die Beiträge in Fredona & Reinert 2020.
[8] Bog 1959.
[9] Vries 2015; Vries 2013.
[10] Parthasarathi 2011.
[11] Nokkala & Miller 2020; Seppel & Tribe 2017.
[12] Schumpeter 1954; Burkhardt & Priddat 2009, Walter 2011.
[13] Rössner 2016b.
[14] Rössner 2015a.
[15] Hierzu grundlegend Klump & Pilz 2021; Klump & Pilz 2023.

9 Wirtschaftspolitik, Wirtschaftstheorie und Wirtschaftsethik

[16] Tribe 1975; Leshem 2017; Burkardt & Priddat 2000.
[17] Dieser Abschnitt gründet auf Rössner 2019b.
[18] Magnusson 2009.
[19] Reinert 2007; Beiträge in Rössner 2016b.
[20] Seppel & Tribe 2017; Nokkala & Miller 2020.
[21] Vgl. Rössner 2016b; Seppel & Tribe 2017.
[22] Tribe 2017.

[23] Beiträge in Rössner 2016b.
[24] Smith 2016; Koerner 2001.
[25] Priddat 2008; Schumpeter 1954.

10 Perspektiven und Tendenzen der Forschung

[1] Reinert 2007; Parthasarathi 2011; Landes 2009; Chang 2002; Frank 1998: Pomeranz 2000; Vries 2013; Vries 2015; Wong 1997; Rosenthal & Wong 2011.
[2] Pomeranz 2000.
[3] Diese und die folgenden Abschnitte teilweise eng angelehnt an Rössner 2017.
[4] Inikori 2002; Inikori & Engerman 2009.
[5] Allen 2009; Allen 2011.
[6] Parthasarathi 2011.
[7] Ebd.
[8] List 1841; Reinert 2007; Hont 2005; Levi-Faur 1997.
[9] O'Brien 2015; Vries 2015.
[10] Acemoğlu & Robinson 2012; Acemoğlu & Robinson 2020.
[11] De Pleijt & van Zanden 2016.
[12] De Vries & van der Woude 1997; Prak & van Zanden 2023.
[13] Zusammengestellt nach de Vries & van der Woude 1997.
[14] Frank & Gills 1996; Findlay & O'Rourke 2007.
[15] Williams 1944; Inikori 2002; Beckert 2015.
[16] Findlay & O'Rourke 2007 sind eher skeptisch hinsichtlich der Dependenztheorie.
[17] Zuletzt summiert in Alfani 2024; Alfani & di Tullio 2019.
[18] Scheidel 2017; Alfani & di Tullio 2019.
[19] Acemoğlu & Robinson 2012; Acemoğlu & Robinson 2020.
[20] Vgl. Cipolla 1992.

Literatur

Abel, W. 1971, Massenarmut und Hungerkrisen im vorindustriellen Deutschland, Göttingen.
Abel, W. 1976, Die Wüstungen des ausgehenden Mittelalters, Stuttgart 3. Aufl.
Abel, W. 1978, Agrarkrisen und Agrarkonjunktur in Mitteleuropa vom 13. bis zum 19. Jahrhundert, Hamburg/Berlin 3. Aufl.
Abel, W. 1978, Geschichte der deutschen Landwirtschaft vom frühen Mittelalter bis zum 19. Jahrhundert, Stuttgart 3. Aufl.
Abel, W. 1981, Stufen der Ernährung. Eine historische Skizze, Göttingen.
Acemoğlu, D./Cantoni, D./Johnson, S./Robinson, J. A. 2011, The Consequences of Radical Reform. The French Revolution, in: American Economic Review 101/7, S. 3286–3307.
Acemoğlu, D./Robinson, J. A. 2012, Why Nations Fail. The Origins of Power, Prosperity, and Poverty, New York.
Acemoğlu, D./Robinson, J. A. 2020, The Narrow Corridor. States, Societies, and the Fate of Liberty, London.
Achilles, W. 1991, Landwirtschaft in der Frühen Neuzeit, München.
Agamben, G. 2011, The Kingdom and the Glory. For a Theological Genealogy of Economy and Government, Stanford.
Albers, H./Pfister, U., Grain Prices in Pre-industrial Germany, Fifteenth to Nineteenth Centuries, in: Vierteljahrschrift für Sozial- und Wirtschaftsgeschichte 111/1 (2024) (im Erscheinen).
Albritton Jonsson, F./Wennerlind, C. 2023, Scarcity. A History from the Origins of Capitalism to the Climate Crisis, Cambridge, MA.
Alfani, G./di Tullio, M. 2019, The Lion's Share. Inequality and the Rise of the Fiscal State in Preindustrial Europe, Cambridge.
Alfani, G. 2024, As Gods Among Men: A History of the Rich in the West, Princeton, NJ.
Allen, R. C. 2001, Economic Structure and Agricultural Productivity in Europe, 1300–1800, in: European Review of Economic History IV, S. 1–26.
Allen, R. C. 2009, The British Industrial Revolution in Global Perspective, Cambridge 2009.
Allen, R. C. 2011, Global Economic History. A Very Short Introduction, Oxford.
Alvarez-Nogal, C./Prados de la Escosura, L. 2013, The Rise and Fall of Spain (1270–1850), in: Economic History Review 66/1, S. 1–37.
Ambrosius, G. 1987, Merkantilismus, Kameralistik und öffentliche Wirtschaft – Überblick, Forschungsstand und forschungsrelevante Probleme, in: Zeitschrift für öffentliche und gemeinwirtschaftliche Unternehmen X, S. 231–245.
Andermann, K./Fouquet, G. (Hgg.) 2016, Zins und Gült. Strukturen des ländlichen Kreditwesens in Spätmittelalter und Frühneuzeit (Kraichtaler Kolloquien 10), Epfendorf.
Antunes, C. 2004, Globalisation in the Early Modern Period. The Economic Relationship between Amsterdam and Lisbon, 1640–1705, Amsterdam.
Appleby, J. O. 2010, The Relentless Revolution. A History of Capitalism, New York.
Asch, R. G./Duchardt, H. (Hgg.) 1996, Der Absolutismus – ein Mythos? Strukturwandel monarchischer Herrschaft in West- und Mitteleuropa (ca. 1550–1700), Köln.
Ash, E. H. 2017, Draining of the Fens. Projectors, Popular Politics, and State Building in Early Modern England, Baltimore.

Ashworth, W. J. 2017, The Industrial Revolution. The State, Knowledge and Global Trade, London.
Austin, G. 2014, Capitalism and the Colonies in: Neal, L./Williamson, J. G. (Hgg.), The Cambridge History of Capitalism, Bd 2: The Spread of Capitalism. From 1848 to the Present, Cambridge, S. 309–310.
Ballandonne, M./Cersosimo, I. 2023, Towards a ‚Text as Data' Approach in the History and Methodology of Economics. An Application to Adam Smith's Classics, in: Journal of the History of Economic Thought 45/1, S. 27–49.
Bartels, C., Bingener, A./Slotta, R. (Hgg.) 2006, Das Schwazer Bergbuch, Bd. 2: Der Bochumer Entwurf und die Endfassung von 1556. Textkritische Editionen, Bochum.
Bateman, V. N. 2016, Markets and Growth in Early Modern Europe, London/New York.
Bateman, V. N. 2019, The Sex Factor. How Women Made the West Rich, Cambridge.
Baten, J. (Hg.) 2016, A History of the Global Economy. 1500 to the Present, Cambridge.
Baumgart, P. 1998, Zur Rolle des preußischen Staates bei der Modernisierung der oberschlesischen Montanindustrie am Ausgang des 18. Jahrhunderts, in: Neugebauer, W./Pröve, R. (Hgg.), Agrarische Verfassung und politische Struktur. Studien zur Gesellschaftsgeschichte Preußens 1700–1918, Berlin, S. 65–88.
Bayerl, G. 2001, Natur als Warenhaus. Der technisch-ökonomische Blick auf die Natur in der Frühen Neuzeit, in: Hahn, S./Reith, R. (Hgg.), Umweltgeschichte Arbeitsfelder, Forschungsansätze, Perspektiven, München.
Bayerl, G./Fuchsloch, N./Meyer, T. 1996, Umweltgeschichte Methoden, Themen, Potentiale. Tagung des Hamburger Arbeitskreises für Umweltgeschichte 1994, Münster/New York/München/Berlin.
Beck, R. 1993, Unterfinning. Ländliche Welt vor Anbruch der Moderne, München.
Beckert, S. 2015, King Cotton. Eine Globalgeschichte des Kapitalismus, München.
Behringer, W. 2007, Kulturgeschichte des Klimas. Von der Eiszeit bis zur globalen Erwärmung München.
Berghoff, H./Vogel, J. (Hgg.) 2004, Wirtschaftsgeschichte als Kulturgeschichte. Dimensionen eines Perspektivenwechsels, Frankfurt a.M.
Blackbourn, D. 2007, The Conquest of Nature. Water, Landscape, and the Making of Modern Germany, London.
Blaich, F. 1970, Die Wirtschaftspolitik des Reichstags im Heiligen Römischen Reich. Ein Beitrag zur Problemgeschichte wirtschaftlichen Gestaltens, Stuttgart.
Blaug, M. 1997, Economic Theory in Retrospect, Cambridge 5. Aufl.
Blickle, P. 1980, Deutsche Untertanen. Ein Widerspruch, München.
Blickle, P. 2004, Die Revolution von 1525, Berlin.
Blickle, P. 2008, Das Alte Europa. Vom Hochmittelalter bis zur Moderne, München.
Blickle, P. 2017, Der Bauernkrieg. Die Revolution des Gemeinen Mannes, München 5. Aufl.
Blum, M./Colvin, C. (Hgg.) 2018, An Economist's Guide to Economic History, Cham/Basingstoke.
Bog, I. 1959, Der Reichsmerkantilismus. Studien zur Wirtschaftspolitik des Heiligen Römischen Reiches im 17. und 18. Jahrhundert, Stuttgart.
Bonney, R. (Hg.) 2004, Rise of the Fiscal State in Europe 1200–1815, Oxford
Braudel, F. 2002, Civilization and Capitalism 15th–18th Century, Bd. 1: The Structure of Everyday Life, London.

Brenner, R. 2003, Merchants and Revolution: Commercial Change, Political Conflict, and London's Overseas Traders, 1550–1653, London.
Broadberry, S./Gupta, B. 2006, The Early Modern Great Divergence: Wages, Prices and Economic Development in Europe and Asia, 1500-1800, in: Economic History Review 59, S. 2–31.
Brüggemeier, F.-J. 2014, Schranken der Natur. Umwelt, Gesellschaft, Experimente. 1750 bis heute, Essen.
Bruni, L. 2019, The Economy of Salvation. Ethical and Anthropological Foundations of Market Relations in the First Two Books of the Bible, Cham.
Brunner, O. 1949, Adeliges Landleben und Europäischer Geist. Leben und Werk Wolf Helmhards von Hohberg 1612–1688, Salzburg.
Brunner, O. 1980, Neue Wege der Verfassungs- und Sozialgeschichte, Göttingen.
Brunner, O., Conze, W./Koselleck, H. (Hgg.) 2004, Geschichtliche Grundbegriffe. Historisches Lexikon zur politisch-sozialen Sprache in Deutschland, Bd. 2, Stuttgart.
Buchheim, C. 1997, Einführung in die Wirtschaftsgeschichte, München.
Burkhardt, J. 1992, Wirtschaft IV–VII, in: Brunner, O., Conze, W./Koselleck, H. (Hgg.), Geschichtliche Grundbegriffe. Historisches Lexikon zur politisch-sozialen Sprache in Deutschland, Bd. 7, Stuttgart Neuaufl., S. 550–559.
Burkhardt, J./Priddat, B. P. (Hgg.) 2009, Geschichte der Ökonomie, Frankfurt a.M.
Burnette, J. 2011, Gender, Work and Wages in Industrial Revolution Britain, Cambridge.
Buszello, H. 1982, „Wohlfeile" und „Teuerung" am Oberrhein 1340–1525 im Spiegel zeitgenössischer erzählender Quellen, in: Blickle, P. (Hg.) 1982, Bauer Reich und Reformation. Festschrift für Günther Franz zum 80. Geburtstag am 23. Mai 1982, Stuttgart, S. 18–42.
Cameron, R./Neal, L. 2016, A Concise Economic History of the World, Oxford 5. Aufl.
Cavaciocchi, S. (Hg.) 1998, Prodotti e Tecniche d'Oltremare nelle Economie Europee Secc. XIII–XVIII, Prato.
Cerman, M. 2012, Villagers and Lords in Eastern Europe, 1300–1800, Basingstoke.
Chakrabarty, D. 2022. The Climate of History in a Planetary Age, Chicago.
Christ, G./Rössner, P. R. (Hgg.) 2020, History and Economic Life. A Student's Guide to Approaching Economic and Social History Sources, London/New York.
Cipolla, C. M. 1992, Between Two Cultures. An Introduction To Economic History, New York.
Clark, C. 2007, Iron Kingdom. The Rise and Downfall of Prussia, 1600–1947, London/New York
Clark, G. 2007, A Farewell to Alms. A Brief Economic History of the World, Princeton.
Collet, D. 2019, Die doppelte Katastrophe. Klima und Kultur in der europäischen Hungerkrise 1770–1772, Göttingen.
Conca Messina, S. A. 2019, History of states and economic policies in early modern Europe, London/New York.
Coyle, D. 2015, GDP. A Brief but Affectionate History, Princeton.
Craig, L. A./Fisher, D. 2000, The European Macroeconomy. Growth, Integration and Cycles 1500–1913, Cheltenham/Northampton.
Cullen, K. J. 2010, Famine in Scotland-the „Ill Years" of the 1690s, Edinburgh.
Daunton, M. 1995, Progress and Poverty. An Economic and Social History of Britain 1700–1850, Oxford.

De Pleijt, A./van Zanden, J. L. 2016, Accounting for the „Little Divergence". What drove economic growth in pre-industrial Europe, 1300–1800?, in: European Review of Economic History 20, S. 387–409.

De Vries, J. 1978, Barges and Capitalism. Passenger Transportation in the Dutch Economy, 1632–1839, Wageningen.

De Vries, J. 1984, European Urbanization, 1500–1800, London.

De Vries, J. 2008, The Industrious Revolution: Consumer Behavior and the Household Economy, 1650 to the Present, Cambridge.

De Vries, J./van der Woude, Ad 1997, The First Modern Economy. Success, Failure, and Perseverance of the Dutch Economy, 1500–1815, Cambridge.

Denzel, M. A. 2003, Bezahlen ohne Bargeld. Zur historischen Bedeutung des bargeldlosen Zahlungsverkehrs für die Entstehung einer Weltwirtschaft, in: Abhandlungen der Braunschweigischen Wissenschaftlichen Gesellschaft 53, S. 41–62.

Denzel, M. A. 2008, Das System des bargeldlosen Zahlungsverkehrs europäischer Prägung vom Mittelalter bis 1914, Stuttgart.

Desan, C. 2014, Making Money. Coin, Currency, and the Coming of Capitalism, Oxford.

Devine, T. M. 1975, The Tobacco Lords. A Study of the Tobacco Merchants of Glasgow and their Trading Activities 1740–1790, Edinburgh.

Diamond, J. 2011, Collapse. How Societies Choose to Fail or Survive, London.

Dirlmeier, U. 1978, Untersuchungen zu Einkommensverhältnissen und Lebenshaltungskosten in oberdeutschen Städten des Spätmittelalters (Mitte 14.–Anfang 16. Jh.), Heidelberg.

Dobbelmann, H./ Husberg, V./Weber, W. 1993, „Das preußische England ...". Berichte über die industriellen und sozialen Zustände in Oberschlesien zwischen 1780 und 1876, Wiesbaden, S. 7–11.

Dyer, C. 2012, A Country Merchant, 1495–1520. Trading and Farming at the End of the Middle Ages, Oxford.

Endres, A. M./Harper, D. A., Capital in the History of Economic Thought. Charting the Ontological Underworld, in: Cambridge Journal of Economics 44, S. 1069–1091.

Epstein, S. R./Prak, M. (Hgg.) 2009, Guilds, Innovation and the European Economy, 1400–1800, Cambridge.

Erikson, E. 2015, Trade and Nation. How Companies and Politics Reshaped Economic Thought, New Haven, CT.

Esping-Andersen, G. 1999, Social Foundations of Postindustrial Economies, Oxford.

Findlay, R./O'Rourke, K. H. 2007, Power and Plenty. Trade, War, and the World Economy in the Second Millennium, Princeton/Oxford.

Foucault, M. 2006, Die Geburt der Biopolitik. Geschichte der Gouvernementalität II. Vorlesungen am Collège de France 1978/1979, Frankfurt.

Fouquet, R./Broadberry, S. 2015, Seven Centuries of European Economic Growth and Decline, in: Journal of Economic Perspectives 29/4, S. 227–244.

Frank, A. G./Gills, B. K. (Hgg.) 1996, The World System. Five Hundred Years or Five Thousand?, London/New York.

Franz, G. (Hg.) 1963, Quellen zur Geschichte des Bauernkrieges, Darmstadt.

Franz, G. (Hg.) 1935, Der deutsche Bauernkrieg, Aktenband, München/Berlin.

Fredona, R./Reinert, S. 2020, Italy and the Origins of Capitalism, in: Business History Review 94/1, S. 5–38.

Friedrich, K. 2000, The Development of the Prussian Town, 1720–1815, in: Dwyer, P. G. (Hg.), The Rise of Prussia 1700–1830, Harlow, S. 129–152.
Füssel, M./Rexroth, F./Schürmann, I. (Hgg.) 2019, Praktiken und Räume des Wissens. Expertenkulturen in Geschichte und Gegenwart, Göttingen.
Gallegati, M./Mignacca, D. 1994, Jevons, Sunspot Theory and Economic Fluctuations, in: History of Economic Ideas 2/2, S. 23–40.
Galor, O. 2022, The Journey of Humanity. The Origins of Wealth and Inequality, London.
Geisst, C. R. 2013, Beggar Thy Neighbor. A History of Usury and Debt, Philadelphia, PA.
Gelderblom, O. 2013, Cities of Commerce. The Institutional Foundations of International Trade in the Low Countries, 1250–1650, Princeton, NJ.
Gilomen, H. 2014, Wirtschaftsgeschichte des Mittelalters, München.
Giorcelli, M./Lacetera, N./Marinoni, A. 2022, How Does Scientific Progress Affect Cultural Changes? A digital text analysis, in: Journal of Economic Growth 27/3, S. 415–452.
Gittermann, A. 2008, Die Ökonomisierung des politischen Denkens. Neapel und Spanien im Zeichen der Reformbewegungen des 18. Jahrhunderts unter der Herrschaft Karls III., Stuttgart.
Glaser, R. 2016, Klimageschichte Mitteleuropas. 1200 Jahre Wetter, Klima, Katastrophen, Darmstadt Neuaufl.
Glete, J. 2002, War and the State in Early Modern Europe. Spain, the Dutch Republic and Sweden as Fiscal-military States, 1500–1660, London/New York.
Goodman, J./Honeyman, K. 1989, Gainful Pursuits. The Making of Industrial Europe 1600–1914, London/New York.
Graeber, D./Wengrow, D. 2022, Anfänge. Eine neue Geschichte der Menschheit, Stuttgart.
Granovetter, M. 1985, Economic Action and Social Structure. The Problem of Embeddedness, in: American Journal of Sociology XCI, S. 481–510.
Greif, A. 2006, Institutions and the Path to the Modern Economy. Lessons from Medieval Trade, Cambridge.
Hamilton, E. J. 1934, American Treasure and the Price Revolution in Spain, Cambridge, MA.
Hancock, D. 1997, Citizens of the World. London Merchants and the Integration of the British Atlantic Community, 1735–1785, Cambridge.
Hart, K./Hann, C. 2011, Market and Society. The Great Transformation Today, Cambridge.
Hart, K./Hann, C. 2014, Economic Anthropology. History, Ethnography, Cambridge et al.
Hart, K./Laville, J.-L./Cattani, A. D. (Hgg.) 2010, The Human Economy. A Citizen's Guide, Cambridge.
Headrick, D. 2020, Humans versus Nature. A Global Environmental History, Oxford.
Henning, F.-W. 1985, Landwirtschaft und ländliche Gesellschaft in Deutschland, Bd. 1: 800–1750, Paderborn 2. Aufl.
Hoffman, P. 2015, Why did Europe Conquer the World?, Princeton, NJ.
Hohberg, Wolf Helmhard von, 1701 [1682], Georgica Curiosa Aucta. Das ist: Umständlicher Bericht und klarer Unterricht Von dem vermehrten und verbesserten Adelichen Land- und Feld-Leben, Nürnberg.
Hont, I. 2005, Jealousy of Trade. International Competition and the Nation State in Historical Perspective, Cambridge, MA.
Hont, I./Ignatieff, M. 1986, Wealth and Virtue. The Shaping of Political Economy in the Scottish Enlightenment, Cambridge.

Howell, M. C. 2010, Commerce Before Capitalism in Europe 1300–1600, Cambridge. Imhof, A. E. 1977, Einführung in die historische Demographie München.
Imhof, A. E. 1979, An Approach to Historical Demography in Germany, in: Social History 4/2, 345–366.
Imhof, A. E. 1983, Die verlorenen Welten. Alltagsbewältigung durch unsere Vorfahren, München.
Imhof, A. E. 1984, Von der unsicheren zur sicheren Lebenszeit. Ein folgenschwerer Wandel im Verlaufe derNeuzeit, in: Vierteljahrschrift für Sozial- und Wirtschaftsgeschichte 71/2, S. 175–198.
Imhof, A. E. 1988, Die Lebenszeit. Vom aufgeschobenen Tod und von der Kunst des Lebens, München.
Inikori, J. E. 2002, Africans and the Industrial Revolution in England. A Study in International Trade and Economic Development, Cambridge.
Isenmann, M. (Hg.) 2014, Merkantilismus. Wiederaufnahme einer Debatte, Stuttgart.
Jäger, H. 1994, Einführung in die Umweltgeschichte, Darmstadt.
Justi J. H. G. von 1760, Grundfeste zur Macht und Glückseligkeit der Staaten Bd. 1, Königsberg/Leipzig.
Kander, A./Malanima, P./Warde, P. 2015, Power to the People. Energy in Europe Over the Last Five Centuries, Princeton, NJ.
Karlsson, G. 2001, Iceland's 1100 Years. The History of a Marginal Society, London.
Kaufhold, K. H. 1978, Das Gewerbe in Preußen um 1800, Göttingen.
Kaufhold, K. H. 1984, Schwerpunkte des preußischen Exportgewerbes um 1800, in: Mathis, F./Riedmann, J. (Hgg.), Festschrift für Georg Zwanowetz anläßlich der Vollendung des 65. Lebensjahres, Innsbruck, S. 243–260.
Kaufhold, K. H. 1986, Gewerbelandschaften in der frühen Neuzeit (1650–1800), in: Pohl, H. (Hg.), Gewerbe und Industrielandschaften vom Spätmittelalter bis ins 20. Jahrhundert, Stuttgart, S. 112–202.
Kaufhold, K. H. 2006, Manufakturen im Alten Reich. Aspekte einer vorindustriellen gewerblichen Betriebsform, in: Meyer, T./Popplow, M. (Hgg.), Technik, Arbeit und Umwelt in der Geschichte. Günter Bayerl zum 60. Geburtstag, Münster, S. 41–52.
Kehnel, A. 2021, Wir konnten auch anders. Eine kurze Geschichte der Nachhaltigkeit, München.
Kießling, R. 1989, Die Stadt und ihr Land. Umlandpolitik, Bürgerbesitz und Wirtschaftsgefüge in Ostschwaben vom 14. bis ins 16. Jahrhundert, Köln/Wien.
Kishtainy, N. 2017, A Little History of Economics, New Haven, CT.
Kluge, A. 2009, Die Zünfte, Stuttgart 2. Aufl.
Klump, R./Pilz, L. 2021, The Formation of a ‚Spirit of Capitalism' in Upper Germany. Leonhard Fronsperger's „On the Praise of Self-Interest", in: Journal of the History of Economic Thought 43/3, S. 401–419.
Klump, R./Pilz, L. 2023, Leonhard Fronsperger's „Praise of Self-Interest" (1564): An Early Apology of the Market Economy, in: Reinert, E. S./ Rössner, P. R. (Hgg.), Fronsperger and Laffemas: 16th-century Precursors of Modern Economic Ideas, London/New York.
Klüßendorf, N. 2009, Münzkunde. Basiswissen, Hannover.
Klüßendorf, N. 2015, Numismatik und Geldgeschichte. Basiswissen für Mittelalter und Neuzeit, Hannover.
Köbler, G. 2019, Historisches Lexikon der deutschen Länder, München 8. Aufl.

Kocka, J. 2015, Capitalism. A Short History, Princeton, NJ.
Kocka, J./van der Linden, M. (Hgg.) 2016, Capitalism. The Reemergence of a Historical Concept, London.
Koerner, L. 2001, Linnaeus. Nature and Nation, Boston, NJ.
Koselleck, R. 1979, Vergangene Zukunft. Zur Semantik geschichtlicher Zeiten, Frankfurt a. M.
Koyama, M./Rubin, J. 2002, How the World Became Rich. The Historical Origins of Economic Growth, Cambridge et al.
Kriedte, P./Medick, H./Schlumbohm, J. 1977, Industrialisierung vor der Industrialisierung. Gewerbliche Warenproduktion auf dem Land in der Formationsperiode des Kapitalismus, Göttingen.
Krüger, G./Steinbrecher, A./Wischermann, C. 2015, Tiere und Geschichte. Konturen einer „Animate History", Stuttgart.
Kugler, L./Steinbrecher, A./Wischermann, C. (Hgg.) 2017, Tiere und Geschichte, Bd. 2: Literarische und historische Quellen einer Animate History, Stuttgart.
Landes, D. 2009, Wohlstand und Armut der Nationen. Warum die einen reich und die anderen arm sind, München.
Laube, A./Schneider, A./Looß, S. (Hgg.) 1983, Flugschriften der frühen Reformationsbewegung (1518–1524), Bd. 1, Berlin.
Le Goff, J. 1984, Die Geburt des Fegefeuers, Stuttgart.
Le Goff, J. 2016, Geschichte ohne Epochen? Ein Essay, Darmstadt.
Le Roy Ladurie, E. 1972, Times of Feast, Times of Famine. A History of Climate Since the Year 1000, London.
Leonard, J. K./Theobald, U. (Hgg.) 2015, Money in Asia (1200–1900). Small Currencies in Social and Political Contexts, Leiden/Boston, MA.
Leshem, D. 2016, The Origins of Neoliberalism. Modeling the Economy from Jesus to Foucault, New York.
Levi-Faur, D. 1997, Friedrich List and the Political Economy of the Nation-State, in: Review of International Political Economy 4/1, S. 154–178.
Líndal, S. 2011, Eine kleine Geschichte Islands. Aus dem Isländischen von Marion Lerner, Berlin.
Lindberg, E. 2009, Club Goods and Inefficient Institutions. Why Danzig and Lübeck Failed in the Early Modern Period, in: Economic history review 62/3, S. 604–628.
List, F. 1841, Das nationale System der politischen Ökonomie, Stuttgart.
Livi Bacci, M. 1999, Europa und seine Menschen. Eine Bevölkerungsgeschichte, München.
Livi Bacci, M. 2017, A Concise History of World Population, Oxford 6. Aufl.
Ljungqvist, F. C./Theijl, P./Christiansen, B./Seim, A./Hartl, C./Esper, J. 2021, The Significance of Climate Variability on Early Modern European Grain Prices, in: Cliometrica 16, S. 29–77.
Lorenzen-Schmidt, K.-J. 2000, Schriftliche Elemente in der dörflichen Kommunikation in Spätmittelalter und Früher Neuzeit: das Beispiel Schleswig-Holstein, in: Rösener, W. (Hg.), Kommunikation in der ländlichen Gesellschaft vom Mittelalter bis zur Moderne, Göttingen, S. 169–187.
Lucassen, J. 2014, Deep Monetisation. The Case of the Netherlands 1200–1940, in: Tijdschrift voor Sociale en Economische Geschiedenis 11/3, S. 73–121.

Lütge, F. 1967, Geschichte der deutschen Agrarverfassung vom frühen Mittelalter bis zum 19. Jahrhundert (Deutsche Agrargeschichte, Bd. 3), Stuttgart 2. Aufl.

Mackay, W. 1915, The Letter-Book of Baillie John Steuart of Inverness 1715–1752, Edinburgh.

Mączak, A./Smout, C. (Hgg.) 1991, Gründung und Bedeutung kleinerer Städte im nördlichen Europa der frühen Neuzeit. Vorträge, gehalten anlässlich des 19. Wolfenbütteler Symposions vom 20. bis 23. Mai 1986 in der Herzog August Bibliothek, Wiesbaden.

Maddison, A. 2007, Contours of the World Economy, 1–2030 AD. Essays in Macro-economic History, Oxford et al.

Magnusson, L. 1994, Mercantilism. The Shaping of an Economic Language, London/New York.

Magnusson, L. 2009, Nation, State and the Industrial Revolution. The Visible Hand, London/New York.

Magnusson, L. 2015, The Political Economy of Mercantilism, London/New York.

Malanima, P. 2009, Pre-modern European Economy. One Thousand Years (10th–19th Centuries), Leiden/Boston, MA.

Malanima, P. 2011, The Long Decline of a Leading Economy. GDP in Central and Northern Italy, 1300-1913, in: European Review of Economic History 15, S. 169-219.

Marçal, K. 2016, Who Cooked Adam Smith's Dinner? A Story about Women and Economics, London.

Marperger, P. J. 1721, Das neu-eröffnete Manufacturen-Haus in welchem die Manufacturen insgemein derselben verschiedene Arten die dazu benöthigte Materialien und darin arbeitende Künstler vorgestellet werden, Hamburg.

Mathis, F. 1992, Die deutsche Wirtschaft im 16. Jahrhundert, München.

Mauelshagen, Franz 2010, Klimageschichte der Neuzeit. 1500–1900, Darmstadt.

Mehler, N. 2010, Tonpfeifen in Bayern (ca. 1600–1745), Bonn.

Menninger, A. 2004, Genuss im kulturellen Wandel. Tabak, Kaffee, Tee und Schokolade in Europa (16.–19. Jahrhundert), Stuttgart.

Mieck, I. 1991, Land und Leute und die Existenzbedingungen im Staat Friedrichs II., in: Freiherr von Aretin, K. O./Bethke, E. (Hg.), Friedrich der Große Herrscher zwischen Tradition und Fortschritt, München, S. 114–122.

Mitterauer, M. 2003, Warum Europa? Mittelalterliche Grundlagen eines Sonderwegs, München.

Mokyr, J. 1992, The Lever of Riches. Technological Creativity and Economic Progress, Oxford.

Mokyr, J. 2011, The Enlightened Economy. Britain and the Industrial Revolution, 1700–1850, London.

Mokyr, J. 2017, A Culture of Growth. The Origins of the Modern Economy, Princeton, NJ.

Möller, B. 1989, Die letzten Ablaßkampagnen. Der Widerspruch Luthers gegen den Ablaß in seinem geschichtlichen Zusammenhang, in: Boockmann, H. (Hg.), Lebenslehren und Weltentwürfe im Übergang vom Mittelalter zur Neuzeit. Politik – Bildung – Naturkunde – Theologie. Bericht über Kolloquien der Kommission zur Erforschung der Kultur des Spätmittelalters 1983 bis 1987, Göttingen, S. 539–567.

Montanari, M. 1993, Der Hunger und der Überfluss. Kulturgeschichte der Ernährung in Europa, München.

Moore, J. W. 2015, Capitalism in the Web of Life. Ecology and the Accumulation of Capital, London/New York.

Literatur

Münch, P. 1992, Lebensformen in der Frühen Neuzeit 1500 bis 1800, Frankfurt a. M.
Munro, J. H. 1995, Artikel „Münzkosten", in: North, M. (Hg.), Von Aktie bis Zoll. Ein historisches Lexikon des Geldes, München, S. 263.
Newman, K., 1985, Hamburg in the European Economy, 1660–1750, in: Journal of European Economic History XIV/1, S. 57–93.
Nipperdey, J. 2012, Die Erfindung der Bevölkerungspolitik. Staat, politische Theorie und Population in der Frühen Neuzeit, Göttingen.
North, M. 1990, Geldumlauf und Wirtschaftskonjunktur im südlichen Ostseeraum an der Wende zur Neuzeit (1440–1570). Untersuchungen zur Wirtschaftsgeschichte am Beispiel des Großen Lübecker Münzschatzes, der norddeutschen Münzfunde und der schriftlichen Überlieferung, Sigmaringen.
North, M. 1994, Das Geld und seine Geschichte. Vom Mittelalter bis zur Gegenwart, München.
North, M. 2000, Kommunikation, Handel, Geld und Banken in der frühen Neuzeit, München.
North, M. 2001, Das Goldene Zeitalter. Kunst und Kommerz in der niederländischen Malerei des 17. Jahrhunderts, Köln/Weimar.
North, M. 2009, Kleine Geschichte des Geldes. Vom Mittelalter bis heute, München.
Nubola, C./Würgler, A. (Hgg.) 2004, Forme della communicazione politica in Europa nei secoli XV–XVIII, Suppliche, gravamina, lettere/Formen der politischen Kommunikation in Europa vom 15. bis 18. Jahrhundert. Bitten, Beschwerden, Briefe, Bologna/Berlin.
Nubola, C./Würgler, A. (Hgg.) 2005, Bittschriften und Gravamina. Politik, Verwaltung und Justiz in Europa (14.–18. Jahrhundert), Berlin.
O'Brien, P.-K. 2014, The Formation of States and Transitions to Modern Economies. England, Europe, and Asia Compared, in: Neal, L./Williamson, J. G. (Hgg.), The Cambridge History of Capitalism, Bd. 1: The rise of capitalism. From Ancient Origins to 1848, Cambridge, S. 357–402.
Ogilvie, S. 2019, European Guilds. An Economic Analysis, Princeton, NJ.
Ormrod, D. 2003, The Rise of Commercial Empires. England and the Netherlands in the Age of Mercantilism, 1650–1770, Cambridge.
Overton, M. 1996, Agricultural Revolution in England. The Transformation of the Agrarian Economy, 1500–1850, Cambridge.
Palma, N./Henriques, A. 2023, Comparative European Institutions and the Little Divergence, 1385–1800, in: Journal of Economic Growth 28, S. 259–294.
Palma, N./Reis, J. 2019, From Convergence to Divergence: Portuguese Economic Growth, 1527–1850. The Journal of Economic History, 79(2), S. 477–506.
Parker, G. 1996, The Military Revolution. Military Innovation and the Rise of the West, 1500–1800, Cambridge.
Parker, G. 2013, Global Crisis. War, Climate Change and Catastrophe in the Seventeenth Century, New Haven, CT.
Parthasarathi, P. 2011, Why Europe Grew Rich and Asia Did Not. Global Economic Divergence, 1600–1850, Cambridge at al.
Paulinyi, A./Troitzsch, U. 1997, Propyläen Technikgeschichte, Bd. 3: Mechanisierung und Maschinisierung. 1600 bis 1840, Berlin.
Persson, K. G. 1999, Grain Markets in Europe 1500–1900, Integration and Deregulation, Cambridge.

Pfister, C./Wanner, H. 2021, Klima und Gesellschaft in Europa. Die letzten tausend Jahre, Bern.
Pfister, U. 2017, The Timing and Pattern of Real Wage Divergence in Pre-industrial Europe. Evidence from Germany, c. 1500–1850, in: Economic History Review 70/3, S. 701–729.
Philipsen, D. 2015, The Little Big Number. How GDP Came to Rule the World and What to Do about It, Princeton, NJ.
Pieper, R. 1985, Die Preisrevolution in Spanien (1500–1640). Neuere Forschungsergebnisse, Wiesbaden.
Pierenkemper, T. 2005, Wirtschaftsgeschichte. Eine Einführung – oder: Wie wir reich wurden, München/Wien.
Pierenkemper, T. 2009, Wirtschaftsgeschichte. Die Entstehung der modernen Volkswirtschaft, Berlin.
Pikety, T. 2014, Capital in the Twenty-First Century, Cambridge, MA.
Piketty, T. 2020, Capital and Ideology, Cambridge, MA.
Piketty, T. 2022, Eine kurze Geschichte der Gleichheit, München.
Poley, J. 2017, The Devil's Riches. A Modern History of Greed, New York.
Pomeranz, K. 2000, The Great Divergence. China, Europe, and the Making of the Modern World Economy, Princeton, NJ.
Popplow, M. 2010, Landschaften agrarisch-ökonomischen Wissens. Strategien innovativer Ressourcennutzung in Zeitschriften und Sozietäten des 18. Jahrhunderts, Münster/New York.
Post, J. D. 1985, Food Shortage, Climatic Variability, and Epidemic Disease in Preindustrial Europe. The Mortality Peak in the Early 1740s, Ithaca, NY/London.
Prak, M. 2005, The Dutch Republic in the Seventeenth Century. The Golden Age, Cambridge.
Prak, M./van Zanden, J. L. 2023, Pioneers of Capitalism. The Netherlands 1000–1800, Princeton, NJ.
Price, J. M. 1973, France and the Chesapeake. A History of the French Tobacco Monopoly 1674–1791, and of its Relationship to the British and American Tobacco Trades, 2 Bde., Ann Arbour, MI.
Priddat, B. P. 2008, Kameralismus als paradoxe Konzeption der gleichzeitigen Stärkung von Markt und Staat. Komplexe Theorielagen im deutschen 18. Jahrhundert, in: Berichte zur Wissenschaftsgeschichte 31, S. 249–263.
Radkau, J. 1986. Zur angeblichen Energiekrise des 18. Jahrhunderts. Revisionistische Betrachtungen über die „Holznot", in: Vierteljahrschrift für Sozial- und Wirtschaftsgeschichte 73/1, S. 1–37.
Radkau, J. 2012, Natur und Macht. Eine Weltgeschichte der Umwelt, München.
Radkau, J. 2018, Holz. Wie ein Naturstoff Geschichte schreibt, München.
Redish, A. 2000, Bimetallism. An Economic and Historical Analysis, Cambridge.
Redlich, F. 1972, Die deutsche Inflation des frühen 17. Jahrhunderts in der zeitgenössischen Literatur. Die Kipper und Wipper, Wien/Köln/Weimar.
Redman, D. 1996, Sir James Steuart's Statesman Revisited in Light of the Continental Influence, in: Scottish Journal of Political Economy 43/1, S. 48–70.
Reinert, E. S./Reinert, F. 2019, 33 Economic Bestsellers published before 1750, in: The European Journal of the History of Economic Thought 25/6, S. 1206–1263.
Reinert, E. S. 1999, The Role of the State in Economic Growth, in: Journal of Economic Studies 26, S. 268–326.

Reinert, E. S. 2008, How Rich Countries Got Rich ... And Why Poor Countries Stay Poor, London.
Reinert, E. S. 2019, The Visionary Realism of German economics. From the Thirty Years' War to the Cold War, London/New York.
Reinert, S. 2010, Lessons on the Rise and Fall of Great Powers. Conquest, Commerce, and Decline in Enlightenment Italy, in: American Historical Review 115/5, S. 1395-1425.
Reinert, S. A. 2011, Translating Empire. Emulation and the Origins of Political Economy, Cambridge, MA.
Reinhard, W. 1999, Geschichte der Staatsgewalt. Eine vergleichende Verfassungsgeschichte Europas von den Anfängen bis zur Gegenwart, München.
Reinhard, W. 2021, Die Unterwerfung der Welt. Globalgeschichte der europäischen Expansion 1415-2015, München Neuaufl.
Reininghaus, W. 1990, Gewerbe in der Frühen Neuzeit, München.
Reith, R. 2011, Umweltgeschichte der Frühen Neuzeit, München.
Riello, G./Roy, T. 2019, Global Economic History, London.
Rittmann, H. 1976, Auf Heller und Pfennig. Die faszinierende Geschichte des Geldes und der wirtschaftlichen Entwicklung in Deutschland, München.
Rittmann, H. 2003, Deutsche Münz- und Geldgeschichte der Neuzeit bis 1914, Solingen.
Roeck, B. 2017, Der Morgen der Welt. Geschichte der Renaissance, München.
Rosenthal, J. L./Wong, R. B. 2012, Before and Beyond Divergence. The Politics of Economic Change in China and Europe, Cambridge, MA.
Rosseaux, U. 2001, Die Kipper und Wipper als publizistisches Ereignis (1620-1626). Eine Studie zu den Strukturen öffentlicher Kommunikation im Zeitalter des Dreißigjährigen Krieges, Berlin.
Rössner, P. R. 2011, The 1738-41 Harvest Crisis in Scotland, in: The Scottish Historical Review 90/1, S. 27-63.
Rössner, P. R. 2012, Deflation – Devaluation – Rebellion. Geld im Zeitalter der Reformation, Stuttgart.
Rössner, P. R. 2015b, Im freien Spiel der Märkte. Geldproduktion und Geldmarkt um 1500 (am Beispiel eines sächsischen Münzgutachtens um 1505), in: Kraschewski, H.-J./Westermann, E. (Hgg.), Montangeschichte lehren. Quellen und Analysen zur frühen Neuzeit. Festschrift für Angelika Westermann zum 70. Geburtstag, Husum.
Rössner, P. R. 2016a, Freie Märkte? Zur Konzeption von Konnektivität, Wettbewerb und Markt im vorklassischen Wirtschaftsdenken und die Lektionen aus der Geschichte, in: Historische Zeitschrift 303, S. 349-392.
Rössner, P. R. 2019a, Artikel „Kameralismus", in: Oberreuter, H. (Hg.), Staatslexikon der Görres-Gesellschaft, Bd. 3: Herrschaft-Migration, Freiburg i. B., Sp. 558-560.
Rössner, P. R. 2019b, Artikel „Merkantilismus", in: Oberreuter, H. (Hg.), Staatslexikon der Görres-Gesellschaft, Bd. 3: Herrschaft-Migration, Freiburg i. B., Sp. 1567-1570.
Rössner, P. R. 2021, Capitalism, Cameralism, and the Discovery of the Future, 1300s-2000s: Europe's Road to Wealth, in: History of Political Economy 53/3, S. 443-460.
Rössner, P. R. (Hg.) 2015a, Martin Luther on Commerce and Usury, London/New York.
Rössner, P. R. (Hg.) 2016b, Economic Growth and the Origins of Modern Political Economy. Economic Reasons of State, 1500-2000, London/New York.
Rössner, P. R. (Hg.) 2018, Philipp Wilhelm von Hörnigk's Austria Supreme (if It So Wishes) (1684). A Strategy for European Economic Supremacy, London/New York.

Rössner, P. R. 2017, Wirtschaftsgeschichte neu denken. Mit einer Darstellung der Entwicklungder modernen ökonomischen Theorie, Stuttgart.
Sandl, M. 1997, Ökonomie des Raumes. Der kameralwissenschaftliche Entwurf der Staatswirtschaft im 18. Jahrhundert, Köln.
Sargent, T. J./Velde, F. R. 2003, The Big Problem of Small Change, Princeton, NJ.
Schama, S. 1997, The Embarrassment of Riches. An Interpretation of Dutch Culture in the Golden Age, New York.
Schefold, B. (Hg.) 2000, Wirtschaft und Geld im Zeitalter der Reformation, Düsseldorf.
Scheidel, W. 2017, The Great Leveler. Violence and the History of Inequality from the Stone Age to the Twenty-first Century, Princeton, NJ.
Scheidel, W. 2019, Escape from Rome. The Failure of Empire and the Road to Prosperity, Princeton, NJ.
Scheidel, W. 2021, Escape from Rome. The Failure of Empire and the Road to Prosperity, Princeton, NJ Neuaufl.
Scheltjens, W. 2021, North Eurasian Trade in World History, 1660–1860. The Economic and Political Importance of the Baltic Sea, London/New York.
Schilling, H. 2010, Die Stadt in der Frühen Neuzeit, München.
Schneider, J./Krawehl, O.-E./Denzel, M. A. (Hgg.) 2001, Statistik des Hamburger seewärtigen Einfuhrhandels im 18. Jahrhundert. Nach den Admiralitätszoll- und Convoygeld-Einnahmebüchern, St Katharinen.
Schön, L./Krantz, O. 2012, The Swedish Economy in the Early Modern Period. Constructing Historical National Accounts 1560–2000, in: European Review of Economic History 16, S. 529–549.
Schofield, P. R. 2012, Credit and its Record in the Later Medieval English Countryside, in: Rössner, P. R. (Hg.), Cities – Coins – Commerce. Essays in Honour of Ian Blanchard on the Occasion of his Seventieth Birthday, Stuttgart, S. 77–88.
Scholz, L. 2020, Borders and Freedom of Movement in the Holy Roman Empire, Oxford.
Schremmer, E. 1993, Über „stabiles Geld". Eine wirtschaftshistorische Sicht, in: Ders. (Hg.), Geld und Währung vom 16. Jahrhundert bis zur Gegenwart, Stuttgart, S. 9–44.
Schui, F. 2005, Early Debates about Industry. Voltaire and His Contemporaries, London.
Schui, F. 2013, Rebellious Prussians. Urban Political Culture Under Frederick the Great and His Successors, Oxford.
Schumpeter, J. A. 1954, History of Economic Analysis, New York.
Schüttenhelm, J. 1984, Zur Münzprägung und Silberversorgung süddeutscher Münzstätten im frühen 16. Jahrhundert, in: Kroker, W./Westermann, E. (Hg.), Montanwirtschaft Mitteleuropas vom 12. bis 17. Jahrhundert. Stand, Wege und Aufgaben der Forschung, Bochum, S. 159–169.
Scott, J. 1999, Seeing like a State. How Certain Schemes to Improve the Human Condition Have Failed, New Haven, CT.
Scott, J. 2019, Die Mühlen der Zivilisation. Eine Tiefengeschichte der frühesten Staaten, Frankfurt a. M.
Scott, T. 2002, Society and Economy in Germany 1300–1600, Basingstoke/New York.
Scott, T. 2012, The City-state in Europe, 1000–1600. Hinterland, Territory, Region, Oxford.
Sedlacek, T. 2011, Economics of Good and Evil. The Quest for Economic Meaning from Gilgamesh to Wall Street, Oxford.
Sennett, R. 2008, The Craftsman, London/New York.

Seppel, M./Tribe, K. 2017, Cameralism in Practice. State Administration and Economy in Early Modern Europe, Woodbridge.
Siemann, W. (Hg.) 2003, Umweltgeschichte. Themen und Perspektiven, München.
Singh, D. 2018, Divine Currency. The Theological Power of Money in the West, Stanford, CA.
Slack, P. 2015, The Invention of Improvement. Information and Material Progress in Seventeenth-century England, Oxford.
Smith, L. 2022, Weltgeschichte der Flüsse. Wie mächtige Ströme Reiche schufen, Kulturen zerstörten und unsere Zivilisation prägen, Berlin.
Smith, P. 2016, The Business of Alchemy: Science and Culture in the Holy Roman Empire, Princeton, NJ Neuaufl.
Soll, J. 2022, Free Market. The History of an Idea, New York.
Solow, B. L./Engerman, S. (Hgg.) 1987, British Capitalism and Caribbean Slavery. The Legacy of Eric Williams, Cambridge.
Sombart, W. 1913, Krieg und Kapitalismus, Leipzig/München.
Sommerfeld, E. (Hg.) [1978] 2003, Die Geldlehre des Nicolaus Copernicus. Texte – Übersetzungen – Kommentare, Berlin.
Sörlin, S./Warde, P. (Hgg.) 2009, Nature's End, History and the Environment, Basingstoke et al.
Sprenger, B. 1995, Das Geld der Deutschen. Geldgeschichte Deutschlands von den Anfängen bis zur Gegenwart, Paderborn et al. 3. Aufl.
Spufford, P. 1988, Money and its Use in Medieval Europe, Cambridge .
Stern, P. J./Wennerlind, C. (Hgg.) 2013, Mercantilism Reimagined. Political Economy in Early Modern Britain and its Empire, Oxford.
Stevens, M. 2006, Women Brewers in Fourteenth-Century Ruthin, in: Denbighshire Historical Society Transactions 54, S. 15–31.
Stevens, M. S. 2018, Women, Attorneys and Credit in Late Medieval England, in: Dermineur, E. (Hg.), Women and Credit in Pre-Industrial Europe, Turnhout, S. 45–73.
Straube, M. 2015, Geleitwesen und Warenverkehr im thüringisch-sächsischen Raum zu Beginn der Frühen Neuzeit, Köln.
Straubel, R. 1995, Kaufleute und Manufakturunternehmer. Eine empirische Untersuchung über die sozialen Träger von Handel und Großgewerbe in den mittleren preußischen Provinzen (1763 bis 1815), Stuttgart.
Stromer von Reichenbach, W. 1986, Gewerbereviere und Protoindustrien in Spätmittelalter und Frühneuzeit, in: Pohl, H. (Hg.), Gewerbe- und Industrielandschaften vom Spätmittelalter bis ins 20. Jahrhundert, Stuttgart, S. 39–111
Suhle, A. 1975, Deutsche Münz- und Geldgeschichte von den Anfängen bis zum 15. Jahrhundert, Berlin 8. Aufl.
Suhling, L. 1996, Hüttentechnik und Umwelt im 16. Jahrhundert, in: Bayerl, G. (Hg.), Umweltgeschichte - Methoden, Themen, Potentiale, Münster et al., S. 87–102.
Trapp, W. 1999, Kleines Handbuch der Münzkunde und des Geldwesens in Deutschland, Stuttgart.
Trentmann, F. 2017, Empire of Things. How we Became a World of Consumers, From the Fifteenth Century to the Twenty-first, London.
Tribe, K. 1978, Land, Labour and Economic Discourse, London.

Tribe, K. 1993, Polizei, Staat und die Staatswissenschaften bei J. H. G. von Justi, in: Rieter, H./Schefold, B. (Hgg.), J. H. G. von Justis „Grundsätze der Policey-Wissenschaft". Vademecum zu einem Klassiker des Kameralismus, Düsseldorf, S. 107–140.

Tribe, K. 2017, Governing Economy. The Reformation of German Economic Discourse 1750–1840, Newbury Berks 2. Aufl.

Tschajanow, A. [1923] 1987, Die Lehre von der bäuerlichen Wirtschaft. Versuch einer Theorie der Familienwirtschaft im Landbau, Frankfurt a. M./New York.

Tuchman, B. 2010, Der ferne Spiegel. Das dramatische 14. Jahrhundert, München 3. Aufl.

Uhlemann, H.-J. 1987, Berlin und die Märkischen Wasserstraßen, Berlin.

Van Dülmen, R. 2005, Kultur und Alltag in der Frühen Neuzeit, Bd. 2: Dorf und Stadt, München.

Van Zanden, J. L./Carmichael, S./de Moor, T. 2019, Capital Women. The European Marriage Pattern. Female Empowerment and Economic Development in Western Europe 1300–1800, Oxford.

Van Zanden, J. L./van Leeuwen, Bas 2012, Persistent but not consistent: the growth of national income in Holland 1347–1807, in: xplorations in Economic History 49, S. 119–30.

Van Zanden, J. L. 2009, The Long Road to the Industrial Revolution. The European Economy in a Global Perspective, 1000–1800, Leiden.

Veblen, T. 1899, The Theory of the Leisure Class, London.

Veluwenkamp, J. W./Scheltjens, W. (Hgg.) 2018, Early Modern Shipping and Trade. Novel Approaches Using Sound Toll Registers Online, Leiden/Boston.

Vocelka, K. 2010, Geschichte der Neuzeit. 1500–1918, Wien/Köln/Weimar.

Volckart, O. 1997, Early Beginnings of the Quantity Theory of Money and their Context in Polish and Prussian Monetary Policies, c. 1520–1550, in: Economic History Review 50, S. 430–449.

Vries, P. 2002, Governing growth. A Comparative Analysis of the Role of the State in the Rise of the West, in: Journal of World History 13, S. 67–138.

Vries, P. 2013, Escaping Poverty. The Origins of Modern Economic Growth, Göttingen.

Vries, P. 2015, State, Economy and the Great Divergence. Great Britain and China, 1680s–1850s, London.

Wakefield, A. 2009, The Disordered Police State. German Cameralism as Science and Practice, Chicago, IL et al.

Waley, P. J./D. P. 1956, The Reason of State and the The Greatness of Cities by Giovanni Botero, New Haven, CT.

Walter, R. 2011, A Critical History of the Economy. On the Birth of the National and International Economies, London 2011.

Warde, P. 2017, Cameralist Writing in the Mirror of Practice. The Long Development of Forestry in Germany, in: Seppel, M./Tribe, K. (Hgg.), Cameralism in Practice. State Administration and Economy in Early Modern Europe, S. 111–132.

Warde, P. 2019, The Invention of Sustainability. Nature and Destiny, c. 1500–1870, Cambridge.

Weber, K. 2004, Deutsche Kaufleute im Atlantikhandel 1680–1830, München.

Wennerlind, C. 2016, The Political Economy of Sweden's Age of Greatness. Johan Risingh and the Hartlib Circle, in: Rössner, P. R. (Hg.), Economic Growth and the Origins of Modern Political Economy. Economic Reasons of State, 1500– 2000, London/New York.

Westermann, A. 2009, Die vorderösterreichischen Montanregionen in der Frühen Neuzeit, Stuttgart.
Westermann, E. (Hg.) 1997, Bergbaureviere als Verbrauchszentren im vorindustriellen Europa. Fallstudien zu Beschaffung und Verbrauch von Lebensmitteln sowie Roh- und Hilfsstoffen (13.–18. Jahrhundert), Stuttgart.
Westermann, M. 2004, A Worldly Art. The Dutch Republic 1585–1718, New Haven, CT.
Wiesner Hanks, M. 2019, Women and Gender in Early Modern Europe, Cambridge.
Williams, E. 1944, Capitalism and Slavery, Chapel Hill, NC.
Williams, M. 2003, Deforesting the Earth. From Prehistory to Global Crisis, Chicago, IL.
Wilson, P. 2017, The Holy Roman Empire. A Thousand Years of Europe's History, London.
Wittfogel, K. 1957, Oriental Despotism. A Comparative Study of Total Power, New York.
Wong, R. B. 1997, China Transformed. Historical Change and the Limits of European Experience, Ithaca.
Wrightson, K. 2002, Earthly Necessities. Economic Lives in Early Modern Britain, 1470–1750, New Haven, CT.
Wrigley, E. A./Davies, R. E./Oeppen, J. E./Schofield, R. S. 1997, English Population History from Family Reconstitution 1580–1837, Cambridge.
Wrigley, E. A./Schofield, R. S. 1981, The Population History of England, 1541–1871. A Reconstruction, Cambridge.
Wunder, H. 2011, Er ist die Sonn', sie ist der Mond. Frauen in der Frühen Neuzeit, München.
Yamamoto, K. 2018, Taming Capitalism Before its Triumph. Public Service, Distrust, and ‚Projecting' in Early Modern England, Oxford.
Yun-Casalilla, B./O'Brien, P. (Hgg.) 2012, The Rise of Fiscal States. A Global History, 1500–1914, Oxford.
Zahedieh, N. 2010, The Capital and the Colonies. London and the Atlantic Economy 1660–1700, Cambridge.

Abbildungsverzeichnis

S. 27, Abb. 1.1: nach Albers & Pfister 2024, Datenanhang https://doi.org/10.15456/vswg.2023264.1254496983 [11.04.2024], Daten von U. Pfister per Mail übermittelt am 05.01.2024.
S. 30, Abb. 1.2: nach Pfister 2017.
S. 43, Abb. 2.1: SLUB, PDM 1.0 DEED-Lizenz.
S. 60, Abb. 2.2: Rijksmuseum Amsterdam, SK-A-1718, CC0 1.0 DEED-Lizenz.
S. 73, Abb. 3.1: nach De Vries 1984, S. 59, Tab. 4.4.
S. 76, Abb. 3.2: Staatliche Kunsthalle Karlsruhe, IV 474–11, CC0-Lizenz.
S. 131, Abb. 6.1: National Archives (England).
S. 142, Abb. 6.2: David Eltis/David Richardson 2010, Atlas of the Transatlantic Slave Trade, New Haven, CT, https://www.slavevoyages.org/blog/all-intro-maps [08.02.2024].
S. 173, Abb. 7.1: Stadtarchiv Amsterdam, CC-Lizenz.
S. 178, Abb. 8.1: SLUB Dresden/DDZ, Mechan.11.n, PDM 1.0 DEED-Lizenz.
S. 179, Abb. 8.2: Foto: Andreas Praefcke, https://commons.wikimedia.org/wiki/File:Hausbuch_Wolfegg_34r_Spinnrad.jpg [14.02.2024], CC BY 3.0 DEED-Lizenz.
S. 197, Abb. 9.1: Bayerische Staatsbibliothek München, Asc. 1973.

Register

Aberdeen 25
Abgaben 63, 85, 91, 93 f., 96 f., 99, 134, 160, 163, 188, 196
Absolutismus 73
Académie Royale des Sciences 178
Acapulco 48
Adel 12, 89, 93, 99, 188
Afrika 130, 138, 141
Agrarrevolution 92, 222
Agricola, Georg 52, 175
Allen, Robert C. 33 f., 97, 213
Allmende 48, 87
Altona 145
Amerika 88, 133, 149, 189
Amsterdam 31, 125, 133, 139, 141, 143–145, 151, 171, 213, 216 f.
Ancien Régime 39, 86, 109
Andalusien 216
Anthropozän 42, 46 f., 55, 200
Antwerpen 31, 125, 138, 143–145, 170 f.
Arbeit 35, 38 f., 41, 69, 94, 105, 124, 141, 176, 196, 204, 213, 216 f.
Arbeiter 12, 35, 38, 110, 116
Arbeitsteilung 26, 33, 70, 103, 105, 115, 121, 123 f., 211, 218
Aristoteles 200
Armut 11, 30, 68
Asien 27, 82, 120, 130, 136, 139, 144, 146, 162, 211, 213
Atlantic economy 38, 126, 144, 146 f., 149, 152
Atlantik 126, 129, 133, 138 f., 141, 144, 147 f., 152
Aufklärung 19, 39, 45, 70, 86, 102, 178, 182, 183 ., 208
Augsburg 31, 133, 145, 188, 221

Avignon 171
Baltikum 52, 98, 138, 146, 149, 183, 218
Barbados 139, 141
Barcelona 172
Barchent 111, 214
Basel 46
Bateman, Victoria N. 19
Batzen (Münze) 156, 168
Bauer 14, 52, 85, 93 f.
Bauernkrieg 55, 85 f., 96, 169
Baumwolle 111
Belgien 33 f., 82, 87, 97, 109, 203
Berch, Anders 208
Bergbau 42, 43, 47, 52, 78, 107, 116, 118, 124, 175
Berlin 25, 57, 110
Bevölkerungswachstum 29 f., 67 f., 104, 114
Bevölkerungswissenschaft 68, 82
bill of exchange 143
Blei 43, 51
Boden 12, 35, 69, 86, 91, 93, 96, 100, 101, 124, 217
Böhmen 24, 94, 156
Bologna 172, 221
Bordeaux 141, 145, 188
Brasilien 142, 207
Bremen 136, 141
Brot 11 f., 29, 55, 88, 93, 106
Brügge 139, 143
Bruttoinlandsprodukt 15, 28, 31 f., 72, 98, 121, 127, 137
Buchweizen 88
Budapest 31
Calvin, Johannes 196
Carlowitz, Johann Carl von 45, 49

Cary, John 204
Celsius, Anders 56
China 24, 27, 47, 51, 53, 155, 211–213
commodity chain, siehe Warenkette
Cornwall 25
Cromwell, Oliver 190
Cruzado (Münze) 156
Dampfmaschine 42, 69, 92, 109, 119 f., 124, 177, 193, 205, 213, 215, 221, 222
Dänemark 26, 57, 64, 98 f., 130, 145, 146, 188, 207
Dänemark-Norwegen 57, 130, 146, 188
Danzig 136, 218
Das Kapital 16, 105, 115
deep monetisation 163
Defoe, Daniel 180, 185
Descartes, René 184
Deutschland 24, 32–34, 56, 77, 82, 119, 178, 184, 203, 205, 213, 218
developmental state 189
Dinkel 100
Dithmarschen 24
Dorfgemeinschaft 13, 94, 100
Drebbel, Cornelis 175
Dreifelderwirtschaft 101
Dukat 156, 168
East India Company 144, 147, 152, 172
Eastland/North Sea Company 146
Edinburgh 25, 129 f., 134
Eigennutz 196
Eisen 92, 107, 119, 122, 128, 138, 143, 174, 205
Eisenbahn 69, 119, 122, 174, 205
Eisenindustrie 52
Elbe 53, 94, 133, 135, 145
Elisabeth I. 54
England 13, 20 f., 23, 25, 27, 31–35, 46, 48 f., 51 f., 54, 56, 61, 67, 69, 72, 73–75, 77, 82, 85, 87 f., 90–92, 94, 97 f., 101, 104, 109 f., 118–124, 127–129, 135 f., 142, 144, 146, 148, 152, 156, 179, 181, 183, 185, 187 f., 190 f., 193, 196, 200, 203, 205, 211–216, 218, 221
Entwicklung 5–7, 9, 13–16, 23, 26, 28 f., 34, 36, 39, 44 f., 48, 55, 62, 68, 70 f., 75, 78, 83, 89, 97, 108, 113, 115, 117 f., 120–122, 124, 126, 128, 135, 147, 149, 165, 175, 180–182, 184, 189, 211, 213, 216 f., 219 f., 222 f.
environmental history, siehe Umweltgeschichte
Erzgebirge 26
Europa 11, 13, 16, 21, 22, 24, 27 f., 30–35, 50, 53, 64, 67–69, 71, 74, 75, 77, 81 f., 87, 93, 98, 100, 109, 113 f., 127 f., 133 f., 136 f., 139, 142, 155 f., 171 f., 176, 178, 182, 184 f., 187 f., 190, 200, 208, 211–213, 216, 218, 219 f.
European marriage pattern 82
Fabrik 17, 92, 105, 109, 120
Fabrique, siehe Fabrik
Fahrenheit, Daniel 56
Färöer Inseln 45, 49
Feudalherrschaft 14
Financial Revolution 20
Finnland 35, 99, 207
fiscal-military state 52, 127, 147, 193, 195
Fisch 45, 89, 128 f., 138
Flachs 103, 130, 138, 174
Flandern 49, 68, 82, 87, 97, 110, 203, 221
Fleisch 28 f., 43, 49, 88 f., 91, 93, 98, 104, 128, 133
Fleißrevolution 121, 221
Florenz 128, 156, 190, 221
Frankfurt (Oder) 54, 208
Frankreich 13, 23, 25 f., 28, 33, 34, 51, 67, 77, 82, 87, 98, 110, 128, 146, 148, 177, 187 f., 203, 211 f.
Friedrich II. von Preußen (Friedrich der Große) 54, 164

Friedrich Wilhelm I. 54
Friedrich Wilhelm von Brandenburg 135
Führungssektoren 119
Galilei, Galileo 56, 176
Ganzes Haus 17
Garkupfer 43, 51, 107
Geflügel 89
Geldmengenregulierung 203
Gemeiner Nutzen 93, 187
Genf 46
Genua 128, 172, 190, 221
Geoctroyeerde Westindische Compagnie 146
Gerichtsherr 14
Gerste 64, 100
Getreide 26, 28 f., 32, 45 f., 62, 64, 69, 88 f., 100 f., 103, 138
Getreidepreis 19, 29 f., 62
Gewann 99
Gewerbe 25 f., 38, 70 f., 74, 86, 92, 104–106, 109–112, 116, 120, 124, 143, 185, 190, 204, 209, 212
Gewerbelandschaft 109 f., 113, 189, 221
Gewichtsmark 157
Gewürze 51, 138, 143
ghost acreage 212
Giffen-Effekt 29
Glasgow 25, 129, 145, 149, 152, 214
Glashütte 50
Goethe, Johann Wolfgang 170
Gold 156 f., 161, 165, 201
Goldenes Zeitalter 21, 31, 42, 59, 134
Golf von Aden 130
Göteborg 145, 152
Götz von Berlichingen 24
governmentality 55
Gravamina 85
great divergence 27, 172, 211
Groschen 156–159, 162, 166–169
Großbritannien 98, 117, 121, 141–143, 152, 180, 185, 190, 211, 213 f.
Grundherr 14, 94, 96, 160, 188

Guericke, Otto von 177
Gulden 155–162, 165, 168 f.
Guldiner 156
Gustav Adolf von Schweden 183
Gutenberg, Johannes 70
Gutsherrschaft 93–95
Habsburgermonarchie 87
Hafer 64, 88, 90, 100
Halle (Saale) 208
Hamburg 125, 133, 136, 141, 145, 171, 189
Handelskapitalismus 120
Handwerk 10, 29, 86, 104 f., 109–113, 118, 122, 163, 174
Hanse 46, 127, 136, 146, 190
Hartli(e)b, Samuel 181
Hausväterliteratur 17 f., 102, 200, 209
Heiliges Römisches Reich 49
Heimgewerbe 25, 78, 109
Heller 155, 162, 166, 168 f.
Hessen 75
Hexerei 65
Hirse 88
Hohberg, Wolf Helmhard von 18
Holland 14, 61, 90 f., 97, 148, 177
Holstein 26, 208
Holz 48 f., 51, 53, 91, 105, 118 f., 130, 138, 212, 222
Hörnigk, Philipp Wilhelm von 23, 36, 195, 201, 204
Hume, David 184
Hungersnot 30, 59
Hutten, Ulrich von 24
Hyperinflation 158
Imkerei 50
Importsubstitution 189, 221
Indien 27, 51, 120, 155, 171, 193, 211, 213, 215
Indischer Ozean 130
industrial policy 189
Industrialisierung 11, 20, 23, 25, 27, 28, 30, 32, 39, 42, 47, 51, 67 f., 82, 87, 89, 91 f., 97, 99, 107, 114, 118, 120–122, 129, 134 f., 137, 141 f.,

149, 175, 177, 182, 185 f., 196, 203, 210, 212, 216, 218 f., 221
Industrie 51, 74, 92, 104–106, 112, 118, 124, 176, 178, 191, 193, 204
Industriepolitik 36, 189 f.
Inflation 22, 29, 62, 89, 158, 163 f., 176
Intelligenzblätter 102
Investition 28, 53, 54, 91, 143, 149, 188
Irische See 129
Irland 67, 136, 214
Island 45, 49, 57
Italien 33 f., 56, 68, 76, 87 f., 98, 128, 203, 207
Jagd 50, 89
Jakob I. 54
Japan 48, 87
Justi, Johann Heinrich Gottlob von 19, 201, 204, 208 f.
Kaffee 121, 138 f., 190, 212, 221
Kakao 212
Kameralismus 13, 17, 19, 25, 45, 49, 111, 178, 183, 194, 200, 207–209
Kap der Guten Hoffnung 137
Kapital 12, 18, 21, 35, 55, 69, 90, 93, 97, 113, 120, 124 f., 174, 204, 213, 215, 217, 219
Kapitalismus 6 f., 16, 44, 55, 98, 104, 114, 170, 180, 183, 194, 196, 204, 210, 218
Karibik 113 f., 133, 140 f., 149, 152
Karl V. 144
Kartoffeln 88, 117, 139
Kastilien 216, 221
King William's Ill Years 59
Kipper- und Wipper-Inflation 158
Kirche 14, 75, 79
Kirchenbücher 74
Kirkcaldy 25, 130
Kleine Divergenz, siehe small divergence 216
Kleine Eiszeit 30, 47 f., 50, 57, 59 f., 65, 67, 129

Klimawandel 20, 42, 47 f., 61, 64 f.
Kohle 124, 213, 221
Köln 156, 171
Kolonie 114, 116, 133, 142, 146, 172, 212
Kommerzialisierung 92, 104
Kommunalismus 100
Konjunktur 21, 28, 74
Konjunkturzyklen 22
Konsum 12, 19, 39, 50, 96, 173, 214, 217, 221
Kopenhagen 141, 145
Kopernikus, Nikolaus 176
Kredit 123, 140, 160, 167, 173 f., 195
Kreuzer (Münze) 155, 156
Kuh, siehe Rind
Kupferverhüttung 42
Lanarkshire 25
Landwirt 14, 94
Landwirtschaft 10, 28 f., 32–34, 50, 57, 61 f., 68 f., 85, 87 f., 90–93, 97, 99, 101 f., 104, 106, 111, 116, 118, 120 f., 124, 185, 200, 209, 221, 223
Lausitz 26
Lebenserwartung 11, 75–77, 79, 84, 211
Lebensstandard 29, 35, 76, 85, 98, 118, 209, 211, 216, 220
Leibeigene 14
Leinen 111, 113, 133, 138, 214
Leipzig 59, 108, 145, 209
Leonardo da Vinci 175
Levant Company 146 f.
Linné (Linnaeus), Carl von 178, 183
Lissabon 138, 145, 162, 170
Lohn 12, 72, 155, 168, 213, 216, 219 f.
London 31, 89, 121, 125, 134, 139, 144 f., 151 f., 171, 178, 213, 216 f.
Ludwig XIV. 187
Luther, Martin 70, 106, 169, 190, 195, 196
Mainz 70, 156
Mais 88, 139
Makler 151

Makroökonomik 204
male breadwinner model 16, 110
Malthus, Thomas Robert 28, 68
malthusianisch 68
Manager 12
Manchester 59, 215
Manila 48
Mansfelder Revier 51
Manufaktur 71, 92, 105, 109–111, 114–117, 143, 176, 218
Manufakturwaren 45, 121, 125 f., 128, 140
Markt 19–21, 38, 59, 64, 92, 97, 103 f., 110, 115, 141, 143, 163, 170, 193, 209, 214
Marktintegration 19, 33, 63
Marktordnung 103
Marktpreis 92, 138, 166
Marktquote 94
Marktquoten 86
Marktverflechtung 25 f., 78, 92, 99
Marktwirtschaft 14, 155, 164, 183, 210
Marperger, Paul Jacob 106 f.
Maryland 133, 139
Maunder-Minimum 47, 59 f., 129
Melasse 139, 141, 212
Merchant Adventurers 146 .
Merkantilismus 13, 25, 73, 117 f., 120, 147, 148, 152, 200, 203–205, 207, 209
Messen, siehe Jahrmarkt 108
Metallerzeugung 42
Mexiko 48, 220
Milch 41, 91
Mill, John Stuart 15
Mittelmeer 21, 130
Montanregion 26, 52
Montpellier 172
München 31, 159
Münzfuß 156, 166
Naumburg 108
naval store 138
Navigation Acts 147–149, 190

Nelke 138
Netzwerk 125, 149, 151, 172, 174, 180 f., 184, 194, 223
Neue Institutionenökonomik 13, 45
New Institutional Economics, siehe Neue Institutionenökonomik
Newton, Isaak 70, 184
Niavis, Paulus 52
Niederlande 21, 24, 31–35, 41 f., 49, 56, 59, 61, 68 f., 73, 89, 97, 127, 136, 140, 144, 146, 148, 213, 217–219, 221
Nordwesteuropa 21, 47, 71, 81, 90, 92, 94, 121 f., 127, 180, 214
Northumberland 25
Norwegen 52, 64, 87, 218
Nürnberg 133, 145, 157, 188, 221
Oberitalien 103, 110, 128, 219, 221
Ochse, siehe Rind
Ökonom 12, 15, 62, 124
Ökonomie 6 f., 12, 17, 20, 32, 38 f., 46, 48 f., 51, 55, 65, 78, 92, 97, 117, 124, 142, 163, 189, 217, 223
Ökonomik 17–19, 29, 45, 55, 69, 102, 106, 124, 181, 183, 200, 204 f., 223
Ökonomisierung 44, 50
Österreich 33 f., 54, 87, 98 f., 203, 213, 216
Österreich-Ungarn 87, 99
Ostpreußen 69
Ostsee 129 f., 136, 188
Ostseeraum 32, 151
Paisley 25, 214
Partenreederei 146
Parthasarathi, Prasannan 213
Pazifik 130
Pech 50, 138
Persson, Karl Gunnar 19
Pfeffer 138
Pfennig 155–159, 162, 166–168
Pferd 90, 91
Philippstaler 156
Physiokrat 106, 204
Plantagenwirtschaft 88, 114, 212, 218

Polen 33 f., 51, 57, 61, 96, 98 f., 152, 216
Polen-Litauen 152
political economy, siehe politische Ökonomie
Politik 13 f., 27, 63, 73, 99, 117, 128, 146, 187–189, 191, 211
Politische Ökonomie 65
Pomeranz, Kenneth 211, 212
Pommern 26
Port of Leith 25
Portugal 67, 123, 128, 142, 156, 187, 207
Preisrevolution 22, 29, 89, 163
Preistaxen 35
Preußen 12, 14, 25, 35, 37, 53, 61, 72, 73, 96, 98, 113 f., 116–118, 130, 135, 176, 181, 188 f.
Produktion 12, 17, 19, 48, 50, 69f., 78, 90, 103–105, 107, 109, 111, 115, 117, 121 f., 124, 126, 133, 139, 141, 174, 188, 212, 214 f., 217, 221
Produktionskapital 12
Produktivität 25, 34, 37, 48, 61 f., 69, 90, 92, 94, 96 f., 101, 106, 119, 126, 201, 209, 212, 223
Pro-Kopf-Einkommen 25 f., 31, 68, 82, 98, 121, 218
property rights 14, 20, 93, 146
Protektionismus 116, 127, 190, 204
Protoindustrialisierung 104, 120
Real de a Ocho (Münze) 156
Realeinkommen 29, 72, 220
Reallohn 31, 35, 213, 216, 220
Reichstaler 159
Reis 88, 139, 141
Renaissance 160, 182, 195
Rheinischer Gulden 156, 167
Rind 38, 87 f., 90 f., 98, 101, 122
Roggen 64, 88, 100
Rohkupfer 51, 88
Römisches Reich 77, 158, 188, 191, 193

Rotes Meer 130
Rotterdam 141
Royal Society 178, 182
Rum 139, 141, 212
Russia Company 146
Russland 28, 57, 69, 87, 90, 98, 126, 130, 138, 207
Sachsen 57, 94, 108, 111, 115, 156 f., 164, 170
Saigerhütte 51, 107
Saigerverfahren 43, 51
Salz 128, 138
Schaf 91, 101
Schaffner 12
Schiffbau 130, 170, 176, 216 f.
Schilling 156
Schlesien 25, 38, 113 f., 118, 135
Schneevogel, Paul, siehe Niavis, Paulus
Schokolade 138, 139
Schottland 23, 25, 27, 51, 59, 62, 65, 68, 73, 90, 114, 128 f., 135 f., 140, 179, 185, 190 f., 193
Schreber, Daniel Gottfried 209
Schröder, Wilhelm von 178
Schwarzer Tod (Pest) 67, 69, 219
Schweden 14, 26, 35, 52, 57, 77, 82, 87, 99, 130, 138, 146, 158, 178, 183, 187, 191, 194, 200, 203, 207 f., 218
Schweden-Finnland 130
Seckendorff, Veit Ludwig von 19, 208
Seide 111
Seigniorage 163
Serra, Antonio 201, 204
Sevilla 145, 172
Silber 30, 42 f., 51, 107, 138, 156–158, 160–162, 164–166, 201
Silberverhüttung 47
Skandinavien 45, 49, 57, 68, 82, 99
Sklaven 133
Sklavenhandel 130, 141 f., 218
Slowakei 98
small divergence 27

Smith, Adam 103, 115, 130, 149, 184, 201
Smithian growth 103
South Sea Company 182
Sozialdisziplinierung 79
Sozialprodukt 34, 87 f., 96, 108, 118, 127
Spanien 33 f., 48, 67, 88, 98, 128, 156, 158, 187, 194, 207, 213, 216
Spezialisierung 37, 41, 70, 92, 102 f., 110, 121, 124, 126, 128, 130, 143, 217
Staat 19, 21, 23 f., 26 f., 37, 53, 55, 72, 87, 112, 114, 116 f., 123, 127 f., 134, 136, 143, 146, 148 f., 152, 158, 164 f., 170, 176 f., 184, 186, 189, 191, 193–196, 200, 209, 210, 215 f.
Stade 53, 136
Stadt 22, 27 f., 32–34, 38, 53, 59, 70 f., 73, 76, 85, 88, 91, 98, 102–104, 109–111, 113, 133, 143 f., 146, 165, 189
Ständegesellschaft 35
Steinkohle 42, 105, 118 f., 212, 222
Steuart, James 184, 201, 204
Steuern 14, 86, 123, 125, 128, 160, 170, 188, 196, 221
Stockholm 145
Straße von Malakka 130
Strumpfwirkstuhl 177
Südseeblase 20
Sundzollregister 136
Svenska Västindiska Kompaniet 146
Tabak 88, 138–141, 149, 190, 212, 221
Taler 116, 155, 159, 162, 165, 168
Tee 121, 138 f., 221
Teer 50, 138
terms of trade 35, 45, 121
Thaer, Albrecht 102
Thünen, Johann Heinrich von 102
Tirol 43, 156, 157
Tomate 88
Totale Faktorproduktivität 62, 94, 96
Trier 156
Tschajanow, Alexander 103

Tschechien 98
Tuch 123, 128, 133, 143, 190, 213–215, 221
Umlaufgeschwindigkeit 203
Umwelt 41–44, 46–48, 50, 55, 65, 118
Umweltgeschichte 9, 41, 65, 208
Ungarn 31, 33 f., 98
Uppsala 183, 208
Urbanisierung 39, 73, 98, 211
Vakuum 177
Valencia 217
Vasco da Gama 130, 137
Vereinigtes Königreich 27
Verlagswesen 104, 107, 109, 111, 114, 120, 174
Verteilung 12, 96, 126, 211, 220
Vestindisk kompagni 146
Vieh 91, 100 f., 103, 104
Virginia 133, 139, 146 f.
Virginia Company 146 f.
Volksaufklärung 86, 102, 185
Voltaire 45
Wachstum 13–15, 23, 27, 29, 37, 39, 44, 67 f., 70 f., 73–75, 91, 103 f., 107, 116, 118–122, 125, 128, 135–137, 142, 163, 182 f., 186, 204, 208 f., 211 f., 217–221, 223
Wald 47, 49–51, 53, 64, 93, 212
Wales 67
Warenkette 130, 218
Wealth of Nations 103, 106, 115, 149, 184
Weber, Max 196
Wechselbrief 171
Wechselkurs 169, 171, 203
Wein 64, 117, 123, 174
Weißpfennig 157
Weizen 64, 88
Wien 31, 116, 159
Wild 49, 89
Wirtschaft 12, 15, 34, 38, 41, 61, 107, 116–122, 142, 163–165, 195 f., 209, 211 f., 215–217, 222

Wirtschaftstheorie 10, 15 f., 19, 29, 111
Wohlstand der Nationen, siehe Wealth of Nations
Wolf 17, 49, 50, 102
Wolle 111, 117
Wüstung 64
Xenophon 102
Zauberei 65

Zechine 156
Zehnt 14, 86
Zeidelwesen, siehe Imkerei 50
Ziege 38, 87, 91
Zimt 138
Zins 99, 125, 171, 222
Zucker 51, 88, 138 f., 141, 190, 212, 221
Zunft 59, 111 f.